KB000197

감출 수 없는, 표정의 심리학

Was dein Gesicht verrät:

Wie wir unsere Mimik und verborgene Körpersignale entschlüsseln

by Dirk Eilert

Copyright © 2022 by Verlagsgruppe Droemer Knaur GmbH & Co. KG, Munich, Germany

All rights reserved. No part of this book may be used or reproduced in any manner whatever without written permission except in the case of brief quotations embodied in critical articles or reviews.

Korean Translation Copyright ©2024 by Miraebook Publishing Co.

Korean edition is published by arrangement with AVA international GmbH, Germany (www.ava-international.de) through BC Agency, Seoul

이 책의 한국어판 저작권은 BC에이전시를 통해
저작권사와 독점 계약을 맺은 (주)미래의창에 있습니다.
저작권법에 의해 보호를 받는 저작물이므로 무단 전재와 복제를 금합니다.

얼굴이
모든 것을
말한다

감출 수 없는,
표정의 심리학

WAS DEIN GESICHT VERRÄT

디르크 아일러트 Dirk Eilert 지음 | 손희주 옮김

미래의창

신체 언어에 대한 짧은 이야기

나는 아주 어린 시절부터 몸짓이 만들어내는 언어에 매료됐다. 아직도 생생히 기억나는 일이 있다. 네 살 때였는데, 욕조 안에 혼자 앉아 있던 나에게 엄마가 "다 씻었니?"라고 물으셨다. 나는 "네!" 하고 대답했다. 그러자 엄마는 "왜 거짓말을 하는 거지? 엄마는 네가 거짓말하는 게 다 보여. 얼굴에 다 쓰여 있거든"이라고 말씀하셨다. 얼굴에 진실이 적혀 있다니 상상할 수 없을 정도로 놀라운 일이었다. 잠시 후에 엄마가 열쇠 구멍으로 나를 들여다보셨을 때 나는 열심히 이마를 문지르고 있었다고 한다. 이마 위에 아직 적혀 있을지도 모를 진실을 씻어 없애고 싶었던 것일까?

청소년기에 접어들어 추리소설 셜록 홈즈 시리즈 가운데 한 편인 《주홍색 연구》를 읽으면서 어릴 적 신체 언어에 대해 지니게 되었던 작은 호기심이 점점 더 커지게 되었다. 책에는 "갑작스레 스치고 지나는 표정, 근육의 떨림 혹은 순간적인 눈빛만 봐도 한 사람의 가장 깊게 숨겨진 생각을 가늠할 수 있다. 관찰하고 분석하는 훈련을 통해 숙련된 전문가를 속이는 일은 불가능하다"라고 쓰여 있었다. 이 멋있는 문장은 나에게 큰 동기부여가 되었다. 다른 사람의 표정과 신체 언어를 관찰하는 일은 세상에서 가장 흥미진진한 일이면서 동시에 주의력을 기를 수 있는 뛰어난 훈련 방법이다.

흥미로운 점은 내 증조할아버지의 증조할아버지 그리고 이 책을 읽고 있는 당신의 먼 조상에게 표정과 신체 언어를 관찰하는 일은 단순한 취미활동이 아니라, 생존을 위한 전략이었다는 사실이다. 인류가 동굴에 살던 시절에는 얼굴을 빠르게 슬쩍 실룩거리는 것이 목숨을 거는 위험한 결투를 알리는 신호일 수도 있고, 입술을 오므려 앞으로 삐죽 내미는 동작은 짝짓기 기회를 넌지시 알려주는 신호였을 수도 있다. 1만 5천 년 전에 살던 수렵인과 채집인은 현재의 우리보다 표정을 읽고, 해석하는 일에 훨씬 뛰어났다. 참고로, 이쯤부터 인간의 평균적인 뇌의 크기가 줄어들었다는 사실이 밝혀졌다. 그나저나 지금의 우리는 현대 디지털 사막에 사는 탓에 인지 능력이 바싹 말라죽을 위험에 처해 있다. 걸핏하면 스마트폰과 컴퓨터 모니터의 까만 화면을 들여다보는 습관 때문에 언젠가 대가를 치를 것이다. 뇌는 '쓰지 않으면 능력을 잃는다'는 단순 원리에 따라 작동하기 때문이다. 따라서 비언어적 표현을 인지하는 방법을 숙달시키지 않으면 물을 공급받지 못하는 식물처럼 시들고 만다.

요즘에는 레스토랑에 누군가와 마주 앉아 있어도 상대방의 얼굴보다 각자 스마트폰을 쳐다보는 장면을 흔히 접할 수 있다. 줌Zoom 같은 소프트웨어 덕분에 매우 간편하게 다른 사람들과 교류할 수 있는 세상에 살고 있지만, 정작 코앞에 앉아 있는 상대에게 관심을 기울이는 일은 그 어느 때보다 힘들어졌다. 오늘날 우리는 표정을 잘못 해석하거나 혹은 아예 간과하는데 그 탓에 불행한 일이 전개되기도 한다. 연구에 따르면, 말로 표현되지 않는 언어의 섬세한 신호를 해석할 수 있는 사람은 직업적으로 성공할 기회가 더 많고, 더 훌륭한 배우자이자 부모가 되며, 더 큰 행복을 느끼며, 더 건강한 삶을 영위한다고 한다.

옛날과 마찬가지로 오늘날에도 신체 언어를 정확하게 파악하는 일은 운명을 좌우할 만큼 중요하다. 영화배우 윌 스미스는 자서전에서 어릴 적에 아버지가 느닷없이 분노를 터뜨리곤 해서 무서웠다고 썼다. 이런 일이 반복적으로 일어나다 보니 그는 인지 능력을 숙달시킬 수 있었다. 걸핏하면 화를 내고, 위협적으로 행동하는 아버지를 피하기 위해 매우 어린 나이부터 아버지가 보내는 비언어적 신호를 재빨리 알아차리는 법을 배운 것이다. 이는 살아가는 데 매우 중요한 능력이었다. 그런데 사실 윌 스미스만 특별히 그런 자질을 갖춘 것이 아니다. 우리는 모두 얼굴을 읽을 수 있는 능력을 가지고 태어난다. 즉, 비언어적 표현을 해석하는 일은 인류의 타고난 능력인 것이다.

어린아이가 놀이터에서 놀다가 넘어지면 가장 먼저 무엇을 쳐다보는지 주의해서 관찰해본 적이 있는가? 아이가 있는 사람은 매우 쉽게 답할 수 있는 간단한 질문일 것이다. 아이는 당연히 엄마나 아빠가 있는 쪽을 본다. 엄마가 미소를 지어 보이면 아이는 '괜찮구나!'라고 생각하며 다시 놀기 시작한다. 그런데 엄마나 아빠가 놀라거나 같이 아파하는 표정을 지으면 아이도 '아야, 아파!'라고 느끼고 곧바로 울음을 터뜨린다. 아직 말을 잘 이해하지 못하는 어린아이는 신체 언어를(특히 애착 인물의 표정) 자세히 관찰하고, 그것을 해석함으로써 세상을 이해한다.

윌 스미스는 우리 모두가 가지고 있는 이런 인지 능력을 잘 정제했을 뿐이다. 스미스는 이런 능력이 영화배우로 활동하는 데도 결정적인 장점으로 작용했다고 인정했다. 그런데 표정을 인지하는 능력이 그토록 중요하다면 왜 모든 사람이 똑같이 잘 발휘할 수 없는 것일까? 만약 우리의 공감 능력을 짓밟아 뭉개버리는 계시록에 나올 법한 네 기사(요한 계시록에 등장하는 네 기사는 흑사병, 전쟁, 기근, 죽음을 상징한다 - 옮긴이 주)가 방해만 하지 않는다면 우리는 당연히 그 능력을 빼어나게 활용할 수 있을 것이다. 비언어적 표현의 인지를 방해하는 네 기사로는 대중매체 소비, 허위 사실, 교육 그리고 언어 발달을 꼽을 수 있다.

몇 년 전, 캘리포니아대학교의 한 연구 팀은 디지털 매체의 과소비가 인지 능력에 얼마나 큰 손상을 입히는지에 대한 실험을 진행했다. 11~13세의 청소년 51명은 실험을 하는 동안 텔레비전과 컴퓨터가 없는 자연 탐구 캠프에 참가해서 5일을 보냈다. 아이들은 게임기와 스마트폰을 가지고 노는 대신 숲을 돌아다니며 탐구하고, 지도와 나침반을 보고 길을 찾아다니면서 다른 학생과 머리를 맞대고 문제 풀이를 해야 했다. 연구자는 실험에 참여한 청소년이 비언어적 신호를 해독하는 수준이 캠프 참가 전후로 어떻게 변화했는지 비교하고 조사했다. 결과는 굉장히 놀라웠다. 아이들이 '전자기기 다이어트'를 한 것은 고작 5일에 지나지 않았는데도 그 기간 동안에 다른 학생의 비언어적 신호와 감정을 해석하는 정확도가 매우 높아진 것이다.

디지털 매체를 과잉으로 소비하는 일이 비언어적 신호를 인지하는 능력을 저하시킬 수 있다는 점에 놀랄 사람은 아무도 없을 것이다. 그렇다고 해서 디지털 미디어 소비를 통째로 비난하고, 아예 완전히 차단해야 한다는 얘기는 아니다. 미디어 소비를 대하는 태도는 어쩌면 패스트푸드를 대하는 방식과 유사하다. 피자 한 쪽을 먹는다고 몸에 병이 생기거나 갑자기 과체중이 되지는 않는다. 하지만 끼니때마다 햄버거와 감자튀김으로 배를 채운다면 결국 건강에 해를 끼칠 것이다. 얼마나 자주 반복하는지가 관건인 것이다.

비언어적 표현의 인지에 해가 되는 계시록의 두 번째 기사도 첫 번째 기사와 마찬가지로 미디어 소비와 관련되어 있다. 바로 미디어를 통해 우리가 얻는 신화, 즉 허위 사실이다.

할리우드의 스릴러 영화 〈네고시에이터〉에서 사무엘 잭슨은 시선이 위를 향하는 사람은 보통 거짓말을 하고 있다고 말한다. "내가 거짓말을 한다는 걸 어떻게 안다는 거예요? 내가 무슨 생각을 하는지 알기라도 하는 겁니까?"라는 질문에 사무엘 잭슨은 "아니요, 알 리가 없죠. 나는 단지 당신의 눈을 보는 겁니다. 눈은 거짓말을 못 하거든요. 진정한 형사라면 그걸 볼 수 있죠!"라고 답한다. 순진한 관객은 순간 눈이 번쩍 뜨이며 "와우, 저런 방법은 잘 배워놨다가 써먹어야지"라고 생각할 것이다. 바로 그렇게 생각하는 순간, 우리 뇌는 그것을 진실로 인식한다. 하지만 상대가 어디를 바라보는지를 보고 이것이 거짓인지 진실인지 판단하는 것은 불가능한 일이다.

비언어적으로 표현되는 신호를 인지하는 능력을 둘러싼 오해와 진실에 대해서는 책의 뒷부분에서 더 상세히 다룰 예정이다. 내가 매우 중요하게 생각하는 것 가운데 하나는 대중매체에서 신체 언어에 대해 잘못 묘사하고 있는 부분을 바로잡는 일이다. 그래서 친구이자 베스트셀러 작가인 세바스티안 피첵이 사이코스릴러 소설 《표정》을 집필할 때 도움을 주고, TV 탐정 드라마 각본의 고문으로서 활동하며 특별한 즐거움을 누릴 기회를 얻었다. 나는 이 자리를 빌려 대중매체가 내보내는 메시지의 영향력을 과대평가하지 말고, 그것이 사실인지 아닌지 항상 비판적인 태도로 관찰하라는 조언을 하고 싶다. 대중매체는 신체 언어에 대해 거짓을 전달할 뿐만 아니라, 다른 모든 분야에서도 정신을 바짝 차리지 않으면 허구를 너무 성급히 진실로 받아들이게 할 위험이 있다. 그 결과 실제 삶에서도 억측과 오해가 생길 수 있는 것이다.

그런데 대중매체가 우리의 인지 능력을 흐리멍덩하게 만들기 전에 우리는 이미 교육이라는 세 번째 기사 때문에 비언어적 인지 능력을 빼앗기고 만다.

"남자는 울지 않아." "인디언은 아픔을 몰라." "미소를 지어봐, 괜찮아질 거야." 누구나 어렸을 때 한 번쯤은 이런 말을 들어보았을 것이다. 이런 말들을 듣고 자라면서 형성된 세계관은 머릿속에 깊게 자리잡아 어른이 되고 난 뒤에도 계속해서 영향을 끼친다. 다시 말해, 자신이 느끼는 감정을 부정하고, 주변에 대한 인식을 뿌옇게 흐려놓는 것이다. 이런 상태가 지속되면 사람들은 실제 감정을 깨닫지 못하게 되고, 상태가 더 심각해지면 다른 사람이 어떻게 느끼는지도 잘 인식하지 못하는 위험에 빠진다. 이런 생각의 바이러스 중에 몇몇은 비언어적 표현을 인지하는 과정에 직접적으로 나쁜 영향을 끼치기도 한다. 작은 여자아이인 루이자는 한 남자아이가 자기를 밀치고 놀리자 "쟤가 왜 자꾸 나한테 못되게 구는지 모르겠어"라고 엄마에게 속상함을 호소한다. 그런데 엄마는 "쟤가 널 좋아하나 보다"라며 남자아이의 행동을 엉뚱하게 좋은 쪽으로 해석한다. 엄마의 이런 얼토당토않은 대답은 루이자의 비언어적 표현 인지 능력을 흐려놓을 뿐이다.

계시록의 네 번째이자 마지막 기사는 언어 발달이다. 어휘력이 늘어날수록 아이는 신체 언어적 신호보다 말로 표현되는 단어를 점점 더 선호하게 된다. 아이는 단어로 들리는 것에 점차 더 큰 관심을 쏟고, 시간이 지나 어느 시점이 되면 인간이 원래 비언어적 의사소통을 하는 존재라는 사실을 까마득히 잊는다.

긴 인류의 역사 속에서 언어는 기껏해야 약 3만 5천 년 전부터 존재해왔다고 추정된다. 긴 기간이라고 생각되지만, 전체 진화과정을 놓고 보면 새 발의 피에도 견주지 못할 만큼 굉장히 짧은 시간이다. 다르게 해석하자면, 태곳적 우리 조상은 순전히 신체 언어로만 의사소통을 했다고 볼 수 있다. 이런 옛날 옛적의 능력은 우리 안에 어딘가 여전히 잠자고 있다가 낯선 나라를 여행할 때면 잠에서 다시 깨어난다. 상대방의 언어를 모르면 우리는 말 그대로 손발을 모두 동원해 상대방과 소통하려고 애쓴다. 또한 다른 사람에게 하고 싶은 말을 전달하려고 온갖 표정을 지어보이며, 신체 언어 사용 모드로 설정을 전환한다. 가끔 이런 상황에 부닥치면 이미 수백만 년 전에 인류의 조상이 의사소통에 사용해온 신체 언어가 얼마나 소중한지 다시 한번 확실히 체감한다.

간단한 실험을 통해서도 우리는 뇌가 비언어적 소통 수단보다 말로 소통하는 것을 얼마나 더 선호하는지를 분명히 관찰할 수 있다. 스트룹 색채 단어 검사Stroop Color And Word Test라는 실험이 있는데, 피험자는 실험에서 모니터 위에 보이는 단어의 색상을 말해야 한다. 이때 피험자를 혼란스럽게 하는 것은 검사에 등장하는 단어들이 색깔을 뜻하는 단어라는 점이다. 예를 들어, '파란색'이란 단어가 녹색으로 적혀 있지만, 피험자는 단어를 보면서 단어의 색깔인 녹색을 말해야 한다. 궁금하면 검색 사이트에서 '스트룹 검사'를 찾아 직접 테스트해보길 바란다. 또는 다른 사람들과 함께 테스트를 해보고 사람들의 놀라운 반응을 관찰하는 것도 재미 있을 것이다.

대부분의 사람들은 눈에 보이는 색깔을 말하는 대신에 글로 적힌 색명을 말할 것이다. 그러면서 눈앞에 뻔히 보이는 색명을 입 밖으로 내지 않으려고 머리가 얼마나 애쓰는지를 느낄 것이다. 글자를 읽는 과정은 꽤 자동화되어 어느 수준에 이르면 완전히 자율 주행을 하는 수준에 이른다. 따라서 아직 글을 읽을 줄 모르는 아이에게 스트룹 테스트는 매우 쉬울 것이다. 여기서 눈에 보이는 색깔은 신체 언어, 색을 뜻하는 단어는 말로 하는 언어라고 할 수 있다. 우리는 신체 언어라는 말없는 언어를 인지하는 법을 너무 많이 잊은 채 말하는 것에만 주의하는 습관이 든 탓에 다른 사람이 무의식적으로 보내는 신체 언어의 신호를 감지하지 못하고 지나가곤 한다. 그나마 한 가지 좋은 소식이 있다면, 신체 언어를 인지하는 법은 다시 학습할 수 있다는 사실이다. 더 정확히 말해 신체 언어 인지 능력을 다시 발휘할 수 있다. 이때 내가 맡은 역할은 학습과 기억의 과정에서 여러분과 동행하며, 도움을 주는 것이다.

여러분은 지금부터 비언어적 신호를 잘 인지할 수 있는 자신의 능력을 재발견하고, 대화 도중에 다른 사람은 눈치조차 채지 못하는 신호를 보는 능력을 갖추게 될 것이다. 이제부터 매력 넘치는 신체 신호의 세계를 함께 탐구하고, 흥미진진한 여행을 떠나보자. 신체 언어가 어떤 순간에 유용하게 쓰이는지, 어떻게 하면 신호를 정확하게 해석할 수 있는지 그리고 신체 언어가 무엇을 이야기하고자 하는지 함께 연구해보자. 이런 탐구 과정을 거치다 보면 정확한 해석 방법조차 거의 잊고 살아왔지만 보편적 언어인 신체 언어에 대한 많은 기억이 점점 떠오를 것이다. 이 책을 읽는 모든 사람이 신체 언어에 대해 배우면서 흥미를 느끼고, 더불어 많은 영감을 받기를 바란다.

깊이 생각하지 말고, 느낌대로 빨리 말해보자. 기쁨과 사랑, 자부심을 느낄 때 얼굴에 모두 다른 표정이 생길까? 아니다. 각기 세가지 다른 감정이지만, 사람들은 미소를 짓고, 눈은 웃음으로 가득한 표정을 지을 것이다. 표정에만 집중하면 그 순간에 기쁨, 자부심, 혹은 사랑 중에서 어떤 감정이 일어난 것인지 알아차리기 힘들다. 하지만 각기 다른 감정이 일으킨 행동에서는 매우 큰 차이를 발견할 수 있다. 사랑의 감정은 옥시토신이라는 사랑의 호르몬이 분비되면서 생기는데 감정적 애착 관계를 형성한다. 아이들을 돌볼 때에도 역시 사랑의 감정이 일어난다. 이와는 달리 자부심은 테스토스테론이라는 (우월감을 느끼는 지배형) 호르몬과 연관된다. 예를 들어, 물건값을 흥정하는 데 성공했을 때 혹은 운동장을 마음먹은 것보다 한 바퀴 더 뛰었을 때 자부심이라는 감정이 생긴다. 표정에만 집중하던 시선을 거두어 머리가 어떤 자세를 취하고 있는지 같은 다른 것도 함께 관찰하면 기쁨과 사랑, 자부심을 각각 구별할 수 있다. 책의 두 번째 장에서 상세히 알아보겠지만, 각기 다른 감정 상태에서 머리 자세가 어떻게 달라질지 한 번 상상해보는 것도 좋을 것이다.

이 책은 전체 8장에 걸쳐 표정 공명의 8가지에 대해, 즉 표정, 제스처 혹은 자세처럼 한 사람의 신체 언어를 통해 무의식적으로 드러나는 신호를 비롯한 여덟 가지 비언어적 관찰 경로를 소개한다. 첫 번째 장에서는 신체 언어를 해석할 때 표정의 변화가 보이는 얼굴이 가장 핵심적인 요소인 이유를 설명한다. 신체 언어라는 오케스트라에서 표정은 제1 바이올린 역할을 맡고 있기 때문에 책 전체에 걸쳐 표정이 보내는 신호를 전반적으로 다룰 예정이다. 2011년에 내가 고안한 신체 언어 방법론을 '표정 공명'이라고 이름 붙인 이유도 신체 언어를 해석하는 데 표정이 중심이 되기 때문이다. 이런 방법을 통해 앞으로 신체 언어로 표현되는 모든 신호를 읽는 훈련을 해나갈 것이다. 이때 표정 공명은 비언어적 신호와 신체 언어 자체를 설명하는 것뿐 아니라, 우리가 그런 신호에 감정적으로나 공감적으로 어떻게 반응하는지도 알려준다.

이제부터 책에서 중요하게 다루고 있는 현대 신체 언어 연구에 대해 전반적으로 알아보겠다. 이 과정에서 한 사람이 보내는 신체 언어를 전체적으로 관찰해야 한다는 점이 표정 공명의 가장 중요한 기본 원리라는 점을 기억하자. 즉, 몸짓이 만들어내는 신호를 제각각 따로 떨어뜨려 해석해서는 결코 안 되며, 항상 모든 신호가 뭉쳐져 만들어진 전체 덩어리를 생각해야 한다.

예를 들어, 새로운 일자리를 구하러 회사에 면접을 보러 갔다고 상상해보자. 면접을 보면서 지금 지원한 회사의 경쟁사에서 1년 동안 일한 경험이 있다고 말했을 때 인사 팀장이 갑자기 얼굴을 붉혔다. 이 행동은 어떤 의미로 해석할 수 있을까? 인사 팀장이 지원자의 이야기를 듣고 스트레스를 받았거나 아니면 단순히 그 순간에 정말 가려워서 얼굴을 긁었을 수도 있다. 그런데 얼굴을 붉히는 것에서 그치지 않고, 눈을 세 번이나 연달아 깜빡거리고, 똑같은 단어를 반복해서 말한다면("만약, 만약")? 인사 팀장의 행동에서 세 가지 신호를 감지할 수 있다. 몸짓, 표정 그리고 목소리라는 세 가지 비언어적 관찰 경로로 구분되는 신호 덩어리를 발견할 수 있는 것이다. 이 신호 덩어리는 인사 팀장이 스트레스를 느끼고 있음을 보여준다. 아직은 정확하다고 볼 수 없는 단계의 신호 덩어리지만, 믿을 만한 참조 사항이다. 신체 언어를 분석할 때는 '3-2 규칙'에 주의한다. 각기 다른 3개 이상의 신호를 인지하고, 그중 적어도 2가지 관찰 경로로 신호를 구별할 수 있으면, 장담하건대 그 순간에 상대방의 내면에서 어떤 일이 벌어지고 있는지 확실하게 알아낼 수 있다.

내가 개인적으로 매우 중요하게 생각하는 네 가지의 근본 가치가 있는데, 이는 신체 언어의 세계로 향하는 여행길에서 나침반이 되어줄 것이다. 첫 번째 가치는 정확성이다. 신체 언어를 해석할 때 추측은 절대 금물이다. 책에서는 구체적이며, 관찰을 토대로 묘사한 신호와 의미를 알아갈 것이다. 신호를 해석하는 방법을 더욱 광범위하게 배우고 싶은 사람은 내가 쓴 《신체 언어의 주기 시스템》을 통해 전반적 비언어적 신호를 참조하고, 더 깊이 학습할 수 있다. 혹은 www.mimikresonanz-profibox.com 사이트를 방문해볼 것을 추천한다. 사이트를 방문해 무료로 등록을 하고 로그인을 하면 화면에 마련된 80편 이상의 영상을 통해 책의 뒷부분에서 다루고 있는 모든 비언어적 신호와 감정을 직접 볼 수 있다.

두 번째로 이미 여러 번 강조했지만 신호를 전체적으로 통틀어 관찰해야 한다. 따라서 항상 몸이 만든 전체 언어를 해석하고, 각각의 다양한 신호가 합쳐져 어떤 구체적인 이미지를 만들어내는지 분석해야 한다. 퍼즐을 맞출 때 각각의 퍼즐 조각이 함께 어우러져야 기가 막히게 멋진 작품이 완성되는 마법처럼 말이다.

세 번째로, 우리가 관찰할 신호는 최근 진행된 연구와 학문의 결과를 근거로 한다. 다시 말해, 이 책에서는 정말 신뢰할 수 있는 확실한 신호를 다룬다. 이 점은 특수경찰부대를 훈련할 때처럼 신체 언어와 깊게 관련된 업무에서 특히 중요하다. 인질범을 상대로 교섭을 하는 상황에서 비언어적 신호를 잘못 해석하는 실수를 저질러서는 안 되기 때문이다.

내가 개인적으로 특히 중점을 두는 네 번째 가치는 태도다. 태도에서 신체 언어에 대한 학문이 시작된다고 생각하기 때문이다. 아프리카의 인사 방식인 사우보나Sawubona에는 이런 원리가 멋지게 담겨 있다. 사우보나는 '나는 너를 본다. 나는 너를 모든 감정과 희망, 바람을 가진 사람으로 바라본다. 너의 전부를 온전히 받아들인다'라고 해석할 수 있다. 나는 신체 언어를 해석하는 핵심이 타인을 제대로 바라보고, 그 사람을 그대로 전부 인지하는 것에 있다고 생각한다. 그래서 이런 목표를 실행하고자 2015년에 '독일 표정 공명 협회die Deutsche Gesellschaft für Mimikresonanz'라는 공익 단체를 설립했다. 이 단체는 공감을 학교 교과목으로 지정하는 것을 목표로 하고 있다. 아이들이 학교를 졸업할 즈음에는 단순히 지렁이의 몸 구조와 피타고라스 정리만 이해하는 것이 아니라, 감정적으로나 육체적으로 건강하게 살아가는 사람으로 발전하기를 바라는 마음에서다.

이 책에서 소개하는 이야기와 일화들은 내 개인적인 경험에 바탕을 두고 있다. 신체 언어를 진정으로 마스터하고 싶은 사람이라면 기본적으로 남이 아닌 본인의 경험을 모아야 한다. 신체 언어의 숨겨진 신호에 대한 지식과 정보를 무기로 활용하기 위해서는 무엇보다 삶이 최고의 스승 역할을 하기 때문이다. 일상을 훈련장으로 이용해보자. 토크쇼와 토론장, 리얼리티쇼도 찾아다니자. 친구와 자녀 혹은 배우자와 평상시에 대화를 나눌 때도 숨겨진 신호에 주의를 기울이려고 노력하자. 레스토랑에서 옆 테이블에 앉아 식사하는 한 쌍을 관찰하는 방법도 있다. 분명 흥미로운 일이 많이 눈에 들어올 것이다. 자, 이제부터 여행을 떠나 볼까?

차례

1

감정의 무대: 표정

표정 하나에
목숨이 걸리다

삶은 때로 찰나에 결정된다. 그런데 우리는 그런 순간이 얼마나
중요한지 깨닫지 못할 때가 많다. 지극히 평범하고 일상적인 상
황이 삶과 죽음을 갈라놓을 수 있는데도 말이다. 2004년 10월의
따스한 어느 가을날, 우리가 늘 아무렇지도 않게 묻고, 또 아무 생
각 없이 대답하는 일상적 질문을 미셸과 주고받았을 때 마침 그
런 일이 일어났다. "잘 지내세요?"라는 나의 질문에 미셸은 "네,
잘 지내요"라고 대답했다.

미셸은 끔찍한 교통사고로 열두 살짜리 딸을 잃었고, 그후에
생긴 외상 후 스트레스 장애를 치료하기 위해 나와 상담을 진행

중이었다. 부모가 겪을 수 있는 일 중 가장 불행한 일을 당한 셈이다. 나는 심리치료사로서 미셸이 겪은 충격적인 일을 감정적으로 잘 이겨낼 수 있도록 돕고 있었다. 상담 초반 3회가량은 미셸의 내면에서 끊임없이 떠오르는 무서운 장면에 대처하는 방법을 다룰 예정이었고, 그날 아침에 상담을 받으러 온 미셸을 맞이하는 순간에도 그날의 상담이 어떻게 흘러갈지 전혀 예상하지 못했다.

나는 자리를 잡고 앉으면서 미셸에게 어떻게 지냈는지를 물었다. "잘 지내요. 벌써 훨씬 많이 좋아진 느낌이에요!" 그 순간 나는 놓치고 지나칠 뻔했지만 미셸이 양쪽 눈썹을 미간 쪽으로 짧게 찌푸리는 것을 포착했다. 나는 한 번 더 같은 질문을 던졌다.

"정말 잘 지내시는 거죠?"

그녀는 다시 "네, 아주 잘 지내요"라고 내답했는데 이번에도 눈썹이 다시 짧게 올라갔다 내려왔다.

미셸이 눈썹을 찌푸린 것을 제대로 본 것이라는 확신이 들자, 미셸이 진심을 내보일 수 있게 내가 고안한 '공명 표현'이라는 기술을 이용해보았다. "미셸, 당신이 지금 한 말을 듣고 무슨 말인지 이해는 했지만 왠지 당신의 마음 깊은 곳에 슬픔이 드리워진 게 느껴져요"라며 내가 느낀 그대로의 개인적 감정을 전했다. 내 말이 끝나기가 무섭게 미셸은 사실 이제 삶을 내려놓아야 할 때가 되지 않았나 고민하고 있었다며 울음을 터뜨렸다.

그 순간은 미셸의 치료에 결정적인 시점이었다. 그 짧은 순간이 미셸의 마음을 완전히 치유하고, 목숨도 구했다. 그뿐만이 아니었다. 그 순간을 통해 나도 완전히 바뀌었다. 나는 당시 미셸의 얼굴에서 무의식적으로는 분명히 느꼈지만, 정확히 파악하지 못한 무엇인가를 읽었다. 이때가 나에게 찾아온 첫 번째 표정 공명 순간 가운데 하나였다.

미세표정의 발견
혹은 표정이 이해보다 빠를 수 있다고?

그런데 그날 내가 미셸의 표정에서 관찰한 것은 무엇이었을까? 이 질문은 나를 계속해서 따라다녔다. 나는 그날 저녁 늦은 밤까지 인터넷 검색을 하며 학술 연구 데이터뱅크를 샅샅이 뒤졌다. 마치 부활절에 숨겨진 사탕 바구니를 찾으러 돌아다니는 아이가 된 기분이었다. 어딘가에 바구니가 분명히 있다는 사실은 알지만, 그곳이 정확히 어디인지는 알지 못했다. '내가 올바른 검색어를 입력한 걸까? 아아, 점점 목표 지점에 다가가는 기분이 들었는데……. 저런, 다시 멀어지고 말았다.' 잡힐 듯 잡히지 않는 해답에 전부 포기하고 싶은 심정이 들 무렵이었다. 새벽 3시에 드디어 1966년에 발표된 연구 자료를 찾아냈다. 모니터 위에서 '미세표정Micromomentary Facial Expressions'이라는 개념이 반짝거렸다.

　미국의 심리학자 어니스트 해거드Ernest Haggard와 케네스 아이

작스Kenneth Isaacs도 1960년 중반에 나와 비슷한 경험을 했다. 두 심리학자는 한 실험에서 0.5초도 안 걸리는 짧은 순간에 얼굴 위를 빠르게 스치고 지나가는 미세한 표정을 우연히 포착했다. 빠르게 나타났다 사라지는 미세표정은 잘 볼 수도 없으며, 평범한 사람의 눈으로는 놓치기 쉽지만, 이것만큼 사람의 솔직한 감정을 확실하게 보여주는 것은 없다.

그런데 왜 이 미세표정이 중요한 것일까? 개인적 경험을 바탕으로 이유를 설명해보겠다. 2017년에 나는 아내와 두 딸과 함께 플로리다 주 올랜도에서 2주 동안 여름휴가를 보냈는데, 그곳에

신체 언어 통찰력
미세표정이란 무엇인가?

미세표정은 매우 짧고 변연계적으로, 즉 감정적으로 생기며, 고의적으로 만들 수 없는 표정을 말한다. 이런 표정은 0.5초보다 더 짧은 순간에 나타나며, 표정의 일부분을 구성한다. 일반적으로 미세표정에는 숨기고자 하는 감정이 들어 있다. 큰 표정(예를 들어, 예의상 살짝 짓는 미소처럼 일상 속에서 일반적으로 짓는 얼굴 표정)과 다른 점이라면 미세표정은 통제가 불가능하다는 점이다. 다시 말해, 처음 0.5초 안에 포커페이스는 존재하지 않는다는 뜻이기도 하다.

서 나와 가족은 큰 선물을 받은 것 같은 감동을 느꼈다. 나는 미국에서 가장 규모가 큰 전국전문연사협회National Speakers Association 에서 인증한 공인 전문연사를 뜻하는 CSP Certified Speaking Professional 자격증을 받았다. 그뿐만 아니라, 우리는 큰딸의 열 살 생일 기념으로 디즈니월드에 가고, 돌고래와 수영을 하며 즐거운 시간을 보냈다. 말 그대로 행복한 시간이었다. 시간이 흘러 즐거운 휴가는 끝나고 다시 일을 시작해야 할 때가 다가왔다. 독일에서 미국으로 여름휴가를 떠나기 전에 나는 여행에서 돌아오는 날 뮌헨에서 연설을 해달라는 제안을 받았고, 일정에 맞추기 위해 가족보다 먼저 다른 비행기를 타고 혼자 독일로 돌아와야만 했다.

가족과 헤어질 때 나는 갑자기 울컥하고 눈물이 나서 그냥 그대로 크게 울음을 터뜨렸다. 그러자 아이들도 울기 시작했고, 결국은 아내마저 같이 울었다. 우리는 그렇게 울면서 공항에서 함께 끌어안고 한동안 서 있었다. 마침내 이별의 순간이 다가와서 나는 슬픔에 잠긴 채 계속 울면서 공항 안을 걸어갔다. 정확하게는 무엇인가가 나를 울게 만들었다는 표현이 맞을 것 같다. 나도 모르게 눈물이 흘러나왔고, 눈썹 앞쪽이 저절로 올라갔다. 13년 전에 내 환자인 미셸이 상담 때 지은 것과 동일한 표정이었다. 그때 공항검색대에서 한 여직원이 굉장히 깐깐하게 굴면서 나를 향해 비아냥거리는 말투로 잘못된 줄에 서 있다며 지적했다. 나는 '이 여자는 표정 따위는 전혀 읽을 줄 모르는 둔감한 사람인 게 틀림없어'라는 생각이 들었다. 친절하게 요청하는 표정을 보이는 것만으로도 충분히 생각을 전달할 수 있었을 텐데 말이다. 죄책감이나 수치심과 마찬가지로 슬픔은 불쾌감을 유발하는 감정이라기보다는 상대방의 기분에 자신을 맞추려는 유순한 감정에 속한다.

표정은 두 가지 방식으로 제어된다. 우리는 자신도 모르게 표정이 일그러질 때가 있고, 또는 의도적으로 얼굴을 찡그릴 때도 있다. 나쁜 짓을 하면서 선한 표정을 짓고, 미소를 지으며 꿍꿍이를 숨기고 있을 수도 있다. 의도하지 않고 이루어지는 첫 번째 제어 방식은 얼굴 근육이 뇌의 감정을 담당하는 네트워크인 변연계와 직접 연결되어 나타난다. 이와는 달리 의도적으로 움직여 만든 표정은 이성이 통제하는 전두엽의 운동 피질과 관련이 있다. 이성이 감정을 드러내고 싶어 하지 않으면 운동 피질이 나서 감정적 충동을 억누른다. 다시 말해, 운동 피질과 변연계 사이에 싸움이 일어나는 것이다. 그러나 운동 피질이 항상 이기지는 못하므로, 미소라는 가면을 쓰더라도 미세한 표정의 형태로 실제로 느끼는 감정이 표출된다. 일반 사람이라면 눈치 채기 힘들겠지만 훈련을 받은 관찰자는 상대방의 얼굴에서 실제 감정을 읽을 수 있다.

이런 원칙은 단지 불편한 감정뿐만 아니라 기분 좋은 감정에도 해당된다. 학창 시절, 반에서 까불기 좋아하는 아이가 농담을 하면 반 전체가 웃음을 터뜨리게 되곤 한다. 이때 선생님은 아이의 농담이 그다지 재미있지도 않고 웃지 않는 편이 더 나으리라 생각하면서 가볍게 미소만 짓는다. 아이들은 어른보다 감정을 통제하는 일에 많이 서툴다. 감정을 자제하는 일을 담당하는 전두엽 피질이 사춘기가 지나서야 비로소 완전히 발달을 마치기 때문이다. 만우절 농담을 떠올려보자. 아이들은 대부분 이야기를 마치기도 전에 자기가 먼저 크게 웃음을 터뜨리거나 입이 양쪽 귀에 걸린 것처럼 미소를 짓느라 거짓말하고 있다는 것을 금세 드러내고 만다. 반면 어른들은 다른 사람을 놀리려는 장난기 섞인 즐거움을 어릴 때처럼 확실하게 드러내지 않으며 대부분은 눈만 살짝 웃을 뿐이다. 상대방이 감추고 있는 속셈을 밝히는 방법은 책의 3장에서 자세하게 다루겠다.

눈썹 앞쪽과 측은한 개의 눈빛
혹은 동물보호소에서 더 빨리 입양되는 개의 특징

미셸과 나의 경우처럼 눈썹머리를 올리는 동작은 구체적으로 무엇을 의미할까? 이 표정은 우리가 일상에서 정도에 따라 '의기소침하다, 연민을 느끼다, 불만족스럽다, 실망스럽다, 울적하다, 풀이 죽다, 불행하다 혹은 더 나아가 절망스럽다'고 다양하게 묘사할 수 있는 슬픔이라는 감정을 나타내는 믿을만한 신호다. 슬픔의 감정은 특히 이마 가운데에 일자 주름이 만들어질 때 더욱 분명히 드러난다. 그런데 이런 신호를 신뢰할 수 있다고 말하는 근거는 무엇일까? 스마트폰의 카메라를 들고 일부러 눈썹머리쪽을 치켜올릴 수 있는지 한번 시험해보면 곧바로 알게 될 것이다. 과연 눈썹머리쪽만 올라갈까? 만약 그럴 수 있다면 이마의 주름은 얼굴 바깥쪽까지 길게 연결되지 않고 가운데에만 생길 것이다.

눈썹을 마음먹은 대로 올리지 못해도 고민할 필요는 없다. 이런 표정을 절대 의도적으로 지어낼 수 없다는 것이 바로 믿을만한 신호라는 의미이기 때문이다. 훈련하지 않고 이런 표정을 의도적으로 지을 수 있는 사람은 약 10~20퍼센트에 지나지 않는다. 흥미로운 점은 슬픔을 느끼면 모든 사람이 비슷한 표정을 짓는다는 사실이다. 일부러 의식하지 않아도 변연계를 통해 이루어지기 때문에 고의적으로 만들 필요도 없다.

'믿을만하다'고 하는 두 번째 이유는 얼굴이 보여주는 신호가 문화와는 상관없이 어디서나 어떤 특정한 감성을 가리키기 때문이다. 눈썹머리를 높이 올리는 것도 이런 감정 가운데 하나다. 파리, 시드니, 케이프타운 아니면 파푸아뉴기니 등 어디로 여행을 떠나든지 상관없이 슬픈 사람의 얼굴에는 이런 표정이 나타난다. 이와 더불어 종종 입꼬리가 아래로 처지거나 아래턱이 떨리기도 한다.

표정은 인류뿐만 아니라 더 나아가서는 인간의 친구인 개와도 공유할 수 있다. 개가 애틋한 표정을 지으며 바라보면 마음이 약해지지 않고 버티는 일이 얼마나 힘든지는 남녀노소 가리지 않고 모두가 잘 알 것이다. 애견인들은 개가 이런 표정으로 바라보

면 조심해야 한다. 개는 우리를
속이려고 '고의적으로' 슬픈
표정을 지을 수 있는 동물
이기 때문이다. 개가 측은
한 표정을 짓는 것은 반드시
슬픈 감정을 표출하는 것이 아니라,
주인을 자기 맘대로 좌지우지하려는 의도가 있다는 것이 연구에
서 입증되었다. 개는 일부러 슬픈 표정을 지음으로써 사람에게서
원하는 것을 얻어낸다. 한 실험에서 밝혀진 바에 따르면 2분 동
안 다섯 번 정도 슬픈 표정을 짓는 개는 동물임시보호소에서 입
양되는 데까지 평균 50일 정도가 걸렸다. 그런데 2분 동안 15번
정도 슬픈 표정을 지은 개는 입양되기까지 평균 28일이 걸렸다.
개는 인간과 함께 살기 시작한 이후 1만 5천 년 동안 인간에게
잘 적응하면서 많은 것을 보고 배웠다. 심지어 인간의 얼굴 표정
을 보고 대응하는 데 특화된 뇌 영역이 발달하기도 했다.

표정을 유일무이하게 만드는 것은 무엇일까?
혹은 펜트하우스의 주인은 누구일까?

개의 뇌뿐만 아니라 사람의 뇌 역시 얼굴을 인식하고, 표정을 읽
는 데 특화되어 있다. 길을 걷고 있는데 학창 시절 알고 지냈던

옛 친구가 맞은편에서 걸어온다고 상상해보자. 그 사람을 쳐다보면 뇌는 몇 초도 되지 않는 순간에 이미 내가 아는 얼굴인지 아닌지를 구분한다. 친구의 이름이 당장 떠오르지 않고, 누구였는지 곧바로 정확하게 분류하지 못하더라도 '어디에서 본 적이 있는 사람이야!'라고 깨닫기 위해서는 얼굴을 잠깐 슬쩍 보는 것만으로도 충분하다. 우리는 이렇게 상대방의 얼굴을 쳐다보면서 그 사람의 성별과 대략적 나이, 성격, 감정 상태 등, 더 많은 것을 알아내려고 애쓴다. 얼굴이 신체 언어의 모든 다른 영역보다 훨씬 많은 정보를 전달하기 때문이다.

진화적 관점에서 보면, 뇌가 얼굴을 인식하도록 특화된 것은 생존에 있어서는 매우 유용한 장점이다. 얼굴 인식 특화 기능 때문에 뇌는 다른 것보다 얼굴을 더 선호하게 된다. 심지어 얼굴이 실제로 존재하지 않는 곳에서도 얼굴을 찾을 정도다. 달 표면에 얼굴처럼 보이는 '달나라 남자'를 떠올려보거나 이메일이나 문자를 주고받을 때 사용하는 이모티콘을 생각해보자. 우리는 콜론 부호 하나와 닫는 괄호 부호(:))로 웃는 얼굴을 만들어낸다. 표정을 해석하는 일은 매우 중요해서 얼굴과 얼굴에서 나오는 신호를 처리하는 것만 담당하는 고유의 영역이 뇌에 따로 있을 정도다. 덧붙이자면, 다른 나머지 신체 언어의 해석은 뇌의 다른 영역이 처리한다.

집에 비유해 표현하자면, 다른 비언어적 신호는 뇌에서 셰어 하우스를 이루어 함께 사는 반면에, 표정은 펜트하우스에서 단독으로 산다고 할 수 있다. 이렇게 구분된 것에도 다 이유가 있다. 얼굴 표정은 다른 모든 신체 언어의 신호보다 더욱 빠르게 처리된다. 표정이 분석 과정에서 가장 중요하고 독특한 관찰 채널 역할을 하는 이유가 바로 이것이다.

또한 표정은 감정의 무대다. 누가 어떻게 느끼는지를 다른 사람에게 전달하는 데 있어서 표정은 문화를 초월하며, 의도적으로 지어내기 힘든 반응이다. 즉, 신체 언어로 감정을 표출하는 데 있어서 가장 중요한 공헌자라고 할 수 있다. 따라서 표정은 편안하고 널찍한 펜트하우스를 차지할 자격이 있다. 변연계에서 일어나는 표정의 자율 주행은 진화의 선물이다. 감정 이입과 공감은 상대방이 어떤 감정을 느끼는지 알아차릴 때야 비로소 일어나기 때문이다. 그렇다면 공감이 존재하지 않는 세상은 과연 어떤 모습일까?

눈썹 파도에서 서핑하기
혹은 공감을 통해 더 큰 성공을 이룰 수 있는 이유

공감은 우리를 다른 사람과 연결해주는 핵심적인 연결고리다. 1934년에 태어난 정신과 전문의사이자 하버드대학교 교수를 지낸 적이 있는 조지 베일런트George Vaillant는 공감 능력이야말로 성공적이며 행복한 삶을 위한 가장 중요한 요소라고 손꼽았다. 베일런트는 행복과 성공적인 삶을 주제로 한 '그랜트 연구Grandt Study'를 이어받아 30년이 넘는 긴 시간 동안 진행했는데, 이 그랜트 연구는 1939~1945년에 하버드대학교를 다녔던 졸업생 268명이 80살이 될 때까지 참가했다.

2013년, 독일 잡지 《쥐트도이체 차이퉁 매거진》 인터뷰에서 베일런트는 "행복이란 무엇인지 한 문장으로 함축적으로 정의해 주시기 바랍니다"라는 요청에 다음과 같이 말했다. "행복은 많은 것을 당장 얻고자 하는 것이 아니라, 오히려 더 적은 것을 원하는 것입니다. 충동을 조절하고, 욕구에 즉시 굴복하지 않는 것을 의미합니다. 진정한 행복은 다른 사람과의 진실하고 깊은 유대감을 나누는 데 있습니다."

근본적으로 보면 공감은 단순히 행복에 대한 문제가 아니다. 30만 명 이상을 대상으로 진행된 대규모 메타 분석에 따르면 다른 사람과의 진정하고 깊은 유대감 결여는 공기오염과 고혈압, 과체중, 운동 부족, 알코올 중독, 심지어 흡연 같은 위험 요소보다 위험하며, 사망 확률이 훨씬 높다고 한다. 다른 사람과 깊은 유대감을 주고받으며 관계를 유지한 사람은 고독한 사람에 비해 더 오래 살 확률이 50퍼센트나 높다. 이것은 매우 인상적이고 경종을 울리는 숫자며, 인간관계가 생존에 얼마나 큰 의미를 가지는지를 알려준다.

공감은 우리의 행복과 건강에 좋은 영향을 끼치는 것은 물론 더 나아가 더 큰 성공을 거두게 하는 데도 도움이 된다. 공감 능력이 뛰어난 지도자가 직원을 더 능숙하게 이끌며, 공감 능력이 좋은 치료사가 환자를 더 잘 치유하며, 공감 능력이 높은 상인이 판매력도 더 뛰어나다는 사실이 여러 연구를 통해 증명되었다. 나도 얼마 전에 이 같은 경험을 직접 할 기회가 있었다. 전문가에게는 불 보듯 뻔한 상황이 훈련되지 않은 사람 눈에는 마치 해리포터가 투명 망토를 입기라도 한 듯 전혀 보이지 않는 상황을 최근에 다시 경험하게 된 것이다.

코로나 방역 규제의 여파로 태양열 전지 상담사와의 만남이 화상회의로 진행됐다. 나는 아내가 상담사와 영상통화 하는 장면을 컴퓨터 화면으로 자유롭게 관찰할 수 있었다. 나는 영상통화 화면을 보면서 아내의 인내심이 점점 짧아지는 것이 느껴졌다. 아내는 벌써 다섯 번이나 눈썹을 올렸다 내리기를 반복하고 찌푸리며 파도 모양을 만들었다. 불안감을 느낄 때 나오는 전형적인 신호였다. 아내가 눈썹만을 움직인 것은 근심처럼 강도가 약한 감정이라고 해석할 수 있다. 만약 공포처럼 강도가 센 형태의 불안감을 느꼈더라면 여기에 더해 눈을 크게 뜨거나 입을 크게 벌렸을 것이다. 근심에 비해서는 확실히 큰 반응이다. 이처럼 '불안감의 눈썹'과 단순히 눈썹을 올려 둥그런 활 모양이 만들어지는 것 사이에는 커다란 차이가 있다.

'저 사람은 왜 그걸 못 보

는 거지?' 나는 너무 궁금했다. 물론 미세표정은 눈을 깜빡이는 것보다 빠르지 않았지만, 고속 열차처럼 표정 위를 스쳐 지나갔으며, 0.2초 뒤에는 사라졌다는 사실을 인정한다. 그럼에도 불구하고 나는 아내의 긴장감을 확실하게 느낄 수 있었다. 그래서 더 이상 참지 못하고 상담사에게 말을 걸었다. "죄송합니다만, 아내가 조금 염려하는 것 같아서요. 한 번 물어봐주세요!?" 그 순간 에너지 상담사는 잠시 모든 동작을 멈추고 얼어붙었다. 마치 시간이 멈춘 듯했다. '전형적인 동결 효과네'라고 생각했다. '상담사 얼굴에 놀라움이 가득한데? 아내의 얼굴에 고속 열차처럼 빨리 지나가 버린 표정을 진짜 못 알아봤구나!' 상담사는 아내의 얼굴을 조심스럽게 살폈다. 아내는 "네, 맞아요"라고 미소를 띤 채 대답했다. 그때부터는 대화가 더 부드럽게 진행되었다. 아내가 염려하던 부분을 솔직하게 털어놓고 난 뒤에 분위기가 눈에 띄게 편안해졌기 때문이다.

네가 못 보는 것을 나는 볼 수 있어
혹은 화상회의에서 평소와 다르게 행동하는 이유

아내의 경우처럼 모든 사람에게 표정을 설명해주는 통역사가 있지는 않다. 그렇다면 고속열차처럼 빠르게 지나가는 상대의 표정을 놓치지 않기 위해서는 어떻게 해야 할까?

온라인으로 진행되는 화상회의는 인지 능력을 향상시킬 수 있는 훌륭한 훈련장이다. 화상회의는 표정을 신체 언어의 중심에 오게 하기 때문이다. 화상회의에서는 다리나 발과 같은 다른 신호보다는 표정에 집중하게 된다. 줌이나 마이크로소프트 팀즈 같은 프로그램을 통해 표정이 우리 감정의 무대라는 점을 더욱 잘 알 수 있다. 화상회의 카메라를 손이나 발을 비추게 각도를 조절하거나 심지어 카메라를 완전히 끄고 목소리만으로도 회의를 진행할 수 있는데도, 카메라를 얼굴 중심으로 설치하는 것에는 다 이유가 있다. 급격히 높아진 화상회의 수요는 대화 상대의 얼굴을 보고 싶어 하는 욕구가 우리 안에 얼마나 뿌리 깊게 자리 잡고 있는지를 보여주었다.

사람들은 화상회의에서 각각 다른 곳을 바라본다. 잘 생각해보면 대부분의 사람들이 온라인으로 진행되는 회의에서도 다른 사람의 눈을 똑바로 바라보지 못한다는 것을 깨달을 수 있다. 이렇게 서로 시선을 다른 곳에 두는 것에는 단점도 있지만(8장에서 자세히 알아볼 예정이다), 장점도 있다. 무엇보다 여러 사람이 함께 참여하는 화상회의에서 이런 장점은 더욱 부각되게 된다. 예를 들어, 내가 정확하게 누구를 보는지 아무도 모르기 때문에 표를 내지 않으면서 다른 참여자의 표정을 편안한 마음으로 관찰할 수 있다.

화상회의에서는 인지 훈련을 위해 관찰의 시선을 매우 쉽게 사용할 수 있다. 다른 사람의 표정을 의도적으로 유심히 살펴보

신체 언어 꿀팁
조명 상태를 체크한다

감정의 무대인 표정은 다른 사람과의 관계를 형성하고, 신뢰의 기초를 다질 수 있는 중요한 신체 언어 채널이다. 상대방의 표정 변화는 우리가 그 사람을 감정을 느끼는 존재로서 인식하게 한다. 따라서 연극처럼 표정에도 훌륭한 조명 연출이 필요하다. 화상회의에 참여한 사람들이 창문을 등지고 앉아 있어 역광 때문에 잘 보이지 않는 경우가 있다. 아니면 방 안이 너무 깜깜해서 전혀 표정을 알아보기 힘들 때도 있다. 그래서 화상회의를 시작하기 전에는 화면에 자신이 어떻게 보이는지 미리 확인하고, 조명을 잘 조절해서 다른 사람과의 소통에 어려움이 없도록 준비를 해야 한다. 노트북 카메라 렌즈를 자주 깨끗이 닦는 일도 중요하다. 필요하면 용기를 내서 얼굴이 잘 보이지 않는 다른 사람에게 조명을 조절하라고 조언을 할 수도 있다.

"실례지만, 역광 때문에 얼굴이 잘 보이지 않습니다. 카메라를 다른 쪽으로 돌려보거나 조명을 조절해보시겠어요?"

자. 특히 청중의 표정을 관찰하는 일은 굉장히 흥미롭다. 대부분의 미세표정은 다른 사람이 말하는 것을 듣는 동안 나타나는 경우가 많기 때문이다. 얼굴에서 보이는 신체 언어에는 말하지 않

은 생각과 감정이 무의식적으로 드러난다. 우리는 얼굴 표정을 통해 다른 사람의 의견에 동조할 때도 있고, 때로는 의심이나 거부를 표현하기도 한다.

　"어떤 것에 주의해야 할지 전혀 감을 못 잡겠어요." 표정 공명 훈련을 시작한 지 얼마 안 된 세미나 참가자들이 과제를 받고 난 뒤에 제일 많이 하는 말이다. 이런 사람에게 줄 수 있는 신체 언어 꿀팁은 'FAKT 방법'이다(FAKT는 독일어 단어 Formulieren(작성), Auswählen(선택), Konkrete(구체적 분석), Transfer(변환)의 앞글자를 따서 만들었다 – 편집자 주). 이 훈련법은 내가 개발한 것으로 질문과 답변의 질을 결정하는 원리와 관련이 있다. 우선 표정 분석에 들어가면 "그 사람은 지금 스트레스를 받은 상태인가?" 혹은 "상대방이 무언의 항의를 하고 있는 것인가?"와 같이 간단한 질문을 작성한다(F). 이어서 질문에 대한 답을 얻기 위해 어떤 비언어적 관찰 범위를 선택하여(A) 집중할지 생각해본다. 지금까지 우리는 표정이 감정의 무대라는 점에 대해 이야기했다. 이것은 상대방이 화가 났는지 혹은 즐거워하는지를 알고 싶으면 표정에 주의를 기울여야 한다는 의미다.

　FAKT 방법의 첫 번째와 두 번째 단계를 통해 관찰할 준비가 되었다면, 이제 구체적인 상황에서 나타나는 중요한 신호(예를 들어 슬플 때 눈썹 앞쪽을 올리거나, 무서울 때 눈썹을 올리며 양쪽 눈썹을 움직여서 파도 모양을 만드는 것)에 주의해야 한다(K). 마지막으로 이렇게 관찰한 것을 첫 번째 단계에서 한 질문에 맞추어 생각해본다

(T). 이런 과정을 통해서 우리 몸이 무의식적으로, 자신도 모르는 사이에 만들어내는 끝없는 신호의 거대한 건초더미 속에서 바늘을 찾는 일이 가능해진다.

화상회의를 하면서 우리는 FAKT 방법을 차례대로 심화해나갈 수 있다. 화상회의에 참여한 사람들의 시선은 분산되어 있을 때가 많으므로, 우리가 누군가를 구체적으로 관찰하고 있는지 잘 알지 못한다. 또한 화상회의에 참가한 사람들은 보통 자신을 관찰하기 어렵다고 생각해 표정 및 다른 신체 언어가 만드는 신호를 훨씬 자유롭게 내보낸다. 우리의 뇌는 학습 능력이 매우 뛰어나며, 새롭게 주어지는 것에 빠르게 적응하지만 화상회의나 영상통화가 면대면 대화와 동일하다고 받아들이기까지는 시간이 필요한 듯하다. 화상회의에 참가한 사람들 중 많은 수가 (전형적인 면대면 대화 환경은 아니지만) 카메라가 자신을 향해 있음에도 불구하

FAKT 방법의 네 단계

1단계. 작성Formulieren: 질문을 구체적으로 작성한다.

2단계. 선택Auswählen: 중요한 비언어적 통로를 선택한다.

3단계. 구체적 분석Konkrete: 구체적인 신호를 인지하고 분석한다.

4단계. 변환Transfer: 습득한 정보를 제시한 질문에 적용한다.

고 마치 컴퓨터 앞에 혼자 앉아 있는 것처럼 행동한다. 자신이 관찰되고 있다는 사실을 인식하지 못하고 무의식적인 움직임을 보이는 것이다. 그래서 어떤 사람들은 다른 사람이 다 보는 앞에서 빵을 먹기도 하고, 다리를 책상 위로 올려놓고, 심한 경우에는 눈동자를 굴리며 어이없는 표정을 대놓고 짓기도 한다.

온라인상에서는 '나는 지금 컴퓨터 앞에 혼자 앉아 있다'는 착각이 주는 잘못된 안정감 때문에 긍정을 표현하는 고개 끄덕임과 미소 짓기 같은 비언어적 의사소통의 사회적 윤활제가 대부분 사라진다. 온라인에서 대화를 나누다보면 아날로그 세상에서 대화를 할 때보다 동조의 신호를 보내는 횟수가 줄어든다. 누군가의 이야기를 경청하며 앉아 있는 일반적인 상황을 상상해보자. 열심히 고개를 끄덕이고, 미소를 지어 보이지만, 속으로는 '이제 제발 그만 좀 떠들어라! 내가 열심히 머리를 끄덕일수록, 이야기가 더 빨리 끝날 거야'고 생각했던 순간이 한 번쯤은 있었을 것이다. 고개를 끄덕이는 것이 꼭 상대방의 의견에 동의한다는 의미는 아닌 것이다. 이는 단순히 대화가 흘러가게 두는 사회적으로 입증된 방법이다. 먼 옛날 우리 조상이 "이봐, 우리가 서로의 말에 귀를 기울이면 고개를 끄덕이고 미소를 짓기로 하세. 그러면 왠지 기분이 좋거든!"이라고 정했을 뿐이다. 당시에는 미래의 우리가 컴퓨터 앞에 앉아 화면 속의 사람들과 대화를 나누리라고는 상상도 하지 못했을 것이다.

디지털 세상에서 생긴 자연적 신체 언어의 변화가 말하는 사람에게 얼마나 많은 스트레스를 유발하는지는 엄마와 아이를 대상으로 하는 '무표정 실험'이라는 발달심리학 연구를 통해 알아볼 수 있다. 실험 영상은 인터넷에서 볼 수 있는데 미리 경고하자면 마음이 아플 수 있으니 주의하기 바란다. 실험 진행자는 우선 엄마에게 아이와 평상시처럼 함께 놀고 반응을 보이라는 요청을 한다. 그 다음에는 표정과 비언어적으로 어떤 반응도 보이지 말고 전부 억제해달라고 한다. 이른바 '무표정 실험'이다. 엄마의 이런 모습에 아이는 엄마에게서 반응을 이끌어내려고 애쓴다. 엄마에게 팔을 뻗고, 미소를 짓고, 방에 있는 사물을 손으로 가리키고, "저기!"라고 말한다. 하지만 엄마는 아무런 반응도 해서는 안 된다는 지시를 받은 상태다. 이런 상황에 놓인 엄마를 보면서 아이는 눈을 깜빡이는 횟수가 급격하게 잦아지는데, 바로 스트레스를 받고 있다는 표시다. 우리가 주목해야 할 것은 엄마의 무표정에 아기가 어떻게 반응하는지다. 엄마의 표정에 변화를 일으키려는 모든 노력이 소용이 없다고 느껴지면 아이의 스트레스 수치는 하늘 높이 치솟아 크게 울기 시작한다.

어른들은 무표정을 마주할 때 아이들처럼 그렇게 격하게 반응하지는 않지만 누군가에게 말을 하는데 상대방이 아무런 반응을 보이지 않으면 기분이 굉장히 안 좋아지는 것은 동일하다. 신체 언어적 반응을 받고 싶어 하는 욕구는 우리를 사회적 존재로 만드는 인류의 끊임없는 진화적 결과라고 할 수 있다. 화상회의에 참여할 때는 이 점을 꼭 명심하자. 사람을 직접 마주할 때처럼 회의 중에 가끔씩 미소를 지어 보이면 상대방은 긴장을 풀 수 있다. 또한 내가 말하는데 상대방이 무표정으로 바라보고 있더라도, 이것이 반드시 나에게 개인적인 불만이나 문제가 있어서가 아니라는 점을 잊지 말자. 이렇게 많은 정보를 들었어도 여전히 화상회의를 할 때 긴장이 된다면 눈에 안 띄면서도 화상회의에 편하게 참여할 수 있는 작은 팁을 소개해보겠다.

감정이 넘쳐흐르는 순간, 변연계의 경고 센터인 편도체는 이성이 자리하고 있는 전전두엽 피질을 '납치'한다. 이렇게 이성이 개입할 수 없게 되어 감정에 격해지는 순간을 학계에서는 '편도체 납치'라고 부른다. 이때 전전두엽 피질이 다시 운전대를 잡을 수 있도록 앞좌석으로 데려오고, 편도체를 뒷좌석으로 보내기 위한 효과적이면서도 간단한 수단은 호흡이다. 매우 저명한 프랑스 심리학자 실뱅 라보르드Sylvain Laborde는 "심장과 뇌를 통제하려면 호흡을 조절하세요"라고 조언했는데, 방법은 간단하다. 먼저 편안하게 숨을 들이쉬고 내쉰다. 이때 호흡 간격을 약 10초 정도로 두는데 들이쉴 때보다 내쉴 때 더 많은 시간을 들여야 한다. 예를 들어, 4.5초간 숨을 들이쉬었다면, 내쉴 때는 5.5초를 쓰는 것이다. 나는 이 호흡법을 '공명 호흡'이라고 부른다. 공명 호흡을 통해 전전두엽 피질이 다시 작동함으로써 편도체가 진정하는 것은 연구를 통해서도 증명되었다. 일상적인 문장으로 쉽게 말하자면, "먼저 심호흡을 해" 정도가 되겠다.

나는 다른 사람에게 어떤 모습으로 비칠까
혹은 치약 광고 같은 억지 미소를 버리고 진정한 나를 보여주기

사실 화상회의만큼 자신의 표정과 신체 언어를 분석할 수 있는 좋은 기회는 없다. 다만 긴장되어 손에 땀이 나는 상태가 아닐 때만 해보길 권장한다. 자기 분석을 한다는 핑계로 대화나 회의의 질은 물론, 본인의 편안함에 부정적인 영향을 미쳐서는 안 되기 때문이다.

이렇게 조언을 하지만 사실 표정 전문가도 똑같은 사람에 불과하다. 서랍에 꽁꽁 잘 숨겨놓은 창피했던 기억 중 특별한 에피소드 하나를 소개하고 싶다. 나의 소중한 친구이자 동료(남자)는 한 여성과 화상회의를 한 적이 있다. 동료는 평소에 그 여성을 별로 좋아하지 않았는데 여성이 발표하는 중에 동료의 윗입술 한쪽이 갑자기 위로 올라가는 것이 화면에서 그대로 보였다. 이는 상대를 비웃거나 업신여긴다는 것을 알리는 뚜렷한 신호다. 곧바로 동료의 얼굴이 새빨개졌다. 자신이 어떠한 미세표정을 지었는지를 인지한 것이 분명했다. 이렇듯 전문가의 입장에서는 자신을 보지 않는 편이 더 나은 순간이 있다. 물론 때로는 자신을 봐야 이빨 사이에 고춧가루가 끼는 위험을 막을 수 있겠지만 말이다. 어쩌면 불확실한 채로 사는 것보다는 명확한 것이 낫다고 여기는 사람도 있을 수 있겠다.

나는 원칙적으로 영상 녹화를 통해 자기 분석을 하는 방법을

추천하는 편이다. 생방송으로 진행되는 상황에서 자신을 관찰하다 보면 이미 그 상황 자체도 변하게 되고, 태도와 신체 언어 역시 달라진다. 표정 신호도 마찬가지로 자연스럽지 못하거나 긴장이 풀리지 않아 뻣뻣하고 억지스러워진다. 전형적인 가족사진 촬영 현장을 떠올려보면 무슨 말인지 이해가 될 것이다. "자, 이제 모두 활짝 웃어 보세요!"라는 사진사의 요구에 치약 광고에서나 볼 수 있는 어색한 미소를 띤 표정이 사진에 찍히고 만다.

지그문트 프로이트는 훌륭한 심리치료사가 되는 방법에 대해 다음과 같이 말한 적이 있다. "심리학에 대해 배울 수 있는 것은 모조리 배우세요. 그리고 환자 앞에 앉았을 때는 배운 것을 모두 잊으세요." 프로이트의 말은 우리에게도 매우 유용한 조언이 될 것이다. 우선 인상에 대한 모든 것을 학습하고, 자연스러운 신체 언어도 전부 배운다. 그리고 화상회의에서는 학습한 모든 것을 다시 잊고 자연스럽게 참여한다. 회의가 진행되는 동안에는 자연스러운 태도로 본연의 자세를 유지한다. 인상에 있어서 가장 중요한 것은 말하는 것을 느끼고, 느낀 것만 말하는 것이다. 효과가 큰 신체 언어를 만들려면 '몸은 항상 내면의 태도에 따른다'는 규칙을 명심한다. 표정과 신체 언어는 언제나 감정에 따라 좌우된다는 의미다. 다시 말해, 인상을 위한 작업은 근본적으로 신체 언어 훈련이 아니라 감정 훈련이라고 할 수 있다. 인상에는 모든 비언어적 조건이 영향을 미치는데, 그중에서도 표정은 전체적 인상을 해석하고, 이해하는 열쇠가 된다. 여러분은 친절하고 공감을 보이는 인상을 주는가, 아니면 거리를 두고 격식을 따지는 인상을 주는가? 추진력이 강하고 자아가 뚜렷한 인상을 주는가, 아니면 즐겁고 편안한 인상을 주는가?

이제부터는 인상 분석 놀이를 해보자. 그러기 위해서는 다른 사람의 모습을 찍은 짧은 동영상이 필요한데, 유튜브는 이 놀이에 있어 무궁무진한 자료를 제공해주는 보물상자라고 할 수 있다. 유명인들 중에서 관심이 가는 사람의 동영상을 찾아보는 것도 좋다. 정치가, 가수, 배우 혹은 유명한 유튜버라도 상관없다. 인상을 연구하고자 한다면 다른 사람의 인상을 분석하는 일에서 시작하는 것이 좀 더 쉽다. 자신보다는 다른 사람을 분석할 때 상대적으로 조금 더 편안한 마음으로 더 많은 점을 관찰할 수 있기 때문이다. 이 과정을 통해 인상을 분석하는 법을 훈련한 후에는 배운 것을 자신에게 훨씬 쉽게 적용할 수 있게 될 것이다.

자기 분석을 할 때 유용한 팁은 자신을 찍은 영상을 보고 분석하는 과정에서 스스로를 지칭할 때 항상 제3자의 형태를 사용하는 것이다. 예를 들어, 내가 내 영상을 보고 인상을 분석할 때 "아, 지금 디르크가 눈썹을 올렸어. 그는 지금 웃고 있네!"라고 하는 식이다. 이 방법은 자신을 보다 객관적으로 관찰할 수 있게 해주며, 자기 관찰 과정에서 피하기 힘든 맹점을 거르는 데 큰 도움이 된다. 이때의 맹점은 스스로를 관찰할 때는 알아차리기 힘들지만 다른 사람이라면 분명하게 발견할 수 있는 긍정적인 부분이나 부정적인 부분 모두를 말한다. 이렇게 연출된 자기 관찰 기법을 사

용하면 자신의 영상을 볼 때 대부분의 사람들이 느끼는 스트레스
를 줄여주기도 한다. 우리는 영상에 비친 자신의 모습을 볼 때 미
묘한 감정을 느끼게 되는데, 이는 평소 자신의 모습을 거울을 통
해 보게 되기 때문이다. 거울에 비친 모습은 좌우 방향이 바뀐 것
이므로 사진 혹은 영상에서 보이는 자신의 모습이 낯설게 느껴지
는 것이다. 대부분의 화상회의 툴은 좌우를 바꾸지 않고 실제의
모습 그대로 보여주므로 인상을 분석하기 매우 좋은 환경이라고
할 수 있다.

그럼 다시 처음으로 돌아가 자신이 선택한 다른 사람의 영상
을 보면서 영상분석을 시작해보자. 선택한 영상을 몇 분 동안 본
후에 주요 내용이 포함된 약 10초 정도의 짧은 장면을 고른다. 그

리고 복잡한 인상 분석을 간편하게 하기 위해 내가 고민한 4개의 인상 분야 이론을 적용해보자. 이 4가지 인상 분야는 실행력과 조화, 안정성과 유연성이며, 이것들이 만들어내는 감정 에너지들이 모여 인상을 좌우한다.

'실행력'이 긍정적으로 발현되면 지도력, 자신감, 성공 그리고 추진력으로 나타나고, 부정적으로 발현되면 우월감, 불손함, 오만함, 거리감과 나르시시즘과 같은 인상 에너지로 나타난다.

실행력과 대조되는 것은 '조화'로 긍적적으로 발현되면 감정적 친밀함, 인간적인 따뜻함, 믿음, 순응력, 진정함 그리고 공감이라는 인상 에너지가 나타나며, 부정적으로 발현되면 불안감, 비굴함, 지나친 겸손함, 수행력 저조, 자포자기 같은 인상 에너지가 나타난다.

'안정성'은 긍정적으로 발현되면 객관성, 신용, 공손함, 정확함, 주의력, 이성, 신중함, 논리와 같은 인상 에너지로 나타나며, 부정적으로 발현되면 무뚝뚝함, 경직, 융통성 결여, 침체, 냉담함과 같은 인상 에너지가 나타난다.

안정성과 대조되는 '유연성'은 긍정적으로 발현되면 낙천주의, 개방성, 유머, 타인과의 사회적 어울림, 창의성, 융통성, 호기심과 같은 인상 에너지로 나타나며, 부정적으로 발현되면 변덕이 심하고, 신경이 몹시 날카롭고, 현실과 거리가 멀고, 한 곳에 뿌리를 내리지 못하고, 인정욕구가 지나치게 커지는 인상 에너지가 나타난다.

4가지 인상 분야	일반적 표정
실행력	자랑스러움과 결의에 차고, 집중하고 있는 인상을 준다. 머리를 살짝 뒤로 젖힌 채 미소를 짓는다. 화가 난 표정을 짓거나 포커페이스를 보일 때도 있다.
안정성	집중하고, 깊은 생각에 잠긴 인상을 준다. 눈썹을 가운데로 모으고 근심하는 듯한 인상을 풍기기도 한다.
조화	친절하고, 편안한 인상이다. 입 주변 근육만 움직이는 사회적 미소를 통해 알아볼 수 있다.
유연성	즐겁고, 마음이 활짝 열린 듯한 인상을 준다. 미소를 지을 때 눈도 함께 웃는다. 눈을 동그랗게 뜨고 즐거워하는 모습을 보인다.

누구나 이 4가지 인상 분야의 모든 에너지를 나타낼 수 있다. 물론 각자의 성향에 따라 선호하는 인상 분야가 있을 수는 있다. 그렇다면 표정에서 이 감정 에너지를 어떻게 알아볼 수 있을까?

동영상에서 특정 장면을 골랐다면 이제 그 부분의 영상을 보면서 어떤 인상 분야가 그 사람을 지배하고 있는지 생각해보자. 그런 다음 각각의 인상 분야에 대한 연구를 통해 확인된 전형적인 신호와 비교한다. 이때 FAKT 방법을 적용해 같이 훈련해보는 것도 좋다. "이 장면에서 그 사람에게서 관찰할 수 있는 지배적인 인상 분야는 무엇인가?"라고 구체적으로 질문을 해본다. 이때 중요한 비언어적 채널은 바로 표정이다.

좀더 쉽고 빠르게 인상을 분석할 수 있는 비법을 소개하자면, 그 사람이 절대 가지고 있지 않은 특정 인상 분야를 제거하면 된다. 그 다음에 그 사람의 표정이 어떤 인상 분야에 가장 많이 속하는지를 생각해본다. 일반적으로 사람의 인상은 지배적인 인상 분야 외에도 다른 인상 분야가 어느 정도 포함되어 있을 때가 많다.

'표정의 달인'이라고 불리는 여배우 바바라 쇠네베르거의 영상을 선택한 사람은 그녀가 굉장히 많이 웃고, 자주 미소를 짓는다는 점을 관찰할 수 있을 것이다. 쇠네베르거는 유쾌하고, 개방적인 인상을 주기 때문에 유연성이 강하게 나타난다.

표정이 가져다주는 인상을 정치적으로 잘 활용하는 사람 중 하나로는 페어 슈타인브뤼크를 꼽을 수 있다. 나는 한 독일 언론사로부터 2013년 9월 1일에 방송되었던 당시 독일 총리인 앙겔라 메르켈과 사회민주당의 지도자이자 대권 도전자인 페어 슈타인브뤼크의 TV 토론에서 이루어지는 비언어적 논쟁을 실시간으로 분석해달라는 의뢰를 받은 적이 있다. 나는 토론이 진행되는 동안 텔레비전 화면에 시선과 관심을 집중하면서 두 토론자가 무언의 불꽃을 튀기며 논쟁을 펼치는 장면을 관찰했다.

페어 슈타인브뤼크는 TV 토론에 나오기 전에 감정 컨트롤을 끝마치고, 표정이 만들어내는 영향력에 대해 학습을 한 것이 분명했다. 토론 내내 그의 표정은 풍부했고, 콘크리트처럼 딱딱한 얼굴을 한 채 감정적으로 거리를 둔 듯한 인상을 주는 앙겔라 메르켈 총리와는 대조적인 모습을 보였다. 메르켈에게 도전장을 던진 슈타인브뤼크는 여러 차례 눈썹을 올리면서 동시에 가운데로 찡그리는 전형적인 근심의 파도 모양 눈썹을 만들었다. 특히 슈타인브뤼크는 "하지만 이런 위기는 대부분 부채에 국한된 것이 아니라, 은행 자체의 위기입니다"라는 말을 하면서 '은행의 위기'라는 단어에서 눈썹을 위로 올리면서 가운데로 찡그렸다. 전형적인 근심의 표정이다. 슈타인브뤼크는 경제정책에 대한 우려를 표정으로 드러내면서 메르켈 총리를 무언으로 공격했다. 표정만으로 "현재 정부가 펼치고 있는 정책은 위험하다!"라는 메시지를 전달한 것이다. 슈타인브뤼크는 근심어린 표정 다음에 바로 입술 가장자리 한쪽을 올리면서 동시에 고개를 뒤로 살짝 젖히는 '우월함의 미소'를 보이면서 "저에게 표를 주십시오, 제가 더 잘 해낼 수 있습니다!"라는 메시지를 전달했다.

물론 슈타인브뤼크가 총리로 선출되지는 않았지만, 그는 이날 TV 토론에서 강한 인상을 남겼고 이는 이후 설문조사에 고스란히 반영됐다. TV 토론 전에는 선호도에 있어 55퍼센트 대 25퍼센트로 메르켈이 슈타인브뤼크보다 큰 격차를 보이며 앞서 있었지만, TV 토론 이후에 진행된 설문조사에서는 슈타인브뤼크가 45퍼센트의 선호도를 보이며 메르켈을 바짝 추격했다. 슈타인브뤼크가 《SZ-매거진》 1면에 실린 사진 때문에 일어난 '가운뎃손가락' 스캔들에 휘말리지 않았다면 총리직에 올랐을 수도 있었을 것이다.

2021년에는 기독민주당과 기독사회당 연합의 차기 총리 후보로 나선 아르민 라셰트가 선거운동 기간 중에 비언어적 실수를 저질렀다. 슈타인마이어 독일 대통령이 아르탈 지역의 홍수로 피해를 입은 희생자에게 애도의 뜻을 전하는 위로 연설을 하는 동안 아르민 라셰트가 뒤편에서 크게 웃는 모습이 카메라에 잡힌 것이다. 이후 '#라셰트는물러나라', '#라셰트는웃는다'라는 해시태그가 트위터에서 빠르게 유행했다. 그의 실수는 선거운동에 큰 타격을 입혔다. 신체 언어가 말보다 훨씬 큰 영향을 미칠 수 있으며, 비언어적 인상이 주는 힘을 제대로 다루는 것이 얼마나 중요한지를 다시 한번 보여준 사건이었다.

정리하자면, 중요한 순간에 결정적인 역할을 하는 표정의 4가지 포인트는 다음과 같다. 첫째, 감정은 신체 언어 가운데 표정을 통해 가장 분명하게 표출되며, 이는 문화를 초월한다. 둘째, 뇌에는 표정을 처리하는 영역이 따로 있어서 사람의 표정을 다른 어떤 신체 언어적 신호보다 더 빨리 해석한다. 셋째, 신경학적 분야의 연구를 통해 변연계가 상대방의 다른 신체 언어가 만드는 신호보다 표정에 훨씬 더 강력하고 집중적으로 반응한다는 것이 입증되었다. 넷째, 우리는 본능적으로 다른 사람의 얼굴 표정을 보고 공감하는 능력을 가지고 태어났다. 그래서 상대방이 표정으로 자신의 감정을 보이면 그 사람의 감정이 번개처럼 빠르게 거울신

인상에 표정 공명 효과를 활용하는 방법

4가지 인상 분야에는 각각의 분야를 묘사하는 특정한 표정이 있는데, 이를 잘 드러냄으로써 긍정적인 방향으로 이끌 수 있다. 실행력 인상 분야는 눈썹을 가운데로 모아 찡그림으로써 "나는 결단력이 있고 집중하고 있다"는 메시지를 보내 실행력 인상을 강화한다. 눈썹을 올리면서 가운데로 모아 찡그리는 표정은 "그 일 때문에 걱정돼"라는 의미를 포함하며, 안정성 인상 분야를 추구하는 반응을 드러낸다. 조화라는 인상 분야를 강화하고 싶은 사람은 눈썹의 안쪽을 높게 올려 "그일이 나를 슬프게 해"라는 메시지를 보내는 것이 좋다. 또한 미소를 지을 때 눈도 함께 웃으면 상대방에게 "마음이 편안해"라는 유연성 인상 분야의 메시지를 전달할 수 있다.

실전에 적용하기 전에 미리 4가지 표정을 연습해보자. 우선 시작 단계에서는 네 가지 표현을 흉내 내본다. 이때 표정에 따라 각각 다른 감정이 생기는 것을 느껴보자. 다음 단계에서는 4가지 얼굴 표정과 단어를 조합하는 훈련을 한다. "이건 중요한 프로젝트야" 같은 문장을 각각 다른 표정을 지으며 4번 연달아 큰 소리로 말한다. 이때 거울을 앞에 두고 하면 효과적이다. 다른 표정으로 말할 때마다 목소리가 덩달아 달라지면 훈련을 잘 하고 있는 것이다.

중요한 것은 마음속으로 항상 각각의 메시지(말하는 것을 느껴야 한다)의 느낌을 살려서 나머지 신체 언어가 표정을 자동으로 그리고 적절하게 뒷받침하게 하는 것이다. 몸은 항상 마음을 따른다는 표정 공명 인상의 기본 원칙을 명심하자.

경세포를 타고 우리의 감정으로 전달된다. 집단공포 현상이나 웃음이 다른 사람들에게 쉽게 전파되는 것을 보면 감정이 전염된다는 것을 알 수 있다.

이런 모든 요소는 표정 공명으로 이어진다. 우리는 다른 사람의 표정에 드러난 감정을 보면 무의식적으로 빠르게 감정적으로 공명을 한다. 감정적 차원에서 다른 사람과 함께 어우러지는 것이다. 약간의 훈련을 통해 정확하게 감성적 효과에 집중하고 전체적으로 더 강력한 효과를 내기 위한 목적으로 이러한 감정의 공명 또는 전염력을 이용할 수 있다.

1999년 2월, 미국의 심리학자 라리사 티덴스Larissa Tiedens는 실험 참가자들에게 두 편의 영상을 보여주었다. 그 영상은 당시 미국 대통령인 빌 클린턴이 모니카 르윈스키와의 사이에 일어난 스캔들 때문에 대배심 앞에서 발언하는 모습을 담은 것이었다. 첫 번째 실험 집단은 클린턴이 화가 난 듯한 인상을 주는 장면이 포함된 47초 길이의 짧은 영상을 보았다. 영상에서 클린턴은 진지한 눈빛으로 카메라를 정면으로 바라보고, 말하는 박자에 맞추어 딱딱 끊어지는 손동작을 반복해 화난 듯한 인상을 주는 제스처를 보여주었다. 두 번째 실험 집단은 클린턴의 다른 표정을 담은 45초 길이의 영상을 보았다. 영상에서 클린턴은 고개를 숙이고, 다른 사람과 눈이 마주치는 일을 피하는 등 슬픈 인상을 준다. 영상을 보여준 뒤에 티덴스는 실험 참가자들에게 "클린턴의 미국 대통령직 유지를 지지합니까?"라는 질문을 던졌다.

실험 참가자들은 어떤 대답을 했을까? 나는 강연에 온 수천 명의 사람들에게 질문을 해보았다. 사람들의 의견은 대체로 비슷했다. "당연히, '슬픔 집단'이 클린턴이 대통령직에 남기를 바라겠죠." 하지만 놀랍게도 연구 결과는 정반대였다. 슬픈 인상의 영상을 본 집단이 아닌 화나는 인상의 영상을 본 '분노 집단'이 클린턴을 지지하고, 그가 계속해서 대통령직을 수행하는 데 찬성하는 비율이 높았다. 이 현상은 4가지 인상 분야와 각각의 전형적인 표정을 분석함으로써 설명할 수 있다. 슬픔은 호감을 일으키기도 하지만, 실행력이 약하다는 인상을 주기도 한다. 반면에 분노와 결단력을 보이는 표정은 호감도는 떨어지지만 실행력 분야를 강조함으로써 능력을 두드러지게 한다.

실험 결과에는 인상에 대한 또 다른 중요한 기본 원칙이 숨어 있다. 인상은 항상 전체적 맥락에 따라 전개된다는 것이다. 특정한 신체 언어가 좋거나 나쁘거나가 아니라, 상황에 따라 달리 평가할 수 있다. 대부분의 미국인들은 대통령을 권력과 높은 지위로 연결 짓기 때문에 실행력 인상을 강조한 클린턴을 지지했다.

클린턴이 대통령이 아니라, 복지 관련 업무의 종사자라면 결과는 달랐을 것이다. 이 경우에서는 능력이나 권력이 아니라, 공감 능력이 성패를 갈랐을 가능성이 높다.

표정 때문에 성공과 실패가 갈리는 것은 정치가뿐만이 아니다. "저희 호텔의 프런트 데스크 직원이 마스크를 쓰고 일한 뒤부터 프런트 데스크에 대해 불평을 하는 손님 숫자가 급증했습니다!" 한 호텔의 사장이 코칭 시간에 이렇게 한탄을 했다. 나는 일주일 뒤에 그 호텔을 방문해 프런트 데스크에서 일하는 직원을 관찰했다. 10분 뒤에 무엇이 문제인지 알 수 있었다. 직원들이 그동안 손님을 맞이할 때 사회적 미소만 지어 보였기 때문에 발생한 문제였다. 사회적 미소는 감정적인 미소와 달리 뇌의 운동중추에 의해 의도적으로 만들어진다.

사람들이 짓는 미소에는 두 가지 종류가 있다. 바로 사회적이며 의식적으로 만들어진 미소와 변연계에서 나오는 감정적인 미소다. 첫 번째 유형의 미소는 입꼬리만 올라가고, 얼굴 아래쪽에서만 나타난다. 이런 사회적인 미소가 나쁘다고 말할 수는 없다. 사회적 미소로도 상대방은 공손함과 친절함을 느낄 수 있다. 그러나 코로나로 마스크 착용이 일상이 되면서 사회적 미소의 단점이 드러나게 되었다. 마스크로 얼굴 아래쪽을 가리면서 사회적 미소가 흔적도 없이 사라지게 된 것이다. 이와는 달리 변연계에서 만들어지는, 진심으로 느껴지는 기쁨을 표현하는 감정적 미소는 마스크를 써도 여전히 상대방에게 전달된다. 감정적 미소는 입꼬리만 올라가는 것이 아니라 눈도 함께 웃기 때문이다.

호텔 직원을 상대로 진행한 표정 공명 워크숍에서 내가 미소와 관련된 원리를 설명하자 여직원 한 명이 솔직한 심정을 털어놓았다. "손님이 올 때마다 매번 진심으로 기뻐할 수는 없지 않을까요?" 물론 진심으로 웃을 수 있으면 더할 나위 없이 좋겠지만 사실 직원이 항상 그런 마음 자세를 취하기를 바라는 것은 무리다. 그래서 표정 공명 훈련이 필요한 것이다. 나는 호텔 직원들에게 손님에게 "안녕하세요, 저희 호텔을 찾아주셔서 감사합니다"라고 인사하면서 동시에 마음속에서 기쁨이 우러나와 눈도 함께 웃는 미소를 짓는 방법을 가르쳐주었다. 표정 연습을 할 때 내면에서부터 기쁜 감정을 발산시킬 수 있는 본인만의 방법을 계발하는 것이 중요하다. 어떤 사람은 자신에게 기쁨을 주었던 대상을 떠올리고, 평소에 기쁨을 느낄 때 움직이는 몸의 부위를 찾아 그것을 활성화하여 감정을 일으키는 사람도 있다. 또한 나는 유연성과 인사를 연결하여 보다 효과적인 훈련을 할 수 있었다. 일주일 후 호텔을 다시 방문했을 때 변화를 한눈에 볼 수 있었다. 호텔의 직원들은 모든 손님을 "진심으로 환영합니다"라는 눈빛으로 따뜻하게 맞이했다. 나에게 긍정적인 변화를 이야기하면서 감격해하는 호텔 사장의 눈빛에도 역시 기쁨이 가득했다.

인지 오류와 사고 함정

혹은 겉포장에 속지 않는 방법

표정과 신체 언어가 주는 효과의 대표적인 예로 존 F. 케네디와 리차드 닉슨이 경쟁했던 1960년의 미국 대통령 선거를 꼽을 수 있다. 1960년 9월 26일, 역사상 최초로 대통령 후보 토론이 텔레비전 브라운관을 통해 중계됐다. 텔레비전이라는 매체가 없었다면 케네디는 아마도 미국 대통령에 당선되지 못했을 것이다. TV 토론이 끝난 후 집계된 예상 최종 득표율은 케네디의 승리를 확신했다. 하지만 라디오로 토론을 접한 사람들은 반대로 닉슨이 더 잘했다는 의견을 보였다. 1960년 11월 8일, 존 F. 케네디는 매우 아슬아슬한 격차로 승리하면서 미국 제35대 대통령이 되어 백악관에 입성했다.

대통령이 되고 난 후, 케네디는 한 연설에서 텔레비전이라는 매체가 대통령 당선에 큰 도움이 되었다고 인정했다. 대부분의 사람들도 같은 생각이었다. TV에 비친 케네디는 젊고 매력이 넘쳤으며, 건강하고 여유 있는 편안한 모습이었지만 닉슨은 병원에서 퇴원한 지 얼마되지 않아 창백했고 병색이 완연했으며 땀을 많이 흘렸다. 당시 TV 토론의 시각적 효과는 그 위력이 실로 대단해서 한동안 대통령 후보들이 TV 토론을 거부했고 다음 TV 토론은 1976년이 되어서야 재개됐다.

1960년에 케네디와 닉슨의 토론을 지켜보았던 심리학자인 랄

프 엑스라인Ralph Exline은 1976년 재개된 대통령 선거 TV 토론에서 지미 카터와 제럴드 포드의 신체 언어를 관찰했다. 그러고는 후보가 스트레스를 받고 있다는 신호를 자주 보일수록, 시청자는 해당 후보가 대통령이 될 자질이 부족하다고 평가한다는 결과를 내놓았다. 엑스라인은 특히 다음과 같은 스트레스 신호가 결과에 많은 영향을 끼친다고 확신했다. 말 실수를 하거나 입술을 핥고, 계속해서 이리저리 시선을 바꾸고, 눈을 빠르게 깜박이고, 몸을 흔드는 것이다. 이 같은 비언어적 신호가 대통령 선거 결과에 영향을 미친다는 것은 놀랄만한 일이지만 사실이다. 대통령이 될 만한 능력을 갖추었다는 인상을 전달하기 위해서는 생각과 메시지를 말로 얼마나 잘 꾸몄는지보다 비언어적으로 생각과 메시지를 어떻게 전하는지가 더 결정적인 역할을 한다.

언어 인지와 달리 비언어적 신호 인지는 기본적으로 뇌의 변연계를 통해 처리되기 때문에 직접적이며 자동화된 감정적 반응을 이끌어낸다. 다르게 표현하자면 오늘날의 우리는 원시시대에 그랬던 것처럼 여전히 신체 언어를 통해 변연계에서 변연계로 말없이 의사소통을 하고 있는 것이다. 이것이 우리의 생각과 행동에 깃든, 몸이 만들어내는 말없는 언어의 효과다. 언어로 많은 것을 표현하는 탓에 마치 우리는 무언가를 결정할 때 논리의 원칙을 따르고, 순전히 이성적으로만 움직이는 존재라는 환상을 품고 있기는 하지만 말이다. 불가리아 심리학자 알렉산더 토도로프Alexander Todorov의 연구는 비언어적 언어의 영향력이 얼마나 강한지 잘 보여준다. 토도로프의 연구 팀이 실험을 통해 도출해낸 2004년 미국 의회 선거 결과의 적중률은 거의 70퍼센트에 달했다. 더욱 놀라운 사실은 실험 참가자가 후보자의 사진을 본 시간은 단 1초에 지나지 않는다는 점이다. 실험 참가자들은 후보자의 사진만을 보고 이 사람이 얼마나 많은 자질을 갖추었는지 판단해야 했다. 토도로프 연구 팀은 비언어적인 측면에서 더 많은 능력을 갖춘 것처럼 보인 후보일수록 당선 가능성이 높은 후보로 선택될 수 있다는 결과를 내놓았다.

우리는 일상에서 믿기 어려울 정도로 자주 외모나 신체 언어를 통해 한 사람의 성격이나 심지어 의도까지 파악하려 한다. 예를 들어, 살이 많이 찐 사람은 게으르고 의지가 약할까? 안경을 쓴 사람은 똑똑할까? 몸매가 드러나는 옷을 입는 여자는 성욕이 많은 사람일까? 이 질문들의 답은 당연히 모두 '아니오'다. 하지만 연구에 따르면 많은 사람들이 (무의식적으로) 그렇게 생각한다. 이런 연상의 연장선상에서 다음과 같은 질문을 던져볼 수 있다. '사람들은 왜 빌 클린턴의 얼굴 표정을 보고 그가 대통령직에 어울린다고 생각했을까?' 라셰트가 웃음을 터뜨렸다고 해서 수상으로서의 자질도 없는 걸까?' 이것은 매우 위험한 인지 오류이며, 사람의 인상을 상황이나 그 사람의 인성과 혼동을 해서는 안 된다.

하지만 안타깝게도 인지 오류라는 사고의 함정 때문에 신체 언어에 대한 오해가 무수히 쏟아져 나온다. 전형적인 예로는 팔짱 낀 자세를 들 수 있다. 내가 가장 자주 받는 질문은 "팔짱 낀 사람은 폐쇄적인 성향의 사람인가요?"다. 그 다음으로 많이 받는 질문은 "남자 친구 인스타그램에 올라온 사진을 좀 봐주세요. 지금 바람 피우고 있는 거죠?"다. 이럴 때 적용할 수 있는 표정 공명의 기본 원칙은 표정을 관찰할 때 발견한 인상과 실제 상황을 명확하게 구분해야 한다는 것이다. 인상이 실제 상황과 연관돼 있다는 말은 삼신할머니가 아이를 점지해준다는 이야기만큼이나 아무런 근거가 없다.

그렇다면 팔짱을 끼는 행동은 어떤 의미를 담고 있을까? 큰 의미에서 팔짱을 끼는 행위는 널리 알려져 있듯이 '차단'으로 해석할 수 있다. 그렇다면 누구 때문에 그리고 어떤 이유에서 차단을 하는지에 주목해야 한다. 또한 거부하거나 내면적으로 뒤로 한 발짝 물러나고 싶을 때도 팔짱을 낀다. 이 경우에는 외부로부터 자신을 차단한다는 의미로 해석할 수 있다. 또 어떤 경우에는 집중해서 한 곳에 온 신경을 쏟을 때 팔짱을 끼기도 한다. 예를 들어, 다른 사람이 하는 말에 관심을 가지고 경청할 때가 그렇다.

이때 우리는 이야기를 집중해서 듣는 데 방해가 될 만한 모든 요소를 차단하기 위해 팔짱을 낀다. 한 연구에서는 팔짱 낀 자세를 취하면 어려운 문제에 좀 더 오래 집중할 수 있다는 결과를 발표하기도 했다. 물론 가끔은 단순히 편하다는 이유로 혹은 추위에 몸이 떨려서 팔짱을 끼고 있을 때도 있다.

신호를 명료하게 분석하기 위해서는 각각의 신호를 따로 떨어뜨려 해석하지 말고, 신체 언어 전체에 주의해야 한다는 표정 공명의 기본 원칙을 잊지 말아야 한다. 이 원칙을 염두에 두고 팔짱을 끼고 있을 때의 표정을 관찰하면 그 행위가 무엇을 뜻하는지 알 수 있다. 팔짱을 낀 채로 코를 찌푸리거나 윗입술을 올리는 행위는 거부를 뜻하지만, 팔짱을 끼고 눈을 살짝 크게 뜨는 것은 관심을 보이는 신호로 해석할 수 있다.

직관적으로 봤을 때 팔짱 끼는 자세가 거부하는 인상을 주기는 하지만 반드시 거부나 폐쇄만을 의미하지는 않는다. 인상과  실제 현상 사이에는 어느 정도 오해가 생기기 마련이다. 그러므로 상대방이 사고의 함정에 걸리지 않도록 신호에 내포된 잠재적 효력을 제대로 인식하고 적용해야 한다. 예를 들어, 면접 자리에서는 팔짱을 끼지 않는 편이 좋다. 이런 자리에서는 의식적으로 개방적인 태도를 취할 것을 권장한다. 연구에 의하면, 개방적인 자세는 긍

신체 언어 꿀팁
사고의 함정에서 빠져나오는 방법

선거유세 현장이나 인재 평가 센터 아니면 고객 상담처럼 누군가의 능력을 평가해야 할 때, 인지 오류에 빠질 수 있다는 점을 명심하자. 이런 사고의 함정에서 빠져나오는 방법은 어렵지 않다. '와우, 이 사람 정말 실력이 좋은데'라는 느낌이 들면, 그 즉시 스스로에게 '내가 이걸 어떻게 알았지? 그냥 직감일까, 아니면 관찰을 통해 도출해낸 결과일까?'라는 질문을 해본다. 이 같은 질문을 통해 올바른 결정을 내리는 데 많은 도움을 얻을 수 있을 것이다.

정적인 인상을 심어주고 다른 사람을 쉽게 확신시킬 수 있기 때문이다. 심지어 매력을 도드라지게 함으로써 누군가를 유혹할 때 성공률을 높이기도 한다.

눈썹은 거짓말을 하지 않는다
혹은 표정이 기분에 미치는 영향

"친구를 염탐하는 것은 결코 있어서는 안 될 일입니다." 2013년

가을, 미국 국가안보국(NSA)이 앙겔라 메르켈 독일 총리의 휴대폰을 도청한 일이 세상에 알려졌을 때 메르켈 총리가 언론 카메라 앞에서 한 말이다. 메르켈은 이번 일로 화가 났다고 말했다. 항상 수도승 같은 차분함을 보이는 것으로 유명한 메르켈 독일 총리에게는 어울리지 않는 감정이었다. 나는 메르켈 총리가 카메라 앞에 섰을 때의 표정에 특별히 주의를 기울여 분석해보았다. 총리가 진정으로 화난 상태라면 어떤 표정이었을까? 화가 났을 때 사람들은 일반적으로 무슨 표정을 지을까?

이날 기자회견에서 메르켈 총리는 카메라 앞에서 두 번이나 빠르게 연달아 눈썹 앞쪽을 올리는 신호를 보였다. 그런데 화가 났다는 그녀의 말과는 달리 눈썹 앞쪽을 올리는 것은 화났을 때 보이는 미세표정이 아니다. 책의 앞부분에서 소개했듯이, 이 표정은 슬픔을 나타내는 신호다. 메르켈 총리의 표정이 보내는 신호를 해석하자면, 그녀는 화가 난 것이 아니라 동맹국이 신뢰를 깬 것에 크게 실망했다고 보는 것이 맞을 것이다.

그렇다면 화가 났을 때의 표정은 어떤 모습일까? 질문의 답을 구하기 위해 미국 워싱턴 D.C.에 소재한 힐튼 호텔로 시간여행을 떠나보자. 1982년 3월 30일, 14시 27분에 당시 미국 대통령이었던 로널드 레이건은 노동조합이 개최한 행사장에 참석했다가 밖으로 나왔다. 그는 경호원에 둘러싸여 리무진으로 걸어가는 중이었는데 방탄유리가 장착된 리무진을 1미터 정도 앞두고 총소리가 울렸다. 저격수는 그 뒤에도 다섯 발을 더 쏘았지만 대통령을 맞추지는 못했다.

잠시 시간을 몇 초 뒤로 돌려 범인인 존 힝클리가 총의 방아쇠를 당기기 직전의 얼굴 표정을 살펴보자. 힝클리는 눈꺼풀을 치켜들고 눈썹을 찡그린 채 '쏘아보는 눈빛'을 하고 있다. 이 사건 이후에 이런 표정을 가리켜 '힝클리 표정'이라고도 한다. 최근 발표된 연구에서도 이런 표정은 공격이 임박했음을 알려주는 신호라는 사실이 입증됐다. 따라서 이 표정은 위험에 노출되어 있는 경찰과 경호원의 생사를 결정하는 중요한 경고 신호다. 쏘아보는 눈빛 뒤에는 분노의 감정이 숨어 있다. 분노는 공격에 필요한 행동 에너지를 불러일으키기 때문에 힘도 증가한다. 또한 두려움을 느낄 때 일어나는 반응과는 달리, 분노를 느낄 때는 피가 다리가 아닌 팔로 간다. 그래서 도망치는 것이 아니라, 손으로 누군가를 때릴 수 있다.

누군가를 암살할 때가 아닌 그저 화가 치밀어 오르는 순간에도 힝클리 얼굴을 관찰할 수 있다. 누군가와 싸우는 도중에 이런 표정이 보이면 잠시 멈추고 숨을 고를 시간을 갖는 것이 좋다는 신호로 받아들여야 한다. 상대방이나 자신이 쏘아보는 눈빛을 하고 있는 것을 발견한다면 편도체가 납치당하고 있다고 생각해야 한다. 변연계의 경고 센터가 이성을 납치해버리면 이성적으로 토론하는 일이 더 이상 불가능해진다. 몸은 계속해서 상대방을 공격하고 싶어 하지만, 내면의 목소리는 우리에게 "말다툼을 멈춰! 상황이 더 악화될 뿐이야"라고 말한다. 그러나 "상관없어, 어서 말해!"라는 또 다른 더 큰 목소리에 압도되어 결국은 상대방을 비난하는 말이나 욕설을 내뱉게 된다. 하지만 말이란 화살과 같아서 한 번 날아가면 뒤로 돌려놓을 수 없을뿐더러 시간이 흐르면 후회만 남을 뿐이다. 그래서 이런 상황에 부닥쳤을 때는 편도체를 진정시키고, 다시 맑은 정신으로 생각을 정리할 수 있도록 공명 호흡법을 써보는 것이 좋다.

또 다른 방법으로는 표정을 통제하여 감정 상태를 조절하는 것이다. 이 방법은 감정 조절뿐만 아니라 뇌 활동에 영향을 미치기도 한다. 독일의 한 연구 팀은 눈썹을 찡그리는 것만으로 변연계의 편도체를 활성화시킬 수 있다는 것을 입증했다. 간단히 말

해, 눈썹을 세게 찡그릴수록 뇌가 더 활발해진다는 것이다. 편도체가 활성화되면 감정 상태에 영향을 미치게 된다. 또 다른 실험에서 연구자들은 실험 참가자의 양쪽 눈썹에 작은 골프티를 하나씩 붙였다. 실험 참가자는 양쪽의 골프티가 서로 닿도록 눈썹을 최대한 찡그려야 했다. 연구원은 그런 다음에 실험 참여자에게 (싸우는 사람, 굶주린 아이 같은) 감정적 모티브가 담긴 사진을 보여주었다. 실험 참가자는 눈썹을 찡그릴 때 본 사진을 더 부정적으로 받아들였고 더 많이 슬퍼했다.

얼굴 표정이 우리의 감정과 동시에 뇌의 활성화에까지 영향

을 미치는 현상을 안면 피드백Facial Feedback이라고 한다. 뇌 연구가인 조셉 르두Joseph LeDoux는 이에 대해 "슬픈 사람에게 기쁜 표정을 지으라고 하는 일이 어쩌면 나쁜 생각이 아닐 수도 있습니다"라고 말했다. 르두의 말이 틀린 것은 아니다. 의식적으로 1분 동안 미소를 띤 채로 있으면 기분이 좋아질 수 있다. 단 중요한 것은 자연스럽게 미소가 지어져야 한다는 점이다. 상사의 형편없는 농담에 억지로 웃는 일이 얼마나 곤욕스러운지는 모두가 잘 알 것이다. 전혀 마음에도 없는 미소를 짓는 감정적 마스크를 쓰는 것이 고강도의 노동 때문에 압박감에 시달리는 것보다 번아웃에 걸릴 위험이 훨씬 더 크다는 연구 결과도 있다.

에릭 핀치Eric Finzi는 《감정의 얼굴The Face of Emotion》이라는 책에서 파리를 방문한 뉴질랜드 사람의 이야기를 예로 들어 안면 피드백 현상을 설명했다. 이 뉴질랜드 사람은 자신이 좋아하는 도시 파리에서 산책을 하기도 하고 카페에 앉아 여유를 느끼며 여행을 즐기고 있었다. 한 가지 거슬리는 점이 있다면, 남자들이 추파를 던지고 말을 걸면서 자신의 시간을 방해하는 일이었다. 나중에는 도저히 카페에 혼자 앉아 있을 수 없을 지경이었다. 그녀는 왜 자꾸만 자신에게 그런 일이 생기는지 곰곰이 생각해보았다. 그러다가 문득 주변의 다른 프랑스 여성들은 항상 약간 못마땅한 얼굴 표정을 지으며 거리를 걸어가고 있는 것을 발견했다. 그녀는 자신도 그런 표정을 지어보기로 했다. 그러자 단번에 효과가 나타났다. 더 이상은 말을 걸거나 추파를 던지는 남자가 없었다. 하지만 일주일 내내 의도적으로 불쾌한 표정을 하고 다니자 파리가 더 이상 맘에 들지 않았다. 그러면서 상황을 바꾸기 위해 지었던 '새로운' 표정이 기분을 바꿀 수도 있다는 사실을 깨닫게 되었다. 이처럼 단순히 미소를 짓는 것만으로 기분이 한결 좋아지고, 눈썹을 약간 찡그리면 기분이 나빠질 수 있다는 것은 실제 연구를 통해 입증된 사실이다. 그러므로 어떤 표정을 하고 아침에 집을 나서거나 저녁에 집으로 돌아와야 할지를 신중하게 생각하자. 표정은 다른 사람과 대화를 나눌 때뿐만 아니라, 자신의 내면과도 소통해 영향을 미치기 때문이다. 하루 종일 인상을 찌푸리고 있으면 기분이 나쁜 것은 당연하다.

이것은 동기부여를 할 때도 적용할 수 있는 신체 언어 꿀팁 중 하나다. 대부분이 그렇겠지만 사람들은 아침마다 오늘은 반드시 조깅을 하겠다거나 연말 세금 정산을 오늘 내로 끝내고 말겠다는 굳은 결심을 한다. 하지만 곧 내면의 목소리가 "내일 해도 돼!"라고 속삭인다. 이때 내면의 목소리를 효과적으로 잠재우는 방법이 있다. 사회심리학자 에밀리 발체티스Emily Balcetis는 눈에 힘을 주고 집중하는 표정을 지으면 실제로 목표에 더 쉽게 도달할 수 있다는 사실을 증명하기 위해 실험을 진행했다.

실험 참가자들은 발에 무거운 추를 달고 눈에는 보이지만 멀리 떨어져 있는 목표 지점까지 달려야 했다. 실험을 시작하기 전에 발체티스는 실험 참가자들을 두 개의 집단으로 나누어 각각 다른 요구를 했다. 첫 번째 집단에게는 시선을 그냥 이리저리 아무 데나 두고 달려도 된다고 했다. 반면에 두 번째 집단에게는 목표 지점에 시선을 집중하고, 마치 스포트라이트가 목표 지점을 비춘다는 상상을 하며 달리라는 요청을 했다. 달리기가 끝난 후, 목표 지점에 시선을 집중하고 달린 집단의 참가자들의 17퍼센트 정도는 달리기의 강도가 덜 힘들다고 느꼈으며, 시선을 아무 데나 두고 뛴 실험 참가자보다 23퍼센트나 더 빨리 목표 지점에 도달했다. 시선을 한 곳에 집중한 것이 몸에 더 많은 힘과 동기를 부여한 것이다.

이 같은 동기부여 전략은 일상에서도 효과적으로 활용할 수 있다. 할리우드 스타 드웨인 존슨은 웨이트 트레이닝을 할 때 이 전략을 이용한다. 존슨은 트레이닝을 시작하기 전이나 훈련이 힘들게 느껴지는 순간에 트레이닝 스튜디오의 한 지점에 시선을 고정하면서 "집중!"이라고 크게 소리를 지른다. 이때 드웨인은 힝클리 표정까지 지어 동기부여 효과를 몇 배 더 높인다. 당신도 "집중"이라고 외치며 시선을 고정하고 화가 난 표정을 지어보자! 몸에서 에너지가 돌고, 힘이 솟아나는 것이 느껴지는가? 얼굴 표정은 외적뿐 아니라, 내적으로도 효력을 발휘한다는 것을 기억하자. 시선을 고정함으로써 내적으로도 한 곳에 더 집중할 수 있다.

나 역시 일상생활이나 웨이트 트레이닝에서 더 많은 성과를 내겠다고 다짐을 할 때 그리고 조깅을 해야 하는데 전혀 할 마음이 생기지 않을 때 동기부여를 위해 이 전략을 자주 이용하는 편이다. 맥북으로 작업을 할 때도 이 방법을 활용한다. 중요한 업무를 처리할 때는 집중력을 흩트리는 다른 모든 프로그램을 닫고, 작업에 집중하는 데 도움이 되는 프로그램 창 하나만 띄워놓는다. 이렇게 하면 시선과 주의력을 완전히 한 곳에 집중할 수 있다.

카를로 안첼로티의 신체 언어
혹은 잠수 타고 싶을 때는 왜 눈썹을 면도해야 할까

데이트 앱을 통해 알게 된 이상형과 처음 만나기 위해 약속한 장소로 가는 길이라고 상상해보자. 제일 좋은 옷을 입고, 매혹적인 향수를 뿌리고, 치아 사이에 뭐가 낀 것은 아닐까 거울을 세 번이나 들여다보았다. 완벽하게 준비를 끝낸 상태다. 약속 시간에 맞추어 레스토랑 입구에서 데이트할 상대를 기다리며 선글라스를 쓸까 아니면 마스크를 쓸까 고민을 한다. 마스크를 써서 얼굴 나머지 부분은 완전히 가린 채 눈만 보이게 하는 편이 좋을지 아니면 선글라스를 써서 눈 주위는 가린 채 입이 보이게 하는 편이 나을지 결정을 해야만 한다. 쉬운 결정은 아니지만 대부분의 사람들은 마스크를 선택하는데 이는 두 가지 이유에서 좋은 선택이라고 볼 수 있다.

눈은 사람을 알아보는 데 도움이 된다. 입만 찍은 사진을 보고 친한 직장 동료 다섯 명을 구별해야 한다고 생각해보자. 진품명품에서 실제 진품을 고르는 것만큼 어려운 문제일 것이다. 만약 눈 부분을 찍은 사진이었다면 좀더 쉬울 것이다. 그런데 과연 정말 눈만으로 사람을 구별할 수 있을까?

MIT 대학의 자비드 사드르Javid Sadr 교수가 이끄는 연구 팀은 눈 주위를 보고 사람을 구별할 수 있는지 알아보기 위해 다음과 같은 실험을 진행했다. 연구자들은 유명인의 얼굴에서 한 번은 눈을, 또 한 번은 눈썹 부위를 잘라낸 사진을 준비해 실험 참가자에게 누구인지 맞춰보라고 했다. 실험 결과는 놀라웠다. 실험 참가자들은 눈썹을 지우고 눈만 볼 수 있는 사진보다 눈을 지우고 눈썹만 보이는 사진을 보고 어떤 유명인인지를 훨씬 더 잘 알아보았다.

다른 사람과 대화할 때 입 주위에서 보이는 신호보다 눈썹의 신호에 더 집중해야 하는 두 번째 이유는 또 다른 실험에서 찾아볼 수 있다. 상대방이 거짓말을 하는지를 판별할 때도 참고할 수 있는 매우 유익한 실험이다. 실험 참가자는 거짓으로 꾸민 이야기를 할 때 웃음을 참아야 하고, 눈썹을 찡그려서도 안 된다는 지시를 받았다. 그런데 이 두 가지 일을 모두 해낸 실험 참가자는 아무도 없었다. 의도적으로 표정을 어느 정도 통제할 수는 있었지만, 그래도 눈썹이 짧게 움찔하거나 입꼬리가 빠르게 미묘하게 올라가거나 하는 미세표정이 나타났다. 표정이 이성보다 빠르다는 것을 다시금 보여주는 현상이다. 얼굴 근육은 변연계와 직접 연결되어 있어 사실상 포커페이스를 유지하는 것은 불가능하다. 그런데 이 연구를 통해 얻은 더 큰 성과는 따로 있었다. 바로 표정을 결정하는 데 있어 눈썹이 입꼬리보다 훨씬 더 많은 영향을 미친다는 사실이다.

이 현상은 뇌에서 표정을 통제하는 운동 피질 부위를 살펴보면 쉽게 이해할 수 있다. 우리가 억지로 기분 좋은 표정을 지으려고 애를 쓰면 뇌는 즉시 일에 착수한다. 운동 피질을 여러 작은 사무실로 이루어진 회사라고 상상해보자. 사무실마다 몸의 다양한 영역을 담당하는 직원이 일을 한다. 한 곳에서는 손과 손가락의 움직임을 조절하고, 다른 곳에서는 무릎의 움직임 그리고 또 다른 곳에서는 입술의 움직임을 담당한다. 눈썹을 담당하는 사무실 역시 따로 있다.

사무실이 클수록 더 많은 직원이 일을 하고 있고, 각각의 신체 부위에 의식적으로 더 많은 영향을 끼친다. 입과 입술 그리고 손과 손가락은 큰 사무실에서 함께 일하는 여러 사람이 통제한다. 이와는 달리 눈썹은 작은 크기의 사무실에서 통제하는 신체 부위다. 눈썹이 편안하게 쉬는 동안에 손과 손가락 그리고 입과 입술은 하루 종일 최고 수준의 섬세한 운동을 지속적으로 하는 것을 보면 금방 이해할 수 있다. 이것이 불공평하게 느껴진다면 걱정할 필요 없다. 운동 피질 영역에서 눈썹은 보잘것없는 역할을 맡고 있지만, 균형을 맞추기라도 한 것처럼 변연계에 실내운동장만큼 널찍한 사무실이 마련되어 있으니 말이다. 따라서 눈썹은 감정에 솔직하고 강한 반응을 나타낸다.

눈썹 하면 생각나는 대표적인 예로는 레알 마드리드의 감독

카를로 안첼로티Carlo Ancelotti의 왼쪽 눈썹을 꼽을 수 있다. 이 유명한 축구 감독이 기자회견을 할 때 그의 왼쪽 눈썹은 마치 인생을 즐기고 있는 것처럼 보인다. 안첼로티는 "저는 제 눈썹을 통제할 수 없습니다. 가끔 제가 한 인터뷰를 보면 눈썹이 어떻게 저렇게 올라간 건지 깜짝 놀랄 때가 있습니다"라고 말했다.

한쪽 눈썹을 올리는 것은 일반적으로 미심쩍어하거나 심지어 상대방을 업신여기고 있다는 표시다. 참고로 누구나 이렇게 할 수 있는 것은 아니고, 네 명 가운데 한 명 정도만 한쪽 눈썹을 올릴 수 있다고 한다. 그러나 상대방을 무시하고 있다고 확신하기 위해서는 고개를 뒤로 젖히거나 혹은 눈동자를 돌리는 것과 같은 또 다른 신호가 동반돼야 한다. 이때 얼마나 자주 눈썹을 올리는지 그 횟수에 따라 그 의미가 달라지기도 한다. 빠르게 여러 번 한쪽 눈썹을 올리는 것은 남을 무시하거나 업신여기는 신호와는 거리가 멀다. 미국의 시트콤 〈프렌즈〉를 본 사람이라면 등장인물인 조이가 장난을 치거나 누군가를 유혹하려 할 때 자주 이런 표정을 짓는다는 것을 알 것이다.

한편 눈썹을 움직여 감정을 전달하거나 나타내는 조합에는 단순히 눈썹을 올려 둥그런 활 모양을 만드는 것도 포함된다. 이것은 걱정할 때 만들어지는 파도 모양 눈썹이나 슬플 때 볼 수 있는 삼각형 모양과는 달리 변연계적으로 만들어지는 것이 아니다. 활 모양의 눈썹은 단어나 말하는 내용을 강조하기 위해 그리고 때로는 의도적으로 불신을 표현하기 위한 것이다. 또는 약간 멀리 떨어져 있는 사람을 보고 인사를 건네는 표시로 눈썹을 올리기도 한다. 이때 사람들은 보통 아주 짧게(300밀리초 정도) 눈썹을 올리면서 미소를 보이고, 가볍게 고개를 끄덕이며 인사를 마무리한다. 학계에서는 순식간에 이루어지는 이런 신호에 아이브로우 플래시Eyeblow flash라는 이름을 붙였다.

신체 언어 꿀팁
눈썹은 거짓말을 하지 않는다

눈썹은 얼굴 부위 중에서 사람의 감정에 대해 가장 많은 정보를 주는 영역이다. 좋은 소식은 눈썹의 움직임에는 다섯 가지 종류밖에 없다는 점이고, 나쁜 소식은 이런 다섯 가시 움직임을 구별하기가 쉽지 않다는 점이다. 어떤 움직임은 고속 열차만큼 빠르게 얼굴을 스쳐지나가며, 이런 표정을 해석하는 것은 특히나 힘들다. 그러므로 우리는 뇌가 다섯 가지 눈썹의 움직임을 놓치지 않고 인지할 수 있도록 훈련해야 한다. 스마트폰 카메라를 전면 촬영 모드로 설정하거나 거울을 이용하면 효과적이다. 이 책에서 다룬 눈썹의 다섯 가지 움직임을 흉내내면서 표정이 어떻게 바뀌는지 주의를 기울여 자세히 관찰해보자.

1. 미간 쪽으로 양쪽 눈썹을 찡그리기

2. 눈썹을 위로 치켜올리며 동시에 미간 쪽으로 모아 찡그리기

3. '쏘아보는 눈빛' 보내기(눈썹을 찡그리며 윗입술을 들어올리기)

4. 한쪽 눈썹만 올리기

5. 둥그런 활 모양이 되게 눈썹 올리기

www.mimikresonanz-profibox.com 사이트에서 각각의 눈썹 신호를 쉽게 구별할 수 있도록 슬로모션으로 세세하게 촬영한 영상을 찾아볼 수 있다.

누구에게나 비언어적인 기준선, 즉 정상적인 신체 언어적 행동이라는 것이 있다. 기준선은 개인의 신체 언어적 신호의 편차를 명확하게 분별하고 확인하는 데 필요한 것이다. 기준선은 안첼로티 감독의 눈썹처럼 사람마다 일관된 특징을 보일 때도 있지만, 상황에 따라 또는 사람에 따라 달라질 때도 있다. 그러므로 신체 언어를 명확하게 해석하기 위해서는 한 사람의 비언어적 기준선을 구분하는 일이 매우 중요하다. 나 역시도 "기준선이 없으면 장님이나 다름없다"라고 말할 만큼 비언어적 기준선을 굉장히 강조한다. 버락 오바마 전 대통령도 안첼로티 감독만큼이나 왼쪽 눈썹을 자주 추켜세운다. 그런데 오바마는 어떤 단어나 말을 강조할 때 눈썹 앞쪽을 올리곤 한다. 앞에서 설명했듯이 이런 눈썹

의 움직임은 일반적으로는 슬픔을 뜻하는 동작이다. 하지만 미국 전 대통령이 말을 하면서 계속 슬퍼했다고는 해석할 수 없다. 이는 안첼로티가 한쪽 눈썹을 계속 올렸다고 해서 사람들을 무시하거나 업신여겼다고 볼 수 없는 것과 같다. 이 두 사람에게는 각각의 신호가 정상적인 신체 언어의 일부이므로 이를 감정적 신호로 해석해버려서는 안 된다.

이럴 때는 기준선에서 벗어난 신호를 알아차려야만 상대방이 이 순간 어떤 감정을 느끼고 있는지를 알 수 있다. 나는 우선 상대방의 비언어적 기준선을 파악하고 그 사람의 신체가 정해진 동작 습관에서 벗어난 순간에 집중한다. 물론 아무나 습득할 수 있는 기술은 아니지만, 훈련을 통해서 배울 수 있으며 신체 언어를 정확하게 해석하기 위해서는 반드시 필요한 절차다.

표정은 감정의 무대로서 그리고 신체 언어의 중심 공연장으로서 매우 중요한 요소다. 비언어적 신체 언어를 완전하게 파악할 수 있게 되면 다른 사람뿐만 아니라 자신 또한 더 잘 이해할 수 있게 될 것이다.

표정 공명 - 인지 능력 향상 연습
비언어적 기준선

상대방의 기준선을 파악하기 위해서는 훈련과 연습이 필요하다. 7일에 걸쳐 상대방의 기준선에 대한 감각을 발달시키는 연습을 해보자. 연습을 위해 가능한 많은 사람을 만날 수 있는 장소를 선정하거나 좋아하는 텔레비전 드라마 혹은 토크쇼를 시청하는 것도 좋다. 매일 최소 10분 이상 연습할 수 있는 시간을 정하고 일상생활에서도 활용해보자.

주의사항: 이 연습에서는 특정한 신호를 식별하는 법은 다루지 않는다. 이 연습의 목적은 오로지 한 인물의 일반적인 신체 언어를 구분하는 것에 있다.

첫째 날: 표정. 말을 하거나 다른 사람의 말을 경청할 때 어떤 표정을 짓는가? 자기가 하는 말을 강조할 때 얼굴을 어떻게 움직이는가? 어떤 표정이 반복적으로 나타나는가? 눈을 얼마나 자주 깜박이는가?

둘째 날: 제스처. 얼마나 많은 신체 언어를 얼마나 정확하게 사용하는가? 제스처를 잘 사용하지 않는 편인가, 아니면 동작이 큰 편인가? 어느 쪽 손으로 더 많은 제스처를 취하는가? 손이 움직이지 않을 때는 무엇을 하고 있는가? 얼마나 자주 자신의 몸에 손을 대거나 다른 사물

을 만지작거리는가?

셋째 날: 발과 다리. 앉아 있을 때 얼마나 자주 다리나 발을 움직이는 가? 발을 앞으로 흔드는가? 휴식을 취할 때 발과 다리는 어떤 자세를 취하는가?

넷째 날: 자세. 개방적인 자세인가 아니면 폐쇄적인 자세인가? 꼿꼿하 고 반듯한 자세인가 아니면 구부정한 편인가? 몸을 앞으로 기울이는 가 아니면 뒤로 젖히는가? 몸의 전체적 긴장 상태는 어떠한가?

다섯째 날: 정신생리학. 얼마나 빨리 그리고 깊게 숨을 쉬는가? 침을 삼키는 간격은 얼마나 되는가? 다른 사람과 비교해보았을 때 혈액순 환 상태나 피부색은 어떻게 다른가?

여섯째 날: 목소리. 자연스러운 목소리로 얼마나 빨리 그리고 크게 말 을 하는가? 목소리의 높낮이는 어떠한가? 질문을 받고 난 후에 답할 때까지 얼마나 간격을 두는가? 한 단어를 얼마나 자주 연달아 말하 는가?

일곱째 날: 상호 간의 태도. 대화하는 동안 상대방과의 간격은 어떠한 가? 대화 상대의 눈을 얼마만큼 집중해서 바라보는가? 두 명 이상의 사람을 만날 때 어떤 방식으로 인사를 나누는가? 상호 간의 신체 접촉 은 어떤 형태로 이루어지는가?

2

관계의 연결고리

첫인상으로 데이트의
성공 여부를 알 수 있는 방법

'진화론의 아버지' 찰스 다윈은 1872년에 《인간과 동물의 감정 표현》이라는 책에서 "표정을 지을 때 생기는 움직임은 말 한 마디보다 사람의 생각과 의도를 더 잘 드러낸다"라고 말한 바 있다. 찰스 다윈이 비언어적 움직임에 대해 언급했다는 사실은 잘 알려져 있지 않지만, 그는 사람과 동물의 감정이 표정과 신체 언어를 통해 어떻게 표현되는지 심도 있게 연구하고, 설명한 최초의 학자 중 한 명이다. 또한 얼굴 표정을 통해 문화를 초월해 동일하게 나타나는, 분명하게 구별 가능한 감정이 존재한다는 보편성 가설을 주장했다. 그러나 학계에서는 다윈의 주장을 오랫동안 틀린 주장이라고 간주했고, 1960년대까지 감정을 표현하는 법은 학습을 통해 배운다는 것이 지배적인 학설이었다.

20세기 중반, 미국 심리학자 실반 톰킨스Silvan Tomkins가 다윈의 보편성 가설을 받아들여 감정이론을 발전시켰다. 톰킨스는 머릿속의 생각을 읽어내는 데 뛰어난 능력을 갖고 있었는데, 이것은 사람에만 국한된 능력이 아니었다. 1930년대 경제공황이 심각한 수준에 달했을 때 학자였던 톰킨스도 직장을 찾기 힘들어 경제적으로 어려운 상황에 처했다. 그래서 그는 박사 논문을 쓰면서 2년 동안 경마장에서 일했는데, 톰킨스가 맡은 일은 경주마가 이길 확률을 계산하는 일이었다. 톰킨스는 사람뿐만 아니라 말 역시도 얼굴을 통해 감정과 동기부여에 관한 중요한 힌트를 얻을 수 있다고 믿었다. 그는 말이 주변에 있는 다른 말과 어떻게 의사소통하는지를 분석하는 것에서부터 접근했다. 톰킨스가 어떤 기준으로 이것을 파악했는지는 자세하게 알려진 바가 없지만, 그의 예상 적중률은 매우 높았다고 한다.

1960년대에 톰킨스는 폴 에크만Paul Ekman을 알게 됐다. 심리학과를 갓 졸업한 에크만은 아직 사용 목적을 정하지 못했지만 연구지원금을 받은 상태였다. 에크만은 훗날 자신은 사실 표정에는 관심이 없었고, 손동작을 분류하는 일을 연구하고 싶었다고 털어놓았다. 그러나 운명의 장난인지 표정은 보편적이며 선천적이라고 주장하는 톰킨스를 만나면서 연구의 방향이 바뀌게 된 것이다. 당시 학술 진영은 마거릿 미드Margaret Mead와 그레고리 베이트슨Gregory Bateson이 주도하는 '표정은 사회적으로 학습되고 문화에 따라 다르다'고 주장하는 진영과 '표정은 보편적이고 선천적이며 문화를 초월한다'고 주장하는 (이미 찰스 다윈이 최초로 공식적으로 주장하고) 실반 톰킨스가 옹호하는 진영, 두 개로 나뉘었다. 당시 서른 살이었던 에크만은 유명한 학자들 사이에서 일어난 논란을 자신의 연구를 통해 종결짓고 자신의 이름을 알리는 기회로 삼고 싶었지만 톰킨스가 주장하는 보편성 가설이 과연 옳은지는 확신이 없었다.

에크만은 연구를 위해 칠레와 아르헨티나, 브라질, 일본 그리고 파푸아뉴기니의 고산 지대로 긴 여행을 떠나 문명과 접촉한 적이 없는 종족을 찾아나섰다. 다양한 지역에서 만난 사람들에게 여러 가지 얼굴 표정을 한 남녀의 사진을 보여준 에크만은 사람들이 사진 속 인물이 어떤 감정을 전달하고 있는지 정확하게 인지하는 것을 보고 크게 놀랐다.

이후 1969년, 에크만은 미국 인류학자 연례 학회에서 표정에 드러난 감정 표현이 보편적이고, 문화를 초월한다는 것을 입증하는 연구 결과를 발표한다.

같은 해, 스웨덴의 해부학자 카를 헤르만 히요르츠요Carl-Herman Hjortsjö는 사람의 표정에 관한 책을 발간하여 얼굴이 만들어내는 미세한 움직임을 상세하게 묘사했다. 히요르츠요의 책은 표정을 체계적으로 해석하는 데 필요한 기초를 마련했다. 에크만은 이를 바탕으로 동료인 월레스 프리젠과 1970년대에 표정 조합체계(얼굴 움직임 부호화 시스템 Facial Action Coding System, FACS)를 계발했다. 내가 계발한 신체 언어 주기 시스템(전체 수용 객관 부호화 시스템Wholeception Objective Coding System, WOCS) 역시 얼굴 움직임 부호화 시스템과 다른 부호화 시스템을 함께 포괄하고 있다.

밀레니얼 시대로의 전환은 신체 언어 연구 분야에 패러다임 변화를 가져왔다. 표정을 유일한 채널로 보는 관점에서 벗어나 시야를 넓혀 신체 언어의 상호작용을 전체적으로 분석하는 추세로 변화한 것이다. 1872년에 이미 찰스 다윈이 주장했던 가설이다. 신체 언어 전체를 포함시키자 새로운 감정 표현을 발견할 가능성이 생겨났다. 표정 하나만 주시하면 기쁨과 사랑, 자부심의 감정을 제대로 구분하기 힘들다고 설명한 것을 기억하는가? 지금부터 정확히 어떤 부분이 차이를 만들어내는지 알아보자.

사랑 – 우리 모두를 이어주는 감정
혹은 단 한 번의 끄덕임으로 싱글라이프를 끝내는 방법

1990년 5월의 베를린, 비가 억수같이 내리던 어느 날 오후 나는 견진성사 수업을 받기 위해 성당으로 가는 길이었다. 사실 나는 견진성사에 그다지 흥미도 없는데다 궂은 날씨 탓에 집에 있고 싶은 마음이 컸다. 결국 시작 시간보다 5분 늦게 도착했을 때 다른 사람들은 이미 다 와서 앉아 있었고 목사님이 나를 보고 반겨 주었다. "디르크 씨, 오셨군요." 하지만 그의 낮은 목소리는 멀찍이 떨어진 곳에서 들려오는 듯 잘 들리지 않았다. 왼쪽 앞에 앉아 있던 녹색과 파란색이 섞인 눈동자의 금발 소녀가 내 눈에 들어왔기 때문이다. 소녀가 나를 쳐다보았을 때 심장이 빨리 뛰었고, 나는 너무 흥분한 나머지 속이 약간 메스꺼운 느낌마저 들었다. 나는 그대로 사랑에 빠져버린 것이다. 간신히 후들거리는 다리로 마지막 남아 있는 자리에 가서 앉았다. 안타깝게도 소녀의 옆자리는 아니었다. 하지만 자리에 앉음과 동시에 나에게는 기회가 오지 않을 것이라는 사실도 깨닫게 되었다. 소녀에게는 벌써 남자친구가 있었고, 두 사람은 행복하게 사랑을 속삭이고 있었다.

그로부터 15년이 지난 어느날, 또다시 베를린 하늘에 구멍이 난 것처럼 비가 쏟아지는 오후였다. 나는 자동차 대리점에 서비스 예약을 해서 차를 운전해 가고 있었다. 대리점에 도착해 주차를 하고 조금이라도 옷이 덜 젖게 하기 위해 주차장을 가로질러 뛰어갔다. 비를 피할 수 있는 곳에 도착해서 주변을 둘러보다가 나는 다시 그녀를 발견했다. 깊게 빠질 듯한 녹색과 파란색 눈동자는 여전히 아름다웠다. 그녀와 눈빛이 마주치자, 수년간 잠자고 있던 나비 한 마리가 깨어나 내 속에서 팔랑거리기 시작했다. 그런데 그녀가 눈웃음을 지으며 머리를 살짝 옆으로 기울이며 나를 바라보았다. 나는 그녀가 보인 신체 언어를 믿을 수가 없었다. 지난 몇 년 동안 그녀를 잊으려고 애써왔기 때문에 그동안 쌓아온 나의 관찰력까지 의심스러운 상태였다. 그녀가 보여준 표정의 조화는 어느 문화권이든 상관없이 분명한 사랑의 표현법이다. 2년 뒤 우리는 결혼을 했고, 사랑의 결실인 첫 딸이 세상에 태어났다.

물론 그 순간 그녀의 신체 언어에 깊고 친밀한 사랑이 담긴 것은 아니었다. 그런 사랑은 함께 오랜 시간을 보내고 나서야 비로소 발전한다. 그러나 사랑은 우리의 감정 세계에서 다양한 강도로 나타난다. 실제로 첫 만남에서 벌써 호르몬 불꽃을 터뜨리고 비언어적 표현 방식을 통해 사랑이 드러날 수도 있는 것이다. 소위 말하는 첫눈에 반한 사랑이다. 나에게 아내가 그랬다.

사랑은 문화를 막론하고 같은 방식으로 표현된다. 표정에 기쁨의 감정이 드러나고, 옆으로 살짝 머리를 기울이는 동작이 따른다. 기쁨이 사랑을 나타내는 표정의 구성성분이라는 것은 쉽게 이해할 수 있을 것이다. 영국의 한 심리학자는 '진심으로 미치도록 깊게' 사랑에 빠진 사람의 눈빛이 뇌의 칭찬 네트워크를 활성화한다는 사실을 증명했다. 하지만 눈빛과 함께 헌신의 표시로서 친밀함과 가까움의 신호를 보내는 두 번째 징후인 옆으로 살짝 기울인 머리가 조화를 이룰 때에야 비로소 사랑만의 독특하고 보편적 표현이 완성된다.

이런 사랑의 비언어적 표현은 애정 호르몬인 옥시토신의 증

동물의 신체 언어
목의 움직임으로 평화를 가져오는 방법

동물의 세계를 들여다보면 진화의 과정에서 머리를 옆으로 기울이는 것은 물론 목을 내미는 행동으로 표현되는 복종의 신체 언어가 발전한 이유와 이런 표현이 어떻게 생존에 도움이 되는지 알 수 있다. 늑대나 개가 싸울 때 상대편의 공격을 더 이상 버티지 못하고 패배를 인정한 동물은 갑자기 미동도 없이 선 채로 고개를 다른 쪽으로 돌리고 몸을 작게 움츠리면서 목을 길게 뺀다. 이것은 자연의 '영리한' 메커니즘이다. 이렇게 함으로써 크게 부상당하지 않고 위협과 복종 수준에서 집단 내의 분쟁이 해결되기 때문이다.

인간은 다행히 지위를 획득하고, 생존하기 위해 더 이상 동물처럼 거친 몸싸움을 하지 않아도 된다. 호모 사피엔스 초기에는 전체 인류의 약 15퍼센트에 달하는 인구가 끔찍한 폭력으로 사망했는데, 남자의 경우에는 25퍼센트 정도까지 달한다. 오늘날에도 고개를 옆으로 기울여서 몸을 작게 만들어 덜 위협적인 인상을 주는 것은 복종하겠다는 신호로 여전히 갈등 상황을 해소하는 데 기여하고 있다.

가를 통해서도 나타난다. 학자들은 긍정적인 경험과 주고받는 대화를 통해 사랑을 더 자주 표현하는 파트너일수록 활동을 함께 더 많이 하고, 인생의 공동 목표를 더 잘 달성하고, 더 만족스러운 관계를 이어간다는 흥미로운 연관성을 발견했다.

유혹 지수: 구애의 비법
혹은 데이트 리얼리티쇼가 끝나기도 전에 누가 우승할지 아는 방법

몇 년 전, 한 텔레비전 방송국이 나에게 도전장을 보내왔다.

"당신의 신체 언어 인지 능력이 어느 정도 되는지 시험해보고 싶습니다. 싱글 남녀 여섯 명이 참여하는 스피드 데이트 프로그램을 기획했는데 당신은 그곳에서 남녀가 3분 정도의 대화를 마치면 두 사람이 앞으로도 다시 만나고 싶어 하는지 아닌지를 맞히는 것입니다."

나는 자신 있게 방송국이 보낸 도전장을 받아들였다.

이런 연애 실험 프로그램에서 누군가와 연결될 가능성은 그다지 크지 않다. 여러 연구 결과에 따르면 남성은 평균적으로 자신에게 보내는 유혹의 신호를 36퍼센트 정도만 알아채며, 여성의 경우는 18퍼센트밖에 안 된다. 이것은 여성이 남성보다 인지 능력이 떨어져서가 아니라 남성이 누군가를 유혹할 때는 얼굴에서 그 의도를 알아보기 훨씬 힘들기 때문이다. 보통 남자들은 '긴장

을 좀 풀어야지'라는 생각으로 그러는 것이지만, 마치 최후의 결투에 나선 존 웨인처럼 눈썹 하나 까닥 안 하고 입꼬리도 실룩거리지 않은 채 상대방을 응시한다.

이것을 알고 있었기 때문에 나는 즉흥적으로 테스트를 받아들이긴 했지만 사실은 살짝 긴장이 되어 손에 땀이 났다. 더군다나 나는 지금까지 여성의 유혹 신호를 해석하는 데만 익숙했다. 하지만 적당한 긴장은 감각을 날카롭게 한다. 일본의 유명한 바둑 기사 카게야마 토시로가 한 말이 떠올랐다. "프로가 아마추어와 다른 점은 기본에 충실하다는 것이다." 실험을 시작하기 직전에 나는 호흡을 가다듬고 가장 중요한 표정 공명 기본 원칙 두 가지에 집중했다. 첫째, 각각의 신호를 따로 보지 말고 신호 전체에 주의한다. 둘째, 관찰하는 것과 해석하는 것은 별개다. 그때까지만 해도 나는 두 번째 기본 원칙이 나의 실패를 막아주는 결정적인 역할을 할 것이라고는 전혀 예상하지 못했다.

보통의 스피드 데이트에서 남녀 참가자는 테이블을 사이에 두고 앉아 대화를 나누게 된다. 대화 주제는 자유다. 라운드가 끝날 때마다 벨이 울리고, 모든 여성 참가자들은 모든 남성 참가자들과 한 번씩은 대화를 나눌 수 있게 계속해서 자리를 한 칸씩 옮겨 앉는다. 이후 참가자들은 좀 더 깊이 알고자 하는 사람의 이름을 적고, 자신이 쓴 이름과 상대방이 쓴 이름이 서로를 가리키면 연락처를 주고받는다. 이것이 일반적인 스피드 데이트의 규칙이다.

그런데 그날 방송국이 준비한 스피드 데이트는 약간 진행 방식이 달랐다. 내가 각각의 대화를 개별적으로 다 들을 수 있도록 (남녀가 모두 동시에 대화를 나누는 것이 아니라) 순서대로 이루어졌다. 남녀 참가자들은 서로를 사전에 보지 못하게 각자의 대기실에서 순서를 기다렸다. 나는 남녀가 처음 얼굴을 마주할 때 느낀 첫인상에 대한 표정을 관찰하고 싶었다. 이때 많은 감정이 표현되기 때문이다.

햇빛이 환한 오후, 여러분도 스피드 데이트를 관찰하고 있는 내 옆자리에 함께 앉아 있다고 상상해보자. 우리가 있는 방은 약간 어둡고, 방 가운데에는 조명이 켜진 탁자가 놓여 있다. 탁자의 왼쪽과 오른쪽에는 데이트에 참가한 남녀를 위한 의자가 하나씩 마련돼 있다. 탁자 가운데에는 이동식 커튼이 설치되어 있었다. 심장 소리가 귀에 들릴 정도로 긴장된 상태지만, 여러분은 내가 제일 먼저 무엇을 해야 했는지 이미 눈치챘을 것이다. 1장에서 표정의 기준선이 없으면 우리는 장님이나 다름없다고 언급한 적이 있다. 카메라와 특수 조명에 둘러싸인 상황에서는 그로 인해 생긴 스트레스 신호와 성적으로 끌리는 느낌을 암시하는 비언어적 신호를 구분하지 못할 수도 있다. '비언어적 신호는 왜 그런 상황이 생겼는지를 설명해주지 않는다'라는 또 다른 표정 공명의 기본 원칙이 있기 때문이다. 우리는 어떤 사람이 스트레스를 받은 상태라는 것을 볼 수는 있지만, 무엇 때문에 스트레스를 받았는지 그 원인은 볼 수 없다. 따라서 대화나 다른 것을 함께 관찰해야만 원인을 밝혀낼 수 있다.

나는 데이트 쇼에 참가한 남녀가 구체적으로 지금 같은 상황에서 보이는 비언어적 기준선을 우선 파악해야만 했다. 그래서 본격적인 대화를 시작하기 전에 모든 참가자에게 개별적으로 공간의 화면과 음향을 확인해달라고 요청했다. 방송 관계자가 참가자와 대화를 나누는 동안 나는 방해받지 않은 상태로 모든 참가자를 관찰하고 정상적인 신체 언어 태도를 메모했다. 첫 번째 순서로 뽑힌 두 지원자가 차례로 방으로 들어와 의자에 앉았다.

"안녕하세요. 저는 레아라고 해요."

막스의 눈썹과 눈꺼풀이 올라갔다. 나는 '완벽해, 놀람의 전형적인 표시군'이라고 생각했다. 하지만 놀람 자체는 중립적이고 상황만을 묘사하며, '예상하지 못했는데!'를 의미하기 때문에 섣불리 판단할 수 없다. 그 다음에 보일 반응이 더 중요한 것이다. 막스의 눈은 웃고 있었는데, 눈 주위 근육이 팽팽하게 긴장되어 있었다. 기쁨을 표현하는 전형적인 표정이다. 이런 신호는 일상에서는 알아보기 힘들다. 마음에서 우러나와 진정으로 기뻐하는지는 눈가에 새 발자국처럼 주름이 생기는지 보면 된다고 하지만 이것은 잘못된 정보다. 의도적으로 입꼬리를 위로 세게 당겨 사회적인 미소를 지어도 눈가에 새 발자국 주름이 생길 수 있기 때문이다. 기쁨을 나타내는 표정이라고 확신하기 위해서는 위 눈꺼풀과 눈썹 사이에 있는 피부 영역의 눈꺼풀 주름이 미세하게 내려가는지 살펴봐야 한다. 그리고 누군가에게 실제로 끌리는지를 알아보려면 다른 한 가지 신호가 더 있어야 한다.

우선 막스의 뇌를 들여다보자.

막스가 레아에게 끌렸다면 가장 먼저 일어나는 일은 변연계의 칭찬 네트워크가 작동하는 것이다. 막스가 보여준 눈웃음이 이에 속한다. 그 다음에는 머릿속에서 '와우, 정말 매력적인 여자야!'라는 목소리가 들린다. 하지만 두 번째 뉴런의 폐쇄회로 역시 필요하다. 이런 순간에 '절대 실수하면 안 돼!'라고 경종을 울리는 다른 목소리다. 예를 들어, 편도체 같은 변연계의 스트레스 네트워크가 목소리의 주인공인데, 스트레스 네트워크가 행동을 개시한 것은 입술을 핥거나 몸을 앞뒤로 움직이거나 눈을 빠르게 깜박이는 것과 같은 스트레스 신호를 통해 신체 언어로 나타난다. 아직까지는 막스에게서 이런 신호를 볼 수 없었다. 누군가를 유혹하는 상황에서는 신경생물학적 시스템의 상호작용에서 두 가지 전형적인 상반된 행동 충동이 생긴다. 하나는 가까워지고 싶어 하는 충동이며, 다른 하나는 스트레스 때문에 (무의식적으로) 도망치고 싶어 하는 충동이다.

곧이어 막스가 침을 꿀꺽 삼키고, 눈을 세 번 연달아 빠르게 깜박이면서 "안녕하세요. 저는…… 저는 막스라고 합니다!"라고 말을 한다. '침 삼키기, 눈 깜박이기, 단어 반복하기'는 훌륭한 스트레스 신호 덩어리다. 이 자리에서 막스는 세 가지 채널에서 신호 세 개를 보이며 목표를 초과 달성했다. 막스가 레아에게 강하게 끌리고 있다는 신호가 명확하게 보였다.

그렇다면 레아도 막스가 마음에 들었을까?

주변을 보는 시야 능력 덕분에 나는 막스의 신호를 살피면서도 레아의 몸짓을 관찰할 수 있었다. 막스의 신체 언어에서 호르몬의 불꽃놀이가 펑펑 터지는 5초 동안 레아도 반응했다. 막스가 레아에게 비언어적 신호를 보내는 동안, 레아는 '어쩜, 바로 내가 원하던 타입이야!'라며 기쁨과 어쩔 줄 몰라 하는 모습이 혼합된 전형적인 유혹의 표정을 지어 보였다. 이런 표정은 대부분 눈웃음을 지으며 상대방을 바라보는 것과 동시에 머리를 살짝 옆으로 돌리고 아래로 숙인다. 그후에 바로 입술을 핥는 동작이 따라온다. 우선 친밀함의 신호가 나타나고, 그 다음에 스트레스 신호가 나타난다. '빙고! 짝을 찾았어!'

두 사람이 나간 후 나는 1분간 숨을 고르고 정신을 가다듬으면서 다음 팀의 대화를 관찰할 준비를 했다. 이번에는 만디와 톰이 방으로 들어왔다. 두 사람은 첫눈에 보기에 천생연분 같았다. 둘 다 알록달록한 타투와 어두운 색의 가죽점퍼를 입어서 '와일

드'해 보였다. 레아와 막스처럼 만디와 톰의 만남도 처음에는 분위기가 비슷하게 흘러갔다. '두 사람도 완벽하게 잘 어울리는 것 같아!'라는 생각이 머릿속을 스쳤다. 그러다가 '잠깐!' 하면서 강물처럼 흐르던 생각을 멈추고 나 자신에게 경고했다. '내가 기대하는 것을 모두 버리고 해석과 관찰을 분리하자. 기본 원칙을 지키자!' 그러자 인지 능력이 다시금 비언어적 신호를 향해 눈을 크게 떴다.

기대와 추측은 인식에 매우 큰 영향을 미치며, 인지 능력을 흐려놓기도 한다. 인지 연구에서는 이를 첫인상의 착각이나 확증편향이라고 말한다. 우리의 생각이나 첫인상을 입증하는 정보만을 인지하는 현상을 말한다. 뇌는 다른 사람을 분류하는 데 단지 100밀리초라는 시간만 있으면 된다. 판매원은 상점에 들어오는 손님의 첫인상을 보고 '행색이 초라하네! 저 사람은 분명 아무것도 안 살 거야'라며 순식간에 판단해버린다. 이미 분류는 끝났다. 이것이 확증편향이다. 이렇게 자동적으로 흘러가는 사고의 평가 과정을 깨닫고, 의식적으로 정신적 분류 서랍을 활짝 열어놓자. 기대와 추측에 기대어 인지 능력이 흐려지지 않도록 주의해야 한다. 그리고 사람들이 지닌 진정한 다양성을 받아들이자.

내가 이 RAM 방법을 숙지하지 못했다면 1분 후에 만디의 얼굴 위로 빠르게 스치고 지나간 미세표정을 놓치고 말았을 것이다. 그때까지만 해도 만디와 톰의 대화는 성공적인 데이트의 전형처럼 흘러갔다. 그런데 톰이 직업에 대해 이야기를 하면서 마

RAM 방법을 이용해 확증편향 최소화하기

최소한 하루 10분 이상을 할애하여 연습하자. 가능한 모르는 사람을 많이 만날 수 있는 곳을 찾거나 텔레비전을 시청해도 좋다. 다음과 같이 훈련을 시작해보자.

1. 집중할 대상 정하기 Richtung

의식적으로 호흡을 하면서 주위를 둘러보고, 한 사람을 임의로 선정한다. 그 사람에게서 보이는 긍정적인 혹은 부정적인 특징이 무엇이 있는지 눈에 띄는 대로 의식한다. 신체적 특징(근육질의 몸매), 외모적 특징(안경 착용) 혹은 특별한 행동(발을 끄는 걸음걸이)과 같은 특징이 있는지 살펴본다.

2. 신중하게 판단하기 Achtsamkeit

관찰한 특징으로 보았을 때 그 사람이 어떤 사람일 것이라고 생각하는가? 어떤 이미지가 연상되는가(예를 들어, '틀림없이 영리한 사람일 거야' 같은)? 굳이 애써서 연상을 떠올리기 위해 노력하지 말고, 머릿속에서 직관적으로 그대로의 모습을 평가하지 말고 받아들인다. 그리고 최소한 세 가지 이상 생각이 날 때까지 기다린다.

3. 메타관점Metaperspective 유지하기

a. 스스로에게 질문하기: 확실하고 구체적으로 관찰한 사실에 입각하여 생각을 떠올렸는가? 이때 떠오른 생각은 '해석한 것'인가, 아니면 '구체적으로 관찰한 것'인가? 스스로에게 이러한 질문을 던짐으로써 자신의 생각을 비판적으로 되돌아보고, 실제에 근거를 두지 않는 편향이나 착각에서 벗어날 수 있다. 어느 정도 숙련되면 a단계를 건너뛰고, b단계로 넘어갈 수 있다.

b. 확실하게 인식하기: 자신의 생각은 그저 관찰한 결과일 뿐이며, 관찰한 대상과는 전혀 상관없을 수 있다는 점을 확실하게 자각해야 한다. 섣불리 그 사람을 판단하거나 평가하지 말고 하늘에 흘러가는 구름처럼 그 사람에 대한 생각이 어떻게 이어지는지 관찰하자. 생각이 끊임없이 떠오르면 다시 호흡에 집중한다.

c. 주의 깊게 숨을 들이마시고 내뱉으면서 첫 단계부터 다시 시작한다.

* Richtung, Achtsamkeit는 독일어로 각각 방향이나 진로, 신중을 의미한다(편집자 주).

치 수탉이라도 되는 것처럼 꺽꺽거리며 웃자 만디의 윗입술 한쪽이 갑자기 실룩거렸다. 집중하고 있지 않았더라면 못 보고 지나쳤을 정도로 너무나 미세한 움직임이었다. 그녀의 미세표정을 인지한 나는 의자 뒤로 몸을 기대앉으며 미소를 지었다. "무슨 일입니까? 두 사람이 어떤 결정을 내릴지 벌써 알아차린 겁니까?"라며 옆에 있던 방송관계자가 혼란스러워하면서 나에게 속삭였다. 나는 "그런 것 같아요. 만디는 이제 아예 관심을 잃었어요!"라고 조용히 대답했다. 그는 잘 이해가 가지 않는지 당혹스러운 표정을 지었다. 나는 "나중에 말해줄게요!"라며 윙크했다.

내가 그 순간에 관찰한 것은 완전한 킬러 신호(참고로 모든 관계에 해당됨)로 전형적인 경멸의 신호였기 때문이다. 이 신호는 모든 긍정적 신호를 파멸하는 힘을 지녔다. 만디의 경우에도 다르지 않았다. 만디는 설문지의 '아니오' 항목에 동그라미를 친 것만이 아니라, 톰에게 얼마나 많은 매력을 느꼈는지를 묻는 질문에 0점을 주었다.

나는 이날 하루 동안 34차례의 대화를 더 들었고, 나의 적중률은 93퍼센트에 달했다. 못 맞춘 7퍼센트 때문에 나는 안절부절못했다. 심지어 한 참가자의 대답은 전혀 이해할 수 없었다. 그 남자는 친밀감을 나타내는 어떠한 신호도 보이지 않았는데 설문지에 '네'라고 대답했다. 그래서 나는 촬영이 끝난 후에 그 참가자를 찾아갔다. 몇 가지 질문을 하자 그는 수줍은 듯 다음과 같이 대답했다. "저는 벌써 네 번이나 '아니오'라고 대답을 했는데 이번에도 또 아니라고 하면 모두가 저를 건방지다고 생각할 것 같았거든요! 그래서 다섯 번째 대화를 나눈 후에는 그냥 '네'라고 대답했습니다!" 가끔은 신체 언어가 모든 것을 말해주지는 않는다.

93퍼센트라는 높은 적중률의 비법은 두 사람 간의 긴장 관계를 측정하기 위해 계발한 특별한 공식 덕분이다. 나는 이것을 유혹 지수라고 부른다.

$$긴장 = \frac{친밀감의\ 신호 - 거부\ 신호^2}{스트레스\ 신호} \approx 1$$

나는 이 같은 유혹 지수 공식을 바탕으로 TV 방송국에서 하는 리얼리티쇼 〈데어 베첼러Der Bachelor〉(미혼의 독신 남자 혹은 여자를 의미함 – 역자 주)의 여자 우승자를 일곱 번이나 연달아 정확하게 맞췄고, 한 번은 결승에 오른 세 사람을 순서까지 그대로 맞추기도 했다. 그 비법은 이렇다. 예를 들어, 2019년 시즌에서 독신남 안드레이는 지원자인 제니퍼를 처음 보았을 때 세 가지 친밀감의 신호(눈과 입 사이에 세모를 그리는 삼각형 시선과 살짝 옆으로 기울인 고개, 진심에서 우러나오는 기쁨에 가득한 미소)와 세 가지 스트레스 신호(손톱을 만지작거리기, 손바닥 비비기, 불안해하며 몸을 이리저리 움직이기)를 보였지만 거부의 신호는 보이지 않았다. 이 숫자(3:3)를 유혹 지수 공식에 입력하면 결과는 정확히 1이 된다. 유혹 지수의 결과가 숫자 1에 근접할수록, 상대방이 여러분에게 이성적으로 관심이 있을 확률이 높다. 나의 분석에 의하면 제니퍼를 마주했을 때 안드레이가 가장 뚜렷한 신호를 보냈기 때문에 제니퍼가 우승할 것이라고 예상했고, 실제로 1등은 제니퍼에게 돌아갔다.

유혹 지수를 실제 생활에서 활용하려면 다음과 같은 세 가지 질문을 던져보고, 비언어적 태도를 분석할 때와 마찬가지로 인지 기본 원칙의 핵심을 명심해야 한다. '개별적 신호에 현혹되지 말고, 항상 신호 전체를 보라.'

1. 친밀감 신호가 얼마나 많이 보이는가?

주요 친밀감 신호: 눈웃음, 머리를 옆으로 가볍게 기울이기, 잦은 눈 맞춤, 눈과 입 사이를 바라보는 삼각형 시선, 비언어적인 모방, 유혹하는 표정.

2. 스트레스 신호가 얼마나 많이 보이는가?

주요 스트레스 신호: 빠르게 눈 깜박이기, 입술 핥기, 안정을 위한 제스처(예를 들어, 얼굴 긁적이기), 초조해하며 가만히 앉아 있지 못함, 침을 자주 삼키기, 말할 때 자주 실수하기(예를 들어, 단어 반복하기 혹은 발음을 잘못하기).

3. 거부의 신호가 보이는가?

주요 거부의 신호: 코 찡그리기, 윗입술을 위로 당기기(윗입술이 한쪽만 올라가는 경우는 경멸과 무시를 의미함), 입꼬리를 한쪽만 안쪽으로 당기기, 산만한 시선, 비언어적으로 외면하기(예를 들어, 머리를 다른 방향으로 돌리기).

나의 경험에 의하면 친밀함의 신호보다 거부의 신호 하나가 훨씬 더 큰 영향(따라서 유혹 지수에서는 거부의 신호에 제곱을 한다)을 미치기 때문에 마지막 질문은 의도적으로 예와 아니오의 단답형을 유도하는 질문 형태로 구성했다. 거부의 신호가 극히 조금만 보여도 사랑의 불꽃은 피어오르기도 전에 사그라들기 때문이다.

유혹의 신호를 제대로 해석하려면 신호 전체를 비롯해 비언어적 기준선도 주의해서 살펴야 한다. 한 사람이 나에게만 유혹의 신호를 보내고 있는가, 아니면 다른 사람에게도 마찬가지로 신호를 보내고 있는가? 천성적으로 누구에게나 그리고 모든 사람에게 추파를 던지는 사람들이 있다. 그렇게 하는 것을 즐거워하는 성격인 것이다. 그래서 잘 모르는 사람들은 이런 태도를 오해하기도 한다.

자부심, 더 높은 곳을 향해 노력하게 만드는 감정
혹은 절대로 윌 스미스와 러닝머신에서 경쟁해서는 안 되는 이유

이제 여러분은 첫 데이트에서 옆으로 고개를 기울이며 보이는 기쁜 표정을 통해 사랑의 감정을 눈치챌 수 있다는 사실을 배웠다. 그렇다면 눈웃음을 짓고, 입에 미소를 머금고, 고개를 뒤로 젖히는(연구에 따르면 대략 평균 20도의 각도로 기울임) 행동은 어떤 감정을 나타내는 신호일까? 이 감정은 다름 아닌 자부심이다. 자부심은 마음속에 사랑과 비슷한 감정을 품게 한다. 다만 차이점이 있다면, 애착의 감정이 다른 사람이 아닌 나 자신을 향한다는 것이다.

자신과 다른 사람의 신체 언어에서 자부심을 정확하게 파악할 수 있는 사람은 자긍심에 대해 많은 것을 경험할 수 있다. 자부심은 긍정적인 자아상과 가장 큰 연관이 있고, 우리가 되고 싶어 하는 모습으로 발전하는 데 필요한 동기와 힘을 주는 감정이다. 자부심 때문에 수입이 조금 적더라도 자신에게 의미가 있는 직장으로 옮기기 위해 현재 하는 일을 그만두기도 한다. 하지만 작지만, 중요한 차이점에 주의해야 한다. 지금 막 시험을 좋은 성적으로 통과했다고 상상해보자. '공부를 많이 한 덕분에 시험에 합격했다' 또는 '머리가 좋아서 시험에 합격했다' 중에 어떤 말을 더 듣고 싶은가?

여기서 알아야 할 사실은 자부심은 한 가지 신체 언어로 나타나지만, 두 가지의 감정으로 나뉜다는 점이다. 첫째는 내가 행한 행위를 통해 얻은 진정한 자부심이다. 이것은 위에서 든 예시 중 앞 문장(공부를 많이 한 덕분에)에 해당한다. 둘째는 성공이 자신이 본래 지닌 선천적 정체성에서 유래한다는 느낌이 들 때 생기는 과도한 자만심이다. 주제넘은 자부심이라고도 한다. 이것은 예시 중 뒷문장(머리가 좋아서)에 해당한다. TV 쇼 〈데어 베첼러〉의 첫 방송에 나온 한 여자 참가자는 다음과 같이 말했다. "그 남자가 선택할 사람은 당연히 저죠. 왠지 아세요? 쇼에 출연한 여자 중에서 제가 제일 매력적이거든요!" 이런 말을 들으면 보통 너무 건방지다는 생각이 들 것이다. 바로 이런 것이 주제넘은 자부심의 효과다. 그런데 주제넘은 자부심은 매우 부실한 기초 위에 위태롭게 세워진 것으로, 이런 사람은 자신을 비판하는 말에 쉽게 화를 낼 때가 많고 즉각적으로 반응을 보인다. 인위적으로 만든 자긍심을 지키려는 보호 본능이라고 여겨진다.

진정한 자부심만이 긍정적인 자긍심을 가져다준다. 자부심의 감정을 분명하게 파악하기 위해서는 신체 언어 외에 맥락과 동반되는 말에도 유심히 귀를 기울여야 한다. 상대방이 인위적인 자부심을 보이는 경향이 강하게 나타나면 주의한다. 그는 나르시시즘이 너무 강해 온 세상이 자기를 중심으로 돈다고 생각하는 사람이다.

자부심의 긍정적인 면을 더욱 확고히 하고 자긍심을 기르기 위해서는 저녁에 감정을 정화하는 시간을 가질 것을 추천한다. "오늘 나는 스스로에 대해 자부심을 느낄 수 있는 일을 했는가?"라는 질문을 던져보자. 어떤 구체적인 상황이 생각나면, 약 15초 동안 몸에서 자부심에 대한 공명을 느껴본다. 눈을 감은 채로 하면 효과가 더 크다. 그 다음에는 "살면서 어떤 것에 고마움을 느끼는가?"를 묻는다. 감사함은 자부심과 건전한 균형을 이루고, 스스로를 겸손하게 만드는 감정일 뿐 아니라, 자기수용에도 많은 도움을 준다. 저녁에 아이들과 함께 이런 시간을 보내면 아이들의 감정 세계에도 긍정적인 효과가 나타나 건전한 자긍심이 점점 커지는 것을 느낄 수 있을 것이다.

진정한 자부심은 긍정적인 기운을 가져다주며, 사람의 그릿 Grit을 튼튼하게 다져준다. 미국의 신경학자인 안젤라 더크워스 Angela Duckworth는 개인적으로 정한 장기적 목표를 이루고자 애쓰는 꺾을 수 없는 의지와 열정을 그릿이라고 정의했다. 그릿은 실제 연구를 통해 직업이나 운동 혹은 성공의 여부를 예견하는 데 가장 많은 영향을 주는 성향이라고 밝혀졌다. 그릿은 '투지'라고 종종 번역될 때도 있는데, 이것으로는 그릿에 포함된 역동적인 감정의 절반밖에는 제대로 표현하지 못한다. '투지'는 분노라는 기본 감정을 통해 활성화된 집중적인 행동 에너지를 뜻하며, 열정이 함께 하는 관심이 결여되어 있다. 이와는 달리 그릿은 의지와 열정이 특별한 조화를 이루어 만들어진다. 의지만으로는 시간이 지나면서 의무나 강요로 바뀌고, 열정에만 기반을 둔 동기는 흥미가 줄거나 실패를 하면 포기할 위험이 있다.

2007년 12월, 영화배우 윌 스미스는 한 인터뷰에서 어떻게 세계적인 스타가 됐는가라는 질문에 그릿이라는 개념의 중요성을 제대로 보여주었다.

"다른 사람과 저를 확실히 다르게 만드는 것은 저는 도중에 죽는 것을 겁내지 않는다는 사실입니다. 저보다 더 열심히 일하는 사람은 없을 것입니다. 당신은 나보다 더 재능도 많고, 더 똑똑하고, 더 매력적이거나 새로운 장르에서 필요한 역할의 적임자일수 있습니다. 하지만 우리 둘이 하나의 러닝머신에 올라서면 결론은 두 가지밖에 없습니다. 당신이 나보다 먼저 아래로 떨어지든지 아니면 내가 죽든지입니다. 아주 간단하죠!"

그의 대답은 지나치다 싶을 정도로 자부심이 강하고 의욕이 넘치는 느낌을 준다. 하지만 윌 스미스는 질문에 대답을 하는 내내 입가에 미소를 띠고 눈을 반짝였다. 자신의 직업에 얼마나 많은 열정을 품고 있는지가 표정에 그대로 묻어 있었던 것이다.

놀라운 것은 러닝머신 위에서 보이는 지구력이 실제 삶에서의 성공과 만족도에 상관이 있다는 연구 결과가 있다는 것이다. 이런 주제를 연구할 만큼 특이한 사람이 과연 누구였을까? 바로 1장에서도 언급한 바 있었던 하버드대학교의 조지 베일런트와 그의 연구 팀이다. 1940년대, 하버드대학교의 한 연구 팀은 역사에 길이 남을 만한 장기간 연구(그랜트 연구)를 위해 몇몇 학생을 선발하고 실험을 진행했다. 그중에는 러닝머신 위에서 빠른 속도로 최대 5분 동안 달리기를 하는 실험도 있었다. 걱정하는 사람이 있을 수도 있겠지만 다행히 실험 중에 러닝머신 위에서 사망한 사람은 없었다. 실험에 참여한 학생들은 평균 속도보다 대략 9퍼센트 정도 속도를 높여 약 시속 11킬로미터의 속도로 달리며 가장 길게는 5분까지 육체적·심리적인 부담감을 견뎌야 했다.

연구자는 실험 참가자들이 중단하지 않고 계속해서 뛴 시간, 즉 지구력에 관심을 두고 측정했다. 연구진은 러닝머신 실험이 끝난 후 40년 동안 2년마다 실험 참가자들에게 전화를 걸어 이들의 소득과 직장에서의 발전 단계, 병가 일수, 사회적 활동, 직업과 배우자에 대한 만족도, 정신과 치료 방문 횟수 및 정신과 약물 복용 등에 관한 중요한 정보에 대해 물었다. 연구진은 실험 결과를 요약한 데이터에 '심리적 적응력'이라는 이름을 붙였다.

연구는 1987년에 종결되었고, 연구진은 40년 동안 수집한 데이터를 바탕으로 실험 참가자의 러닝머신 결과와 심리적 적응력의 연관성을 계산했다. 실험 결과는 윌 스미스의 성공 레시피가 옳다는 것을 입증했다. 40년 동안의 연구 결과, 실험 참가자들의 심리적 적응력은 스무 살 때 러닝머신 위에서 뛴 시간이 길수록 더 높았다. 육체적인 힘은 핵심 요인이 아니었다. 몇몇 실험 참가자는 다른 사람보다 월등하게 좋은 체력을 갖추었지만 체력보다는 인내심이 심리적 적응력을 높이는 주요한 요인이었다.

그릿에서 또 중요한 한 가지는 몇 주 혹은 몇 달이라는 짧은 기간이 아니라, 수 년 혹은 더 나아가 수십 년이라는 긴 시간 동안 목표를 향해 나아가는 일이다. 장기적인 목표를 세우고 그것을 향해 꾸준하게 열정적으로 달려가는 것! 그릿은 매일 단순하게 반복되는 루틴과는 차이가 있으며, 자신을 최신 버전으로 업그레이드하기 위해 더 깊이 파고들고 인격을 발전시키려는 열정이다.

이제 내가 왜 머리의 자세가 관계의 연결고리라고 했는지 조금은 이해가 될 것이다. 기쁜 표정을 짓고 상대방을 바라보면서 추가로 머리를 옆으로 살짝 기울이는 행동은 상대방에게 관심이 크다는 것을 의미한다. 이런 행동은 이 사람이 배우자나 아이와 어떤 외적 관계에 놓여 있는지를 보여준다. 고개를 살짝 뒤로 젖힌 채 눈이 웃고 있다면 자신과의 내적 관계가 어떠한지를 표현하는 것이다.

사람들이 칭찬을 받으면 어떻게 반응하는지 관찰해보자. 입가만 웃는 사회적 미소를 띠며 머리를 옆으로 기울이고, 시선을 아래로 향하며 당황해하는 편인가? 아니면 칭찬에 적당한 자부심을 보이며 그대로 받아들이는 편인가? 당황스러움을 드러내는 사람은 자신이 잘하는 것을 숨기고, 자만심을 드러내 상대방에게 불쾌함을 주고 싶지 않다고 느끼기 때문이다. 반대로 건전한 자부심을 가진 사람은 자신에게 걸맞지 않은 칭찬을 받더라도 당황스러운 반응을 보이지 않는다. '당황스러움'을 보이는 경우에는 내적 항변을 대표하는 미세표정을 주의해서 관찰해야 한다. 다음 이야기에서 등장하는 넬슨을 관찰해보자.

무언의 항변을 표정에서 알아보는 방법
혹은 아무것도 모르면서도 똑똑한 것처럼 보이는 법

스페인에서 가족과 함께 여름휴가를 보내고 있을 때였다. 그곳에 도착한 첫날 저녁에 우리는 식당에 밥을 먹으러 갔다. 그런데 메뉴가 온통 스페인어로만 적혀 있었다. 당황했지만 '어떻게든 밥은 시켜 먹을 수 있겠지'라고 생각한 나는 독일어로 된 메뉴판이 있는지조차 묻지 않았다. 표정 전문가인 나에게 '내가 모른다는 사실을 티 내지 않는 것'은 어려운 일이 아니었다. 그렇다면 '내가 모른다는 사실을 티 내지 않는 법!'을 배우기 위해 간단한 실험을 해보자. 스마트폰의 전방 카메라를 켜고, 표정을 관찰하자. 이제 부터 지능지수가 20포인트 정도 낮아진 것처럼 멍청한 표정을 지어본다. 확신하건대, 대부분의 사람들이 아래턱을 내리고 눈꺼풀을 아래로 처진 표정을 지을 것이다. 아래로 처진 눈꺼풀이 피곤하거나 슬프거나 혹은 지루해하는 인상을 준다는 것은 학술적으로도 입증된 바 있다. 그리고 이런 표정은 우리를 바보같이 보이게도 한다.

연애 상대자를 고를 때도 처진 눈꺼풀은 가벼운 관계를 연상시킨다. 남녀 400명을 대상으로 진행한 한 실험에서 연구진은 한 남성의 사진 2장을 컴퓨터로 조작한 후에 실험 참가자에게 보여주었다. 한 사진에서 남자는 눈을 크게 뜨고 있고, 다른 사진에서는 눈꺼풀이 처져 있다. 실험 참가자는 남성이 장기적으로 연애할 사람을 찾고 싶어 하는지 아니면 잠깐 가볍게 즐길 상대를 찾는 데 관심이 있는지를 추측해야 했다. 결과부터 말하자면, 실험 참가자들은 눈이 처진 남자가 성적인 면에서 더 자유분방하고 장기적 관계에는 흥미가 적어 보인다고 응답했다. 그 외에도 실험 참가자들은 눈이 처진 남자가 다른 사람의 애인을 빼앗을 가능성이 많이 보인다고도 말했다. 인상이 불러온 혼동이 잘못된 상황과 특성의 묘사로 이어지는 또 다른 예시이기도 하다.

입을 벌려 아래로 늘어뜨린 턱으로 돌아가보자. 영어에는 '입

다니엘 크레이그와 브래드 피트처럼
자신감 있게 보이는 법

뉴욕 출신의 사진작가 피터 할리의 경험에 따르면 사진을 찍을 때 90퍼센트 이상이 눈을 크게 뜬다고 한다. 하지만 할리는 그런 표정은 마치 '자동차 헤드라이트 불빛 앞으로 달려든 사슴'처럼 보인다고 말한다. 이제부터 사진작가가 알려준 사진발 잘 받는 비법을 공개하겠다. 바로 눈꺼풀에 힘을 주는 것이다. 흔히 '스퀸치sqinch'라고 알려진 동작이다.

스퀸치를 할 때는 아래 눈꺼풀에 정말 약간만 살짝 힘을 주고, 눈을 잘못해서 찌푸리지 않게 주의한다. 쉬운 일은 아니다. 카메라 앞에 서기 전에 거울 앞에서 여러 번 연습해보는 것이 좋다. 대부분의 모델이나 영화배우들은 레드카펫의 수많은 카메라 앞에 설 때 스퀸치를 해야 한다는 것을 알고 있다. 연예인 사진이 많이 실린 잡지를 볼 기회가 있으면 이런 동작이나 시선이 있는지 주의해서 살펴보자. 피터 할리의 유튜브 채널 영상 중 'It's all about the Squinch!'를 보면 스퀸치에 대한 정보를 얻을 수 있을 것이다.

으로 숨 쉬는 사람mouth breather'이라는 표현이 있는데, 바로 멍청한 사람이라는 뜻이다. 독일어에는 "입 꼭 다물어, 파리 들어간다"라는 말이 있다. 입을 벌리면 '멍청한' 인상을 주기 때문에 입을 다물라는 말이다.

이제 실제보다 더 멍청하게 보일 수 있는 방법은 알았다. 그럼 반대로 어떻게 하면 똑똑하고, 능력이 있는 것처럼 보일 수 있을까? 이런 질문에 관해서도 이미 연구한 사람이 있다. 살짝 위로 치켜뜬 눈꺼풀은 더 생생하고 똑똑하며 매력적인 인상을 풍긴다. 그렇다고 일부러 눈을 높이 당겨 뜨지는 말자. 너무 과장되면 정반대의 효과를 불러올 수 있다. 눈꺼풀을 가능한 한 높이 당기고, 양쪽 귀에 입이 닿을 만큼 크게 미소를 지어보자. 이런 표정을 지으며 "우리 집에 같이 갈래요?"라고 말해보자. 약간 광기가 서린 인상을 준다는 의견에 아무도 반대하지 않을 것이다. 그러므로 절대 의식적으로 눈꺼풀을 위로 올리지 않기를 바란다. 중요한 약속을 앞에 두고 있다면 충분한 휴식을 취한 후에 약속 장소에 가는 편이 좋다. 여러분의 눈은 자동으로 더 커 보일 것이다. 그리고 또 한 가지! 다른 사람의 이야기를 경청할 때는 입이 벌어지지 않게 꼭 다물자.

다시 스페인 식당으로 돌아가보자. 나는 눈에 힘을 주고 자신감 있는 표정으로 채소가 곁든 소고기 스테이크를 주문했다. 아니 정확히 말하자면 그랬다고 생각했다. 종업원이 정말 맛있게 보이는 안심스테이크를 테이블로 가져왔다. 그런데 스테이크 옆에 놓인 녹색 덩어리는 도대체 뭐지? 머리가 자연스럽게 뒤로 물러났고, 코를 짧게 씰룩거렸다. 메스꺼움이 느껴지는 것을 보았을 때 나오는 미세표정이다. 종업원은 나를 잠시 보더니 미소를 지으며 내가 뭐라고 말할 틈도 주지 않고 가버렸다. 내 앞에는 곰팡이가 핀 스펀지처럼 생긴 무엇인가가 놓였다. 앞으로 두 번 다시 이곳에 올 일은 없을 것이라는 확신이 섰다.

그런데 나의 결심을 뒤집는 정말 놀라운 일이 벌어졌다. 멀찍이서 모든 상황을 지켜보고 있던 레스토랑의 지배인이 우리 자리로 다가온 것이다. 그는 나에게 불편한 것은 없는지 물어보았다. 그의 질문을 듣자 내가 솔직하게 얘기하면 앞에 놓인 접시는 즉각 사라질 것이고, 가족 저녁 식사도 그 시점에서 끝날 것 같다는 생각이 들었다. 그래서 나는 머리를 좌우로 흔들며 "아무 문제 없습니다. 다 좋아요"라고 대답했다. 하지만 시배인은 답을 듣고 난 뒤에도 돌아가지 않았다. 그는 다시 "제가 보기에는 만족스러워하시는 표정이 아닌데요. 뭔가 문제가 있으면 말씀해주시기 바랍니다"라며 정중히 말했다. 민망해진 나는 솔직하게 말했다. "여기 이 녹색이 뭔지 잘 모르겠는데요. 저는 신선한 채소를 주문했다고 생각했거든요." 그는 "아, 그건 스페인 채소 케이크입니다"라고 말했다. 하지만 녹색 덩어리의 정체가 무엇인지 알았다고 해서 그것이 갑자기 맛있어 보이진 않았다. 내 표정을 지켜본 지배인은 친절하게 말했다. "잠시만 기다려주시기 바랍니다. 신선한 채소를 가져다드릴게요. 5분만 시간을 주시겠습니까?" 그리고 정말 5분 뒤에 채소가 나왔다. 완벽한 서비스였다. 우리가 다음 날 저녁에 어디에서 밥을 먹었는지 말을 안 해도 다 알 것이다. 그리고 세계 최고의 레스토랑 지배인인 넬슨과는 아직도 연락하고 지내는 친구가 됐다.

여러분에게도 상대방이 오로지 나를 위해 존재하고, 나를 온전히 이해한다는 느낌을 받은 순간이 분명 있을 것이다. 이것이 신체 언어가 펼치는 마법이며, 바로 진정한 이해의 순간이다. 100퍼센트 인지하는 것, 완전한 사우보나Sowbona('나는 당신을 봅니다'라는 뜻의 아프리카 줄루 족의 인사말)다.

물론 일상생활에서는 정반대의 일을 경험하는 경우가 더 많을 것이다. 저쪽에서 누군가 손을 흔들며 "여기요"라고 속절없이 외치고, 테이블에 올라가서 빨간 응급 신호 깃발을 흔들어댄다. 그런데도 마치 투명인간이라도 된 것처럼 누구 하나 눈길을 주지 않는다. 대부분의 사람들이 표정에 드러나는 일곱 개의 반대 신호를 알아차리지 못하는 것처럼 말이다.

얼굴 표정에 대한 세미나와 강연을 하다 보면 상대방이 무언의 반대를 하고 있다는 것을 알리는 일곱 가지 구체적인 신호가 있으며, 그것을 표정으로 알 수 있다는 것을 듣고 놀라는 사람들이 많다. 지금부터 발견하기 어려운 이 일곱 가지 반대 신호에 대해 알아보자. 모든 신호가 내가 스페인의 레스토랑에서 보여준 것처럼 머리를 뒤로 젖히는 동작까지 더해가며 반대의 의견을 뚜렷하게 나타내지는 않는다. 이런 신호를 알아차릴 수 있는 간단한 규칙이 있다. 머리를 앞뒤로 움직이는 것은 상대방의 동기가 어디로 향하는지에 대한 힌트를 준다. 두려움과 불쾌감을 느끼는 순간에 머리를 뒤로 당기며 물러나는 전형적인 행동은 무엇인가를 피하려는 의도를 표현한다. 반대로 머리를 앞으로 내미는 동작은 일종의 친밀감을 표시한다. 무엇인가 혹은 어떤 사람에게 관심을 보일 때 하는 대표적인 신호다. 하지만 동시에 화난 감정을(공격 동기) 드러내는 표현이기도 하다.

자, 그러면 반대 의견을 나타내는 표정의 미세신호에 대해 좀 더 자세히 알아보자. 우선 얼굴 윗부분에서 두 개, 중간 부분에서 두 개, 아랫부분에서 세 개의 표정이 있다는 '2-2-3 규칙'을 기억해두자. 눈썹과 이마에서 볼 수 있는 신호부터 시작해보겠다. 눈썹을 올리는 표정은 자신이 말을 할 때와 다른 사람의 말을 들을 때로 구분된다. 말을 할 때 눈썹을 올리는 동작은 대부분 강조를 의미한다. 누군가의 말을 듣는 경우에 눈썹을 올리는 일은 놀라움의 신호일 때가 많다. 이것은 미세표정이 아니라 길게 나타나는 큰 표정 신호다. 이와는 달리 눈썹을 미간 쪽으로 찌푸리는 동작은 대부분 화살처럼 얼굴 위로 순식간에 지나간다. 빠르게 스쳐 지나가지만 표정에서 상대방이 미심쩍어하거나 혼란스러워하고 있으며, 혹은 좀 더 심한 경우 살짝 화가 난 상태라는 것을 알수 있다. 눈썹을 좀 더 길게 찡그리는 것은 단순히 정신적으로 집중을 하면서 심혈을 기울일 때인 경우가 많다. 이런 경우 말하는 속도를 약간 늦추거나 말하는 사이에 쉬는 간격을 넓힘으로써 듣는 사람이 정신적으로 한숨을 돌릴 수 있게 여유를 주는 것이 좋다. 눈썹을 올리는 것과 미간 쪽으로 찌푸리는 것이 얼굴 윗부분에서 보이는 반대 의견을 의미하는 두 가지 신호다.

눈과 코가 있는 얼굴 중간 부분에서는 기본적으로 코를 찡그리거나 윗입술을 위로 치켜올리는 움직임을 통해 반대 의견을 표현한다. 내가 스페인 식당에서 한 것처럼 코를 찡그리는 일은 불쾌감이나 거부를 표현한다. 그리고 무엇인가를 의심할 때도 코가 찡그려진다. 어떤 사람이 "베를린에서 함부르크까지 기차 말고, 차로 가지 않을래? 두 시간이면 충분해"라고 말하는 것을 듣고 있을 때 사람들은 코를 찡그린다. 터무니없이 짧은 시간에 의심하는 감정이 생기기 때문이다. 윗입술을 위로 잡아당기는 것은 의도하지 않고는 잘 되지 않는 움직임이며, 동작 자체만으로도 불쾌감이나 거부를 나타낸다. 여러분이 말을 하는 중에 상대방이 이런 표정을 지어 보였다면 여러분의 생각에 동조하지 않거나 말한 것을 거부한다고 생각하면 된다. 이것은 심지어 경멸의 신호도 될 수 있다.

얼굴의 아랫부분, 즉 입 주위에는 일상에서 자주 관찰할 수 있는 세 가지 반대 의견의 신호가 있다. 두 가지 신호는 분명하게 나타난다. 하나는 입꼬리 한쪽을 안쪽으로 당기면서 꾹 누르는 동작으로, 이것은 미심쩍음을 뜻하며 이때 머리를 뒤로 젖히거나 눈을 굴리면 경멸을 의미한다. 또 다른 신호는 어깨를 으쓱하는 것과 비슷한 의미로 입꼬리를 세게 아래로 잡아당기고 앞턱을 들어올리는 것이다. 이때 대부분은 머리를 좌우로 흔든다. 이 신호는 불신이나 부정을 나타낸다. 하지만 고개를 끄덕이는 동작이 동반되면 감동을 의미할 수도 있다. 이 신호는 '와우, 리스펙트!'를 뜻한다.

마지막 신호가 가장 흥미로운데 바로 입술을 앞으로 쭉 빼는 동작이다. 이 표정을 정확하게 해석하려면 정보가 어느 감각 채널을 통해 들어오는지를 주의해서 관찰해야 한다. 시각적 채널을 통해, 즉 눈으로 얻은 정보라면 입술을 앞으로 빼는 것은 거부보다는 관심을 나타내는 감정을 뜻할 수 있다. 예를 들어, 싱글 바에 들어간 순간, 눈앞에 펼쳐진 광경에 흥분된 나머지 입술이 앞으로 쭉 나온다. 이때는 같은 동작이더라도 성적 관심에 대한 긍정적인 신호로 평가할 수 있다. 반대로 청각적 채널, 즉 귀를 통해 얻은 정보를 접했을 때 입술이 앞으로 삐죽 나온다면 이것은 상대방의 의견에 동의하지 않는다는 뜻이다.

그러나 내 경험에서 보면 감각의 채널이 아니라, 오히려 정보를 습득하는 것이 자율적인지 혹은 강요되어 일어난 것인지가 훨씬 더 중요했다. 긴장을 풀고 여유 있게 시계가 진열돼 있는 유리장으로 눈길을 옮기며 입을 쭉 내미는 것은 대부분 시계에 관심이 있다는 것을 의미한다. 이와는 달리 시계 판매원이 의도적으로 특정한 시계를 꺼내어 보여줄 때 고객이 입술을 오므리며 앞으로 쭉 뺀다면 이것은 아직 결정을 아직 못 하고 고민 중인 것을 나타낸다.

표정으로 나타나는 일곱 가지 반대 의견 신호는 우리가 일상에서 가장 자주 볼 수 있는 미세 표정이다. 대화할 때 자신이나 다른 사람에게 이런 얼굴 표정이 나타나는지 유심히 잘 살펴보자. 사실 굉장히 자주 보이는 표정이기 때문에 비언어적 관찰 능력을 훈련하고, 강화하기에 아주 좋은 신체 언어라고 할 수 있다.

더불어 이런 순간에는 신체 언어에 마음을 담아 대처하는 법도 연습할 수 있다. 나는 이것을 공명 표현법이라고 이름 붙였다. "내가 맞게 보았다면, 당신은 아직 확신이 서지 않은 것 같군요!" 공명 표현이란 항상 '나 그리고 인지'로 구성된다. "내가 보기에 당신은 걱정을 하고 있는 것 같아요." "내가 느끼기에 당신은 그 일로 슬퍼하는 것 같네요." 이런 표현은 상대방이 자신의 감정을 표출할 수 있게 해준다. 내가 이렇게 말하면 많은 사람이 '긍정적으로' 놀라곤 한다. 그들은 내가 자신의 생각을 이해해준 것을 매우 소중하게 받아들이다. 공명 표현법이 변연계를 직접 진정시켜 스트레스를 받은 편도체의 흥분을 가라앉힌다는 것은 이미 연구에서 입증됐다. 이것을 룸펠슈틸츠헨Rumpelstilzchen(그림형제 동화에 등장하는 요정으로 이름을 맞히면 사라진다) 효과라고 한다. 즉, 감정에 이름을 지정함으로써 감정에 있는 힘을 빼앗아버리는 것이다.

공명 표현법으로 상대방의 감정을 존중하면서 접근하는 일은 대화에 굉장히 긍정적인 효과를 불러온다. 무엇보다 감정적으로 스트레스를 받은 상황에서 큰 효과를 발휘한다. 한 연구 팀은 의사가 암 환자와 대화를 나눌 때 공감을 표현하면 어떤 효과가 있을지 조사했다. 실험에 동의한 의사는 상담 과정에서 환자가 감정적으로 스트레스를 받아 힘들어하는 것이 눈에 띄면 설명을 잠시 멈추고 쉬거나 공명 표현법을 통해 대화를 나누었다. 그러자 환자는 의사가 말한 내용(암 질환에 관한 정보)을 훨씬 더 잘 이해했고, 스트레스도 더 잘 조절할 수 있었다.

그러나 안타깝게도 현실적으로는 실행하기 어려운 방법이다. 병원이나 사무실 등 어디에서나 사람들은 항상 바쁘다. 우리는 "상대방의 감정까지 살필 시간이 어디 있어. 그러려면 너무 많은 시간이 필요해"라는 말을 종종 듣곤 한다. 그런데 사실 상대방이 두려워하거나 슬퍼할 때 40초만 할애해 공감을 표현하면 부정적인 감정이 눈에 띄게 줄어든다는 연구 결과가 있다. 단 40초만에 극심한 스트레스를 약간이라도 줄일 수 있다니! 너무 놀랍지 않은가! 누구에게나 40초 정도의 시간은 있을 것이다. 그 어느 때라도 말이다.

'기자의 시선'과 개인적 항변의 신호
혹은 본보기가 되는 한 축구 감독의 카리스마

상대방이 보내는 비언어적 반대 신호를 알아차리거나 신체 언어와 표정을 해석하는 능력을 키우기 위해 알아두어야 할 또 다른 중요한 사항이 있다. 이에 대한 답을 얻기 위해서는 신체 언어 분석을 함께 연습해야 한다. 2016년 봄, 나는 한 스포츠 잡지에 실릴 기사를 위해 축구 감독 위르겐 클롭Jürgen Klopp의 비언어적 표현을 해석한 적이 있다.

나는 클롭이 축구 선수로 활동한 기간부터 마인츠 축구 팀 감독을 거쳐 FC 리버풀 팀과 함께 프리미어 리그에 발을 들일 때까지, 그의 일생을 순서대로 보여주는 사진을 수집했다. 연구실 바닥은 그의 사진으로 발 디딜 틈이 없었다. 나는 각각의 사진을 들여다보며 아주 미세한 표정까지 주의해서 관찰하고, 몇 시간에 걸쳐 영상을 보면서 클롭이 짓는 특유의 표정에 대해 공부했다.

신체 언어 분석 대상으로 클롭을 선정한 것은 (내가 관찰한 바에 의하면) 그는 느끼는 것 그대로를 비언어적으로 전부 다 표출하는 사람으로 보였기 때문이다. 클롭의 얼굴에는 감정이 항상 명확하게 드러난다. 슬픔, 감동, 사그라진 기쁨 혹은 끓어오르는 분노 등 인간이 가진 감정이 모두 들어 있다. 따라서 클롭은 신체 언어에 있어서는 더할 나위 없이 훌륭한 '표본'이었다. 이 같은 감정적 표현의 유연성은 그가 가진 사람들을 끌어당기는 힘과 카리스마에 중요한 역할을 한다. 클롭의 감정적 솔직함은 자신이 무슨 생각을 하고, 어떻게 느끼는지를 한 번쯤은 완전히 털어놓고 싶어 하는 사람의 욕구를 구현한다.

클롭의 예를 통해 여러분도 자신의 신체 언어에 대한 통찰력을 얻을 수 있다. 여러 연구를 통해 클롭처럼 비언어적으로나 감정적으로 표현이 강하고 신체 언어로도 이를 드러내는 사람이 팀을 더욱 효과적이고 영감을 주는 방식으로 이끈다는 사실을 알 수 있다. 동료들은 이런 사람을 높은 성과를 내는 사람으로 평가하고 업무를 하는 데 동기부여가 되며, 더 많은 에너지를 쏟아붓게 된다고 생각한다.

자신의 감정을 유연하게 표현할 줄 아는 능력은 직장에서의 성공 외에도 더욱 행복한 관계, 더 큰 만족감 그리고 더 높은 자긍심 같은 개인적인 행복에도 긍정적인 영향을 미친다. 비언어적이고 감정적인 표현의 유연성은 신체 언어의 효과를 외적으로만 아니라 내면으로도 발휘해 육체적 건강과 정신적 유연성을 높인다. 또한 스트레스나 삶을 힘들게 하는 일에 대항하는 힘을 주며,

감정 표현의 유연성을 훈련하는 방법

감정 표현의 유연성을 위르겐 클롭처럼 자연스럽게 연습할 수 있는 효과적인 방법은 신체 언어 표정 공명을 맞춰보는 것이다. 우선 같이 연습할 상대를 구한다. 무서움, 슬픔, 부끄러움, 죄책감, 기쁨, 관심, 사랑, 분노, 멸시, 혐오감, 자부심 혹은 놀람과 같은 12가지 기본 감정 중에서 3개를 선택한다. 상대방과 번갈아 가면서 각각 12가지 가운데 선택한 감정을 표정과 신체 언어를 통해 묘사하고 상대방이 어떤 감정을 표현했는지 알아맞히면 된다.

심지어 지진이나 전쟁 혹은 테러 공격과 같은 트라우마를 일으키는 사건의 '완충 쿠션' 역할을 한다.

기본 감정은 문화를 초월하여 동일한 표정과 신체 언어로 드러나고, 표현은 학습하는 것이 아니라 선천적인 것이며, 전 세계적으로 모든 사람에게 해당하는 보편적 신호다. 그래서 슬프면 누구나 눈썹의 안쪽을 높이 올리고, 화가 치밀어 오를 때면 눈으로 노려본다. 위르겐 클롭도 마찬가지다. 클롭도 모든 사람이 하는 것처럼 감정을 똑같은 방식으로 표현한다. 단지 굉장히 솔직하게 드러낼 뿐이다. 보편적 신호가 없으면 신체 언어와 표정을 분석할 수 없을 것이다. 우리가 어떤 사람이 스트레스를 받는지 알아차릴 수 있는 것은 숨이 가빠지고, 눈을 빠르게 깜박이고, 단어를 자주 반복해서 말하고, 불안해하며 손톱을 뜯는 것과 같은 보편적인 스트레스 신호가 있기 때문이다.

그러나 보편적 신호 외에도 사람마다 고유한 신호도 존재한다. 고유한 신호에 대해 알면 상대방의 감정을 훨씬 더 넓고 깊게 인지할 수 있다. 내가 관찰한 바에 의하면, 위르겐 클롭은 기자의 질문이 마음에 들지 않으면 턱을 앞으로 빼고, 입술을 오므려 앞으로 빼고, 혀로 입술의 안쪽을 누르는 특유의 신호를 보낸다. 이것은 내가 '기자의 시선'이라고 이름 붙인 클롭 고유의 항의 신호다.

이제 여러분은 책에서 함께 알아본 일곱 가지 보편적인 반대 의견 신호를 비롯하여 위르겐 클롭이 지닌 고유한 '기자의 시선'

이라는 신호까지 알게 되어 그의 신체 언어를 더욱 잘 해석할 수 있게 되었다. TV 스포츠 프로그램의 진행자 요헨 브라이어가 클 롭의 고유 신호를 인지하고 있었다면 클롭이 방송 중에 마이크를 내던지며 "이제 끝난 건가요?"라고 화를 내고 스튜디오를 떠나는 것을 막을 수 있었을 것이다.

'메르켈의 마름모'는 독일 메르켈 전 총리의 트레이드마크로 그녀 고유의 손동작이다. 그렇다면 메르켈의 손동작은 특유의 신 호일까, 아니면 단순한 기준선일까? 질문에 대한 답을 찾기 위해 잠시 과거로 여행을 떠나보자. 1991년에 진행된 앙겔라 메르켈의 인터뷰 영상 중 하나를 보면 훈련되지 않은 관찰자라도 발견할 수 있는 사실이 있다. 그때의 메르켈은 대중매체 앞에 서본 경험 이 적었다는 점이다. 1991년의 메르켈은 손에 사무용 클립을 쥐 고는 무의식적으로 만지작거리며 구부리곤 했다. 사물을 만지는 제스처는 스트레스를 받고 있다는 것을 알리는 전형적인 신호다.

총리가 된 후의 영상 속에서 메르 켈은 말할 때 항상 눈이 아래를 향 하고, 시선을 자꾸만 이리저리 바 꾸고, 어깨는 약간 위로 들려 있었 다. 매우 긴장한 상태를 나타내는 신체 언어다. 손을 어디에 두어야 할지 모르는 듯한 신체 언어와 상 황은 메르켈의 마름모를 해석하는

데 결정적인 힌트를 준다.

메르켈의 손동작에 어떤 의미가 있는지를 두고 언론과 소셜 미디어 등에서 숱한 의혹이 떠돌았다. 내면의 평온함을 뜻한다는 것부터 프리메이슨 단원의 상징이라는 해석까지 있었고, 심지어 메르켈의 손동작을 '권력의 마름모'라고까지 부르는 사람들도 있었다. 메르켈은 2013년에 한 인터뷰에서 자신의 손동작에 담긴 비밀을 스스로 밝혔다. "손을 어디에 두어야 하나라는 고민을 항상 했는데, 거기서 이런 동작이 나온 것 같습니다."

메르켈의 마름모는 스트레스를 통제하고 스스로에게 안정감을 주는 것으로, 자신을 어루만지는 전형적인 제스처라고 할 수 있다. 이런 손동작은 대칭을 이루는 균형 잡힌 자세를 통해 밖으로는 편안함과 안정감을 보이기 때문에 클립을 만지작거리는 것보다 더 좋은 대안이다. 메르켈의 마름모는 처음에는 메르켈 고유의 스트레스 신호였지만, 반복되면서 메르켈의 비언어적 기준선으로 발전했다. 이제 메르켈의 마름모는 기준선으로 메르켈의 전형적 태도라고 볼 수 있으며 더 이상은 고유의 스트레스 신호를 뜻하지 않는다. 즉, "메르켈이 손을 마름모꼴로 만들었어. 아하, 스트레스를 받고 있구나!"라고 더 이상 말할 수 없는 것이다. 상대방의 신체 언어를 진지하게 해석하고자 할 때 알아두어야 할 작지만, 매우 중요한 차이다.

생각을 들여다보는 창문: 제스처

기업가와 정치인들의
신체 언어 분석하기

회계감사원은 전자결제 금융 기업인 와이어카드의 임원과 경영진들이 주가조작과 분식회계 등 각종 '속임수'를 저질렀다고 고발했다. 2020년 6월 18일, 늦은 저녁에 핸드폰으로 뉴스를 읽다가 잠이 확 달아났다. 내가 와이어카드 주식을 보유하고 있어서가 아니라, 6개월 전에 와이어카드 대표 마르쿠스 브라운의 크리스마스 연설을 분석해달라는 의뢰를 받은 적이 있기 때문이다. 19억 유로에 달하는 결제 서비스 제공업체가 감사에 필요한 증거자료를 충분히 제시하지 못한다는 비난으로 떠들썩했다. 사상 초유의 금융 사기 스캔들이었다. 수많은 분석 의뢰 중 하나였던 것이 갑자기 예상하지 못한 차원으로 발전해 완전히 새로운 의미로 다가왔다.

2020년 1월, 평소와 다름없이 이메일을 통해 들어온 의뢰였다. 솔직히 말해 그렇게 작은 의뢰에는 많은 시간을 낼 수 없는 상황이었다. 그런데 지금까지도 이유는 잘 모르겠지만 내면의 목소리가 나에게 말했다. '잘 들여다봐. 흥미진진할 것 같은데!' 브라운의 크리스마스 연설은 2분 25초밖에 안 되는 아주 짧은 영상이었다. 나는 당시 와이어카드나 마르쿠스 브라운에 대해 아는 바가 전혀 없었다. 그래서 우선 브라운의 비언어적 기준선을 살펴보기 위해 유튜브를 통해 그의 다른 인터뷰 몇 편을 찾아보았다.

나중에 밝혀진 것이지만 신체 언어 분석을 의뢰한 곳은 민영은행이었는데, 이들이 처음부터 끝까지 관심을 둔 부분은 마르쿠스 브라운이 와이어카드의 전망에 관해 진실을 말하고 있는지였다. 따라서 나는 진실과 거짓의 차이를 만드는 신호에 집중했다. '그런 신호가 있다니. 나도 알고 싶은데!'라고 생각하는 사람도 있을 것이다. 실제로 거짓을 구별하는 방법을 둘러싼 많은 가설들이 존재하고 있다. 우선은 좀 더 깊숙이 그 실체를 들여다보고 안개를 걷어내보자.

'거짓이란 무엇인가?'라는 근본적인 질문과 함께 진실과 속임수의 세계로 여행을 시작하자. 이 질문이 중요한 이유는 거짓이 무엇인지 정확히 알아야만 일상에서 누군가 거짓말을 하려고 할 때 알아차릴 수 있을지 없을지를 판단할 수 있기 때문이다. 이를 위해 간단한 퀴즈를 준비했다. 다음과 같은 상황이 거짓인지 아닌지 판단해보자.

a. 친구와 포커 게임을 할 때 좋은 패를 가지고 있는 척한다.
b. 아이와 함께 아이스크림을 먹으러 가기로 했는데 회사에서 중요한 미팅이 잡힌다.
c. "개밥 챙겨줬어?"라고 배우자가 당신에게 묻는다. 일단 "응"이라고 대답해놓고 '나중에 얼른 줘야지!'라고 생각한다.

내가 생각하기에 거짓말이란 스스로 진실이 아니라고 생각하는 것을 상대방에게 알려주지 않은 채 믿음을 심어주려고 의도적으로 노력하는 일이다. 이 점을 염두에 두고 세 문장을 다시 한번 읽은 다음 처음에 생각했던 것이 맞는지 생각해본다.

a문장의 예에서는 다른 사람을 속이려는 시도가 있긴 하지만 포커를 칠 때는 허세를 부리는 것이 게임의 기본이라는 것을 누구나 알고 있다. 따라서 여기서는 거짓의 정의가 충족되지 않는다. b문장의 예에서 아이와 아이스크림을 먹기로 한 약속을 취소해야만 하는 일은 미안한 마음이 들고 더 나아가 죄책감으로까지 이어질 수 있다. 그렇지만 이것은 거짓말이 아니라, 약속을 깨는 것이다. 약속을 한 순간에는 계획한 일이 물거품이 되리라는 것을 몰랐기 때문이다. c문장의 예에 나오는 사람은 개밥을 주지 않

은 것을 스스로 알면서도 이미 주었다고 배우자에게 의도적으로 말을 꾸며 믿게 했다. 게다가 "이봐, 자기야, 내가 지금 자기를 속이고 있어!"라고 알려주지도 않았다. 이 상황은 내가 생각한 거짓의 정의를 충족하며 (예에서는 상대방에게 피해를 입히지는 않았지만) 속임수라는 것을 감지할 수 있는 굉장히 다양한 신호를 발견할 수 있을 것이다.

싸움을 피하기 위해 하는 작은 속임수부터 깜짝 생일파티를 성공시키기 위해 하는 거짓말까지, 거짓말은 우리의 일상생활에서 흔히 일어나는 일이다. 심지어 새로운 사람을 알게 되어 대화를 나눌 때도 10분에 두 번씩 거짓말을 한다고 한다. 직장에서 자신이 얼마나 훌륭한 직원인지 거짓말을 늘어놓는 사람도 있고, 상대방이 입고 온 양복을 별로라고 생각하면서도 예의상 정장이 잘 어울린다고 칭찬을 하기도 한다. 거짓말을 하는 이유는 기본적으로 두 가지로 나누어 설명할 수 있다. 첫째, 다른 사람에게 긍정적인 인상을 줌으로써 자신에게 좋은 영향이 돌아오게 하기 위해서다. 파티에서 자신이 운동을 잘하고 직장에서 큰 성공을 거두고 있다고 부풀려서 이야기하는 사람들은 이런 거짓말로 얻을 이득을 기대한다. 둘째, 불편한 상황을 모면하기 위해서 그리고 자신이나 다른 사람을 보호하려는 목적에서 거짓말을 한다. 예를 들어, 레스토랑에서 갑자기 방귀가 나왔을 때 데리고 간 개를 나무라는 것처럼 말이다.

개 이야기가 나와서 말인데, 거짓말은 호모 사피엔스만의 특권이 아니다. 동물도 거짓말을 한다. 심지어 동물이 하는 거짓말은 뻔뻔하기까지 하다. 아프리카의 녹색 원숭이는 다른 원숭이를 쫓아내고 자신이 바나나를 차지하기 위해 어디에도 사자 따위는 보이지 않는데 "조심해, 사자다!"라는 의미를 담은 소리를 낸다. 동물 연구에서는 이런 유형의 거짓말을 전략적 속임수라고 부른다. 고릴라와 침팬지 같은 영장류가 이렇게 거짓말을 하는 것을 많이 관찰할 수 있다.

하지만 와이어카드 스캔들의 경우처럼 거짓말을 한 자신도 그 속에서 헤맬 만큼 심한 거짓말을 하는 동물은 사람이 유일하다. 만약 브라운의 신체 언어를 좀 더 일찍, 정확하게 들여다보았다면 이 거대한 금융 사기 스캔들을 막을 수 있었을까? 적어도 좀 더 일찍 사기 행각을 발견할 수 있지 않았을까? 내가 분석한 바에 따르면, 마르쿠스 브라운이 유튜브에 올린 크리스마스 인사 영상에서 그의 신체 언어와 말은 전혀 일치하지 않았다. 노련한 관찰자의 눈에는 "이봐, 뭔가 이상해!"라며 큰 소리를 지르는 것처럼 보일 정도였다. 그렇다면 브라운의 신체 언어가 어땠는지 자세히 관찰해보자.

브라운은 영상의 앞부분에서 와이어카드에 대한 추가 감사를 의뢰했다고 설명했다. 그는 와이어카드의 과거와 현재에 대해서도 이야기했는데 이 부분에서는 그의 신체 언어가 진실을 말하고 있다는 확신이 섰다. 나는 브라운의 다른 인터뷰 자료를 분석하여 그의 기준선을 세웠고, 구체적으로 진실에 대한 개인적인 기준선을 중심으로 분석했다. 평소의 전체적인 신체 언어뿐만 아니라, 크리스마스 인사말 같은 특정한 상황에서의 진실에 대한 기준선까지 파악한다면 그의 말이 진실인지 아닌지를 가릴 수 있는 가능성이 매우 높아진다.

영상의 후반부에서 브라운은 와이어카드의 미래에 대해 설명했다. 그가 진실을 말하고 있는지 집중적으로 분석해야 할 부분이었다. "저는 이런 전략을 바탕으로 2020년이 모든 면에서 매우 성공적인 해가 될 것이라고 확신합니다." 주제가 바뀌면서 브라운의 신체 언어도 변한 것을 관찰할 수 있었다. 영상의 앞부분에서 말할 때는 제스처에 움직임이 많고 활기찬 반면에 영상의 후반에서는 제스처가 줄어들어 마치 팔이 옆구리에 찰싹 붙어버린 것 같은 인상을 주었다.

동반 제스처가 확연히 감소하는 것은 브라운의 집중력이 그 순간 증가했다는 것을 의미한다. 나는 이상하다는 생각이 들었다. 브라운은 왜 미래에 대해 이야기할 때 더 집중해야 했을까? 대부분의 경우 무엇인가 숨기고 있을 가능성이 크다. 진실을 말하는 것보다 거짓말을 할 때 정신적으로 더 힘이 들고 집중력이 요구된다. 게다가 그의 제스처는 그가 말하는 것과 일치하지 않았다. 미래에 대해 크게 열광할수록 제스처와 표정에는 활기가 넘치기 마련이다. 하지만 마르쿠스 브라운의 얼굴과 몸짓에서는 활기를 인식할 수 없었다.

그렇다고 섣불리 결론을 내려선 안 된다. '피노키오의 코'처럼 누구나 알아차릴 수 있는 거짓말 신호는 존재하지 않는다. 지금까지 어떤 연구도 거짓말이라고 확신할 수 있는 신호를 찾아내지는 못했다. 그러므로 '하나의 신호를 보지 말고, 항상 신호의 덩어리를 주의해서 본다'라는 표정 공명의 핵심적 기본 원칙을 기억해보는 것이 좋겠다. 거짓과 진실을 실수 없이 정확하게 구분할 수 있으려면 여러 개의 거짓말 신호가 보이는 순간을 찾아야 한다. 내 경험에 의하면 세 개 이상의 신호가 적어도 두 개의 관찰 채널로 나뉘어 하나의 매우 신뢰할 수 있는 신체 언어를 만들어낸다. 가장 좋은 방법은 대화를 나눌 때 이런 여러 개의 신호가 나타나는 지점에 관심을 보이면서 질문을 하거나 공감을 표현하면서 계속해서 파고드는 것이 중요하다.

이렇게 신호가 나타나는 순간을 '스폿SPOT'이라고 이름 붙였는데 스폿은 '이야기의 주요 지점Significant Point Of Telling'을 의미하는 것으로 이야기를 전달하는 사람이 무엇인가를 숨기고, 어떤 생각을 말하지 않거나 경우에 따라서는 거짓말을 하고 있을 가능성을 알아차릴 수 있는 지점을 의미한다. 이것은 반드시 거짓말을 하고 있다고 단정하는 것이 아니라, 단순히 무엇인가를 말하지 않는 것을 의미할 수도 있다(예를 들어, 걱정거리나 내면에서 반대 의견이 있을 경우). 스폿은 비언어적 신호로서 신체 언어적 정상 태도와 구분되고, 상황 혹은 단어의 내용을 통해 설명될 수 없는 특징을 갖고 있다.

제스처의 기본 원칙

제스처는 네 가지 범주로 나눌 수 있다.

1. 동반 제스처: 이런 제스처는 우리가 말하는 것을 강조한다. 리듬 제스처와 손가락으로 가리키는 제스처도 여기에 속하는데, 이런 제스처의 증가는 주제와 상황 혹은 상대방과의 관계에 감정적으로 더 깊이 참여하는 것을 뜻한다. 반대로 제스처의 감소는 무관심, 지루함을 의미하기도 하지만, 정신적으로 집중력이 높아진 것으로도 해석할 수 있다.

2. 의미 제스처: 마치 말로 의사소통하는 것처럼 특정한 의미를 나타내는 엠블렘을 통해 동작만으로도 의사를 분명하게 전달할 수 있다. 예를 들어, 엄지손가락을 높이 드는 일이나 어깨를 으쓱하며 올리는 동작 혹은 고개를 끄덕이거나 젓는 것 등이다. 의미 제스처는 동반 제스처처럼 문화에 따라 다양하게 존재한다.

3. 안정 제스처: 우리는 마음을 진정시키기 위해 자신의 몸이나 사물 혹은 다른 사람을 만진다. 스트레스 수치가 증가할수록 신체 접촉의 제스처도 증가한다. 동물들도 사람처럼 안정 제스처를 취한다. 개나 고양이는 사회적 애착을 강화하고 안정을 취하기 위해 자신의 몸이나 다른 동물을 핥는 행동을 보인다.

4. 감정 제스처: 감정 제스처에서는 중력과의 관계가 중요한 역할을

한다. 우리는 승리를 만끽할 때는 팔을 위로 뻗고, 슬플 때는 머리를 푹 숙이며, 화가 날 때는 주먹으로 책상을 꽝 내려친다. 이런 제스처는 대부분의 문화권에서 동일한 감정 상태를 나타내고, 이런 감정이 진짜라면 여기에 맞는 표정이 동반된다.

눈 깜박이는 횟수가 말해주는 것
혹은 선거에서의 몰락을 예견할 수 있는 방법

마르쿠스 브라운에게서 제스처 외의 다른 스폿을 찾으려고 영상을 처음으로 돌려 세 번이나 반복해서 봤다. 나는 영상을 새로 볼 때마다 매번 다른 비언어적 관찰 채널에 주목했는데, 우선적으로 눈을 깜박이는 것에 집중했다. 대부분의 사람이 의식하지 못하는 신호다. 다른 사람을 관찰해봐도 그렇고, 자신이 눈을 깜빡일 때도 마찬가지다. 사람들은 대화하면서 평균 1분에 22회 정도, 즉 3초마다 한 번씩 눈을 깜박인다. 스트레스를 받는 상황에서는 눈 깜박이는 횟수가 마치 고속도로를 질주하는 자동차가 속도를 높일 때 엔진의 회전 수가 올라가는 것처럼 저절로 증가한다.

코칭 시간에 의뢰인의 눈을 깜박이는 횟수는 나에게 중요한 지수가 되곤 한다. 이를 통해 의뢰인이 언제 문제의 핵심에 다다르는지를 볼 수 있기 때문이다. 나에게는 그때가 이상적인 문제

충족되지 않은 욕구를 암시하는 스트레스

자리에서 일어나 다리 한쪽을 들고 잠시 눈을 감아보자. 무슨 일이 생길까? 몸이 이리저리 흔들리고 균형을 잃지 않기 위해 애쓰고 있을 것이다. 이런 과정에서 균형은 상태가 아니라, 과정이라는 점을 인식했을 것이다. 몸처럼 정신도 균형을 유지하려고 한다.

최근의 치유 연구에 따르면 감정적으로 균형을 찾기 위해서는 네 가지 신경생물학적 기본 욕구를 충족시키는 일이 중요하다. 이것은 우리가 책의 첫 번째 장에서 살펴본 실행력과 조화, 안정성과 유연성이라는 네 가지 인상 분야와 일치한다. 사람의 경험과 태도를 깊게 이해하려면 이 네 가지 욕구를 이해해야 한다. 하나 이상의 기본 욕구가 장기적으로 상처를 입거나 충족되지 못하면 정신적으로 건강하지 못한 상태가 된다. 따라서 변연계는 이런 네 가지 욕구의 균형을 유지하려 노력하는데, 바로 이를 위해 감정이 존재한다.

스트레스나 불편한 감정은 충족되지 않은 욕구를 나타낸다. 그럴 때 우리의 정신은 한쪽 다리로 서 있는 것처럼 위태롭게 흔들거린다. 그런데 이때 활성화된 감정은 이미 해결 에너지를 포함하고 있다. 분노는 우리가 내면의 게으름을 이기고 조깅을 할 수 있게 한다. 시험에 대한 두려움은 시험공부를 할 수 있게 동기를 부여하여 우리가 다시 내적 안정을 취할 수 있도록 한다. 이렇게 되면 우리는 기쁨이나 자부심 같은 긍정적인 감정을 느낀다. 욕구가 충족되어 우리의 정신이 두 발로 단단히 바닥을 딛고 서 있는 상태가 되는 것이다. 자신이나 상대방이 스트레스나 불편한 감정을 느낀다고 생각하면 다음과 같은 질문을 해보자. 지금 이 순간 충족되지 않은 욕구는 무엇인가? 다시 균형을 찾기 위해서는 어떻게 해야 하는가?

해결 시점이다. 하지만 눈을 빠르게 깜박이는 것은 경고가 되기도 한다. 딸에게 코앞에 닥친 수학 시험 준비를 잘하고 있는지 혹은 동료에게 프로젝트가 어떻게 진행되고 있는지를 물었을 때, 사람들이 "잘 되고 있어"라고 대답하면서 눈을 빠르게 깜박이면 나는 이들이 말보다 소리 없는 몸짓을 더 믿을 것이다. 이런 순간을 잘 포착해서 "약간 스트레스를 받고 있는 것 같은데"라는 식으로 공감을 표하면 상대방이 솔직한 마음을 고백할 기회를 쉽게 얻을 수 있다.

그런데 눈을 깜박이는 횟수가 빠르게 증가하는 것은 급성 스트레스에 대한 신호가 아니라, 스트레스에 민감해진 상태를 의미하기도 한다. 눈을 깜박이는 횟수가 평소보다 눈에 띄게 많아졌다면 특정 상황과는 관계없이 전반적으로 스트레스를 많이 받고 있다고 생각할 수 있다. 이를 구별하기 위해서는 서로 연관성이 없는 다양한 상황에서 눈을 깜박이는 횟수를 주의해서 관찰해보

자. 이를 통해 미래를 꿰뚫어보는 통찰력을 얻을 수 있다.

내가 2017년 독일 국회의원 선거에 출마한 마르틴 슐츠의 눈을 깜박이는 횟수와 제스처를 분석하여 다른 모든 예측과는 다르게 그가 실패할 것을 예측할 수 있던 것처럼 말이다. 2017년 1월 29일, 슐츠가 사회민주당의 총리 후보 연설을 했을 때는 긴장하지 않고 편안한 모습을 보여주었다. 손동작을 많이 하면서 1분에 평균 15회 정도로 눈을 깜박였다. 결과적으로 '믿음직스럽고', '결단력 있는' 이미지를 풍겼다. 여론조사 결과, 사회민주당의 지지율은 로켓처럼 고공 행진했다.

그런데 3월에 슐츠가 만장일치로 당의 새로운 수뇌부로 선출되는 과정에서 슐츠의 신체 언어 신호에 문제가 생기기 시작했다. 토크쇼와 대중 앞에 설 때마다 눈을 깜박이는 횟수가 점점 더 늘어가는 모습이 눈에 띄었다. 제스처는 점점 줄어드는 반면에 눈을 깜박이는 횟수는 계속해서 증가했다. 이것은 확실한 스트레스를 의미한다. 마음이 편하지 않거나 더 나아가 자신을 의심하는 사람은 제스처를 적게 한다. 내면의 목소리가 "이봐, 너무 많이 움직여선 안 돼. 그러면 너무 눈에 띈다고!"라고 끊임없이 말을 건다. 나는 슐츠가 감정적으로 잘 대처하지 못하면 문제가 될 수 있다는 생각이 들었다. 높이 날아오르면 다시 아래로 내려오기 마련이다! 정확히 슐츠가 그랬다. 사회민주당은 선거에서 20.5퍼센트의 표만 얻어 최악의 결과를 기록했다.

내가 신체 언어를 관찰하여 결론을 예측한 반면에 마르쿠스 펠덴키르헨 기자는 몇 달에 걸쳐 총리 후보자인 슐츠의 선거 운동을 따라다니면서 지척에서 그를 관찰했다. 그는 중요한 미팅에 동행했고 선거 캠페인을 따라다녔으며 카메라가 꺼진 순간에도 함께 있었다. 훗날 펠덴키르헨이 작성한 기사 내용은 내가 관찰한 것이 정확했다는 것을 입증해주었다. 그를 향한 지지율이 늘어나듯이 슐츠가 눈을 깜박이는 횟수가 증가했을 때 슐츠는 최측근에게 자신이 육체적으로도 심리적으로도 완전히 바닥에 있다고 말했다고 한다. 고된 선거전에 점점 지쳐가고 있었던 것이다. 펠덴키르헨은 기사에서 슐츠가 "나도 어쩌면 잘못된 후보자일지도 몰라"라고 말했다고 밝혔다.

많은 사람들이 거짓말을 할 때 눈을 더 빨리 깜박인다고 믿는다. 그런데 사실은 그 반대다. 우리는 진실을 말할 때 눈을 더 빨리 깜빡인다. 다른 사람이 자신을 믿어주기를 초조하게 바라기 때문이다. 거짓말을 할 때는 정신적으로는 힘들지만, 상대적으로 눈을 깜박이는 횟수는 줄어든다. 거짓말을 하고 난 뒤에 바로 몇 번 빨리 눈을 깜박이는 것으로 마음의 짐을 보상받기 위해서다. 최근에 나온 연구에 의하면 눈 깜박이는 속도 패턴은 잠재적 스폿이다. 마르쿠스 브라운이 "저는 이런 전략을 바탕으로 2020년이 모든 면에서 매우 성공적인 해가 될 것이라고 확신합니다"라고 말했을 때 정확히 이 스폿을 보여주었다고 생각한다. 풀로 붙인 것처럼 팔이 고정된 것 외에도 눈을 깜박이는 횟수가 감소했고, 말하는 속도도 줄어들어 모든 신호가 그가 거짓말을 하고 있다는 것을 암시했다. 이것으로 나는 세 개의 채널(제스처, 표정 그리고 목소리)로 구분되는 세 개의 스폿을 찾았다. '핫스폿'이라고 할 수 있을 정도로 신호가 몰려 있는 순간이었다. 그런데 브라운의 신체 언어는 그것 외에도 심리적으로 힘들어하고 있다는 정보를 계속해서 보내고 있었다.

제스처가 말을 한다면
혹은 어깨를 으쓱한 트럼프의 신체 언어

마르쿠스 브라운은 "2020년은 멋진 해가 될 것입니다!"라고 말을 하면서 왼쪽 어깨를 으쓱했다. 이런 무의식적인 의미 제스처는 대략 '내가 말했지만 나조차도 스스로를 못 믿겠어!'라는 의미이며, 전문적으로는 제스처의 이탈이라고 한다. 브라운은 한쪽 어깨를 썼지만 일반적으로는 양쪽 어깨를 으쓱하는데, 이 동작은 '난 몰라' 혹은 상황에 따라 '확신이 서지 않아'라는 메시지를 전달한다. 프로젝트를 마감일에 맞추어 끝낼 수 있는지를 묻는 상사의 질문에 확신이 서지 않는 경우, 입은 '네, 할 수 있습니다'라고 말하지만, 신체 언어는 말과 상반되게 어깨를 으쓱하거나 미세하게 고개를 젓는다. 이처럼 의미 제스처는 무의식이 보내는 모스 부호라고 할 수 있으며, 사고 세계를 향한 창문이라고 할 수도 있다.

의미 제스처는 뇌와 관련이 있는데, 머리와 어깨를 제어하는 근육은 표정처럼 변연계에서 통제되기 때문이다. 그래서 목덜미 근육은 스트레스에 즉시 반응을 보인다. 목덜미가 뻣뻣해졌다는 말을 들어본 적이 많이 있을 것이다. 반대로 스트레스 때문에 허벅지가 굳어졌다는 말은 거의 들은 적이 없다. 따라서 상대방의 말이 거짓말인지를 파악하려면 어깨의 미세한 움직임도 중요하지만, 고개를 살짝 젓거나 끄덕이는 움직임을 주시하는 것도 효과적일 것이다. 또한 변연계에서 제어하는 표정도 주의해서 살펴봐야 할 부분이다. 한 연구에 따르면 미세표정만으로도 거짓말을 인식할 확률은 78퍼센트에 이른다고 한다.

가짜 뉴스의 대가 도널드 트럼프 미국 전 대통령을 빼놓고 거짓말에 대한 이야기를 할 수는 없다. 나는 새벽 4시에 일어나 연구 팀장인 루벤과 함께 트럼프와 바이든의 대통령 후보자 TV 토론 생방송을 보고 그들의 신체 언어를 분석했다. 세 시간 후에는 TV에 출연해 분석한 내용을 발표해야 했다. TV 토론에서 트럼프가 장황하게 자화자찬을 늘어놓았다. "플로리다, 텍사스, 오하이오 그리고 포틀랜드가 저를 지지하고 있습니다. 포틀랜드의 보안관이 오늘 드디어 '나는 트럼프 대통령을 지지합니다'라고 밝혔습니다"라며 누가 자신을 옹호하는지 전부 열거했다. 그러면서 어깨 한쪽을 으쓱거렸다. 루벤과 나를 힘들게 하던 졸음이 갑자기 싹 달아났다. 그때부터 나는 제스처의 이탈이나 미세표정을 놓치지 않으려고 두 후보자의 격렬한 논쟁을 계속해서 주시했고, 루벤은 인터넷에서 포틀랜드의 보안관이 한 말을 찾아다녔다.

손이 말을 한다면

쿠엔틴 타란티노의 영화 〈바스터즈: 거친 녀석들〉에는 의미 제스처를 통해 속임수를 발견하는 방법이 매우 뛰어나게 묘사됐다. 영화는 1940년대 초 제2차 세계대전 당시 나치에 점령된 프랑스를 배경으로 펼쳐진다. 미군 장교 알도 레인은 아돌프 히틀러 암살을 도모하기 위해 연합군 편에서 첩자로 활동하는 독일 여배우 브리짓 폰 하머스마르크와 접선한다.

　문제의 장면에서 나치 장교 복장을 한 레인의 부대원 몇 명은 술에 취해 파티를 벌이는 독일군으로 가득한 바에서 브리짓과 만난다. 그런데 독일 장병 한 명이 이들이 앉은 테이블로 와서 레인의 부대원인 아치 히콕스에게 어느 지방 억양인지를 묻자 긴장이 흐른다. 히콕스는 분위기를 바꾸기 위해 위스키 석 잔을 주문하면서 손가락으로 3을 만들어 들어올렸다. 자 여러분도 한번 손가락으로 3을 만들어보자. 어떤 손가락으로 3을 만들었는가? 독일에서는 보통 엄지, 검지, 중지를 사용한다. 하지만 히콕스는 영국인이 일반적으로 하는 것처럼, 검지, 중지 그리고 약지를 사용했다. 독일군은 히콕스가 신분을 속인 것을 눈치채고, 총을 뽑아 겨눈다.

루벤이 큰 소리로 "아하! 내가 뭘 찾았는지 한 번 보라고!"라고 외쳤다. 4시 7분에 마이크 리스라는 포틀랜드의 보안관이 트위터에 다음과 같은 내용을 올렸다. "오늘 밤 대통령 후보자 토론에서 트럼프 대통령이 '포틀랜드 보안관'이 자신을 지지한다고 말했습니다. 멀트노마 카운티의 보안관으로서 저는 도널드 트럼프를 지지한 적이 한 번도 없으며, 앞으로도 지지하는 일은 절대 없을 것입니다." 루벤과 나는 트럼프가 거짓말하는 현장을 확인한 셈이다. 스폿은 어깨 한쪽을 으쓱한 동작 하나뿐이었지만 그가 그 동작을 하면서 거짓말을 했다는 것을 확신하기에는 충분했다. 말없는 언어가 흔적을 남기고, 우리가 그 흔적을 쫓아 결국 진실을 찾아내는 순간들. 이런 것이 내가 나의 직업에서 너무나 사랑하는 부분이다.

몇 년 전에 아내와 나는 두 딸과 함께 레스토랑에서 외식을 했다. 오븐에서 금방 꺼낸 듯 따끈따끈한 빵 한 조각이 버터와 올리브 오일과 함께 테이블에 차려졌다. 당시 세 살이던 막내딸 에밀리는 빵을 반쪽만 먹고 남겼다. 운동을 마치고 곧장 레스토랑으로 달려와서 몹시 배가 고팠던 나는 에밀리가 남긴 빵 반쪽을 물끄러미 바라보았다. "날 먹어요"라고 빵이 나에게 말하는 소리가 들리는 것 같았다. 딸에게 "이 빵 아빠가 먹어도 돼?"라고 묻자, 에밀리는 "응, 아빠 먹어"라고 대답하면서 입이 양쪽 귀에 닿을 만큼 크게 웃었다. 그런데 그때 에밀리가 매우 미세하게 머리를 저었다. 그 순간 나는 '아이쿠! 스폿이다'라고 생각했다. 그래서 딸에게 한 번 더 물었다. "정말 아빠가 먹어도 될까?" 그제야 딸은 아련한 눈빛으로 나를 바라보면서 빵을 더 주문할 수 있는지 물었다.

이처럼 일상에서 벌어지는 매우 작은 일에서도 신체 언어를 관찰하고 이해하는 것은 우리가 사랑하는 사람의 감정에 더욱더 가까이 다가갈 수 있게 한다. 신체 언어를 눈여겨보는 일은 다른 사람의 숨겨진 바람을 파악하고, 그들에게 공감 어린 말을 건네 진술하고 진정성이 담긴 만남이 이루어질 수 있는 순간을 만드는 데 도움을 준다.

미국의 심리학자 존 M. 가트맨John M. Gottman은 이런 순간을 '슬라이딩 도어 순간'이라고 부른다. 슬라이딩 도어 순간을 생산적으로 사용하면 행복한 관계를 형성할 수 있다. 아침에 집을 나서는 장면을 떠올려보자. 여러분이 "오늘 밤에 좀 늦어"라고 말을 하는 1초도 채 안 되는 짧은 순간에 부인의 눈썹 앞쪽이 살짝 올라간다. 이 미세표정은 슬픔이라는 감정의 대표적 신호로, 이 상황에서는 실망감을 나타낸다. 이것이 슬라이딩 도어 순간의 전형적인 예다. 상대방이 비언어적으로 자신의 바람을 표현하는 순간, 여러분은 열린 문을 닫아버리거나 아니면 "당신, 실망했어?"라고 공명 표현을 함으로써 열린 문을 통과해 상대방에게 다가갈 수 있다. 이렇게 함으로써 상대방은 여러분이 자신을 봐준다는 느낌을 받는다. 저녁 약속을 미룰 수 있는지 없는지보다 상대방의 감정에 공감하는 태도가 슬라이딩 도어 순간에서는 중요한 것이다.

고개를 젓는 일이 '예'를 의미한다고?

거의 전 세계적으로 사용하는 '예'와 '아니오'를 뜻하는 신체 언어 코드는 머리 움직임으로 표현된다. 이를 '끄덕임-가로젓기-시스템'이라고 하자. 끄덕임은 '긍정'을 뜻하며, 가로젓기는 '부정'을 의미한다. 많은 문화권에서 적어도 그렇게 이해하고 사용한다. 하지만 예외인 문화권도 있다. 불가리아에서는 끄덕임-가로젓기-시스템이 완전히 반대로 적용된다. 불가리아 사람은 '부정'의 메시지를 전달할 때 고개를 끄덕이고, '긍정'의 메시지를 전달할 때 고개를 옆으로 젓는다. 어떻게 같은 유럽에서 일반적으로 통용되는 시스템에서 벗어나 다른 코드가 발전했는지는 여전히 학자들에게 커다란 수수께끼다. 인도와 파키스탄에서는 흔들기-젖히기-시스템을 사용한다. 즉, 긍정일 때는 한쪽 어깨에서 다른 쪽 어깨로 머리를 좌우로 '흔들고', 부정을 뜻할 때는 고개를 뒤로 젖힌다. '예'와 '아니오'를 표현할 때 사용되는 또 다른 코드로는 숙이기-젖히기-시스템이 있다. 그리스와 사이프러스 그리고 튀르키예에서 볼 수 있다. 긍정인 경우에는 머리를 앞으로 숙이고, 부정일 때는 뒤로 고개를 젖히는 식이다.

딸이 식당에서 보일락 말락 고개를 흔든 것처럼 미세표정과 제스처의 이탈을 통해 상대방의 내면을 들여다볼 수 있는 귀중한 통찰력을 얻을 수 있다. 그런데 제스처가 문화와 상황에 따라 다르게 해석될 수 있다는 점을 기억하자. 우리는 '아니오'라고 알고 있지만, 다른 사람은 '예'라고 받아들일 수 있다.

섣부른 판단은 금물
혹은 '똥 싸는 개'가 수수께끼의 답이 된 이유

'마르쿠스 브라운의 제스처와 눈 깜박이는 횟수가 점점 줄어들고 말하는 속도가 느려진다. 그리고 이제 한쪽 어깨만 으쓱한다. 와우, 세 개의 채널에서 네 가지 신호나 보이다니. 이것은 질대로 놓치고 지나칠 수 없는 핫스폿이야'라고 생각했다. 하지만 이처럼 스폿이 넘쳐나는 상황에서도 방심해서는 안 된다. 신체 언어를 분석할 때는 항상 주의하고, 모든 것을 열어놓고 인지해야 한다. 앞서 언급했지만 비언어적 신호는 왜 그런 상황이 벌어졌는지에 대해 아무런 설명도 하지 않기 때문이다.

다음 이야기는 바로 그 표정 공명의 기본 원칙 중 하나를 확인할 수 있는 예로, 매우 특이한 상황 때문에 기억 속에 확실히 남아 있었다. 하루는 방송국 스튜디오 입구에서 내가 나갈 차례를 기다리고 있었다. 아침 방송 프로그램에 출연해서 앙겔라 메르켈 총리와 마르틴 슐츠의 TV 토론을 분석하기로 되어 있었기 때문이다. 스튜디오에서는 다른 프로그램이 생방송으로 진행 중이었다. 그런데 프로그램에 출연한 전문가가 키우는 개를 스튜디오까지 데려왔고, 카메라에 보이지 않는 위치에서 잠을 자던 개가 갑자기 일어나서 기분 좋게 기지개를 켜더니 제자리에서 원을 그리며 빙빙 돌기 시작했다.

개를 키우는 사람이라면 그 다음에 무슨 일이 일어날지 금방 눈치챘을 것이다. 개가 볼일을 보기에 적당한 자세를 찾는 동안 곁눈질로 이 장면을 지켜보던 주인의 눈 깜박이는 속도가 혜성이 지구를 향해 다가올 때처럼 급격히 상승했고, 빠르고 미세하게 윗입술이 올라가는 메스꺼움의 신호가 이어서 나타났다. 이런 표정이 개를 방해할 리는 당연히 없었다. 개는 편안하게 시작한 용무를 끝마친 후, 다시 자리에 엎드려 누웠다. 집에서 TV를 보던 시청자는 화면에 비친 전문가의 얼굴에 스트레스 신호와 메스꺼운 표정이 나타난 것을 보았지만 이 신호가 무엇 때문인지 그 이유는 알지 못했을 것이다. 개가 보이지 않는 위치에 있었던 프로그램 진행자도 마찬가지였을 것이다.

신체 언어를 분석할 때는 어딘가 내가 볼 수 없는 곳에 그 신체 언어를 유발한 '똥을 싸는 개'가 있을 수 있다는 상황을 염두에 두어야 한다. 마르쿠스 브라운의 경우도 마찬가지다. 그래야만 크리스마스 인사말 안에 하나의 거짓말 외에 또 다른 잠재적 속임수가 존재하는지 알 수 있다. 어쨌든 와이어카드를 둘러싸고 큰 사건이 벌어지고 있었던 것은 확실했다. 브라운이 자신은 전혀 아무것도 몰랐다고 발뺌하더라도 그의 신체 언어는 입으로 말한 것과 일치하지 않았다. 이런 정도면 그의 영상을 보고 "조심해, 말 속에 뭔가 의심스러운 부분이 있어"라고 충분히 의심할 수 있다.

특히나 화상회의를 할 때 보이는 신체 언어를 올바르게 해석하고 싶다면 '똥을 싸는 개'의 존재가 있는지 고려해야 한다. 오프라인 세상에서는 어느 정도 주변 환경을 파악할 수 있지만(상대방이 인지하는 것과 거의 비슷하게 상황을 인식할 수 있지만) 화상회의에서는 불가능하다. 화면 속의 상대방이 왜 계속해서 스트레스 신호를 보내고 집중을 못 하는지 혼자 궁금해하는 동안 카메라에 비치지 않는 상대방 옆에서는 아이들이 뛰어다니며 정신없게 굴고 있을 수도 있다. 혹은 한참 비즈니스 미팅을 하는 중에 상대방의 모니터 화면에 새로운 이메일이 왔다는 알림 메시지가 계속 울리고 있을 수도 있다. 나는 화상회의에서 관찰한 것들을 바탕으로 공명 표현을 곁들여 피드백을 주는 습관을 들였다. 이렇게 하면 상대방이 상황을 오해하지 않고 화면을 통해서도 대화를 잘 이어나갈 수 있다.

물론 모든 상황에서 "이게 분노를 일으킨 원인이야!" 혹은 "그건 거짓말이야!"라고 명확하게 말할 수 있는 것은 아니다. 때로는 약간 뭔가 이상하다는 생각이 드는 정도일 때도 있다. 그럴 때는 트럼프와 포틀랜드 보안관의 사례처럼 조사를 하거나 연구를 통해 문제의 해답을 찾으려고 노력해야 한다. 분노나 근심 같은 감정적인 신호의 경우에는 대부분 공명 표현만으로도 충분히 해결 가능하다. 하지만 누군가 여러분을 속이려는 낌새가 보인다면 표정 공명의 마술 상자 안을 더 신중하게 들여다보아야 한다.

배우자가 며칠 전에 친한 친구와 함께 바에 가기로 약속했다고 말했지만 사실은 다른 곳에 다녀왔다고 가정해보자. 어떤 상황에서 배우자에게 바가 어땠는지 물어보는 것이 좋을까? 편안하게 소파에 앉아 있을 때가 좋을까, 아니면 배우자가 운전을 하는 중에 물어보는 것이 좋을까? 나는 운전 중에 물어볼 것을 추천한다. 다만 원치 않는 반응이 나올지도 모르니 우선 안전벨트는 단단히 매어 두자. 그런데 왜 소파에 편안하게 앉은 상태로 관찰하는 것보다 운전을 하고 있을 때 묻는 것이 좋을까?

최근 알려진 바에 의하면, 거짓을 꾸미는 것은 정신적으로 매우 고달픈 일이라고 한다. 그래서 진실을 말할 때보다 거짓말을 할 때 더욱 집중하는 듯한 인상을 준다. 어떤 다른 타당한 이유(예를 들어, 너무 오래전 일이거나 감정적으로 중요하지 않아 쉽게 기억을 떠올리기 어려운 경우)가 없다면, 이야기에 동반되는 제스처나 눈을 깜박이는 횟수가 줄거나 말하는 속도가 느려지는 것과 같은 신호는 잠재적인 스폿이다.

거짓을 밝히는 비결 중 하나는 상대방을 긴장시켜서 정신적으로 땀이 나게 만드는 것이다. 누군가를 속이고자 할 때는 정신적 정보 기억 장치가 거짓말이라는 행위 때문에 이미 풀가동하는 상태이므로 자동차를 운전하는 일처럼 또 다른 요청사항이 추가되면 잠재된 스폿을 더욱 명확하게 드러내 보인다. 운전할 때 거짓을 밝히는 것이 위험하다고 생각된다면 상대방이 전혀 예상하지 못한 질문을 던지는 방법도 있다. 기습 질문을 받는 것도 정신적으로 힘든 일이기 때문이다. 전문적인 심문을 할 때 거짓말쟁이가 예상하지 못하는 평범하지 않은 질문은 다음과 같다.

- 공간 관련 질문: "누가 바에서 어디에 앉아 있었나?", "옆 테이블에 누가 앉아 있었나?" 등을 묻는다.
- 과정 관련 질문: 의도 대신 어떻게 결과에 이르렀는지를 묻는다. "다른 데가 아니라, 그 바에 간 이유가 뭐야?", "어느 길로 갔어?" 등과 같은 질문을 던진다.
- 시점 관련 질문: 사건 발생 시점의 특정 조건에 내해 질문한다. "어떤 음악이 나왔어?", "날씨는 어땠어?"와 같은 질문을 던진다.

진실을 밝히기 위해 질문을 던지든 혹은 공명 표현을 사용하든, 기대감은 버려야 한다. 그런데 왜 그래야 할까? 소금통을 가지러 부엌에 갔는데 눈을 씻고 찾아봐도 안 보인 적이 있는가? 그런데 배우자가 와서는 곧바로 "당신 코앞에 있잖아!"라고 말한다. 소금통이 다른 곳에 있을 거라고 예상을 했기 때문에 바로 눈에 들어오지 않은 것이다. 이런 현상을 선택적 인지라고 부른다. 물론 반대의 경우도 마찬가지다. 임신 진단 테스트 키트에 나타난 빨간 줄무늬 두 개에 기뻐하며 주변을 돌아보면 갑자기 세상 사람의 절반이 임신한 것처럼 느껴지는 것처럼 말이다.

뇌를 들여다보면 이 같은 선택적 인지를 설명할 수 있다. 후두부에는 주요 시각 피질인 시각중추가 있다. 눈을 통해 들어온 시각적 정보가 시각중추에 모이고, 그 정보를 바탕으로 외부 세상을 정확히 모사한다. 그런데 놀라운 것은 주요 시각 피질이 정보의 90퍼센트 이상을 내부에서 얻고, 나머지 10퍼센트만 외부에서 받아들인다는 점이다. 이것은 인지가 외부 세계를 바라보는 카메라를 통해 얻은 정보를 그대로 반영하지 않을 수도 있다는 것을 의미한다. 뇌는 오히려 적극적으로 현실에 대한 주관적 내부 이미지를 만들어낸다. 마치 시나리오 작가처럼 사실을 기반으로 본인의 이야기를 덧붙여나가는 것이다. 그래서 우리는 세상을 있는 그대로가 아니라 우리의 상태나 상황에 따라 다르게 받아들인다. 그래서 주관적인 예상에 맞추어 비언어적 신호를 착각하고, 다른 신체 언어적 기호를 간과하는 일이 생기기도 한다. 결과적으로 자신이 기대하는 것만 보게 되며, 다시 그것을 바탕으로 자신의 기대를 입증하는 자기 구속적 순환을 초래한다.

그렇다면 기대와 인지, 또다시 기대라는 악순환에서 어떻게 벗어날 수 있을까? 물론 아무것도 기대하지 않으면 된다. 여러분이 20년 동안 명상 수행원에 가서 수행할 수 있다면 가장 좋을 것이다. 그러나 이런 선택지가 없는 다른 사람들을 위해 간단한 신체 언어 꿀팁을 소개하고자 한다. 바로 모든 것을 기대하는 것이다. 이것은 책의 두 번째 장에서 소개한 RAM 방법의 확장으로 '라벨 붙이는' 연습과 함께 아주 쉽게 훈련하고 기술을 연마할 수 있다. 가능하면 많은 사람을 만날 수 있는 야외나 카페 같은 공간에서 연습하는 것을 추천한다. 일주일 동안 하루에 10분 정도면 충분하다. 방법은 다음과 같다.

1. **선택과 관찰하기**: 한 사람을 선정해 일정 시간 그 사람의 행동과 신체 언어를 지켜본다.
2. **라벨 붙이기**: 행동과 신체 언어가 어떤 정체성에 적합할 것인가? 의식적으로 기대치를 설정하고 마음속으로 그 사람에게 '라벨'을 붙인다. 수녀, 독재자, 스파이, 외계인, 포주, 정신병원에서 도망친 환자와 같은 극단적 정체성 라벨을 고를수록 좋다.
3. **행동 관찰하기**: 대상으로 고른 사람의 행동을 관찰하고, 머릿속으로 행동을 반복해서 묘사한다. 선택한 라벨이 실제와 일치한다고 자신에게 암시한다. 그 사람의 신체 언어와 행동이 선택한 정체성 라벨을 입증할 때까지 계속해서 이 단계를 진행한다.
4. **라벨 제거하기**: 붙인 라벨을 머릿속에서 뗀다.
5. **라벨 교체하기**: 동일한 사람을 대상으로 2번부터 4번까지의 단계를(새로운 라벨 붙이기, 행동 관찰하기, 라벨 제거하기) 최소한 세

번 이상 반복해서 실행한다. 가능하면 극명하게 대비되는 정체성 라벨(목사 대 포주)을 붙여보고, 이를 통해 대상의 행동이 어떻게 보이는지 주의해서 관찰한다. 자신이 붙인 라벨(기대)에 따라 대상의 행동이 다르게 보이며, 기대에 따른 관찰은 임의적이라는 것을 깨닫는 시점까지 단계를 반복한다.

6. **사람을 인지하기**: 대상에게 더 이상 라벨을 붙이지 않고, 온전히 열린 자세로 감정과 희망, 욕구가 있는 인간으로서 대상을 인지한다. 존중하는 마음을 담아 그 사람을 인지하면서 '사우 보나(나는 너를 본다)'라고 마음속으로 말한다.

7. **스스로를 인지하기**: 이전에는 알아차리지 못했지만 이제는 인지하게 된 것이 무엇인지 생각해본다. 그리고 대상에게 기대하는 정체성 라벨이 아직 남아 있다면 다시 6번으로 돌아간다.

여러 사람을 대상으로 매일 10분씩 이 일곱 단계를 반복해보자. '라벨 붙이기'는 의식적으로 '나는 모든 것을 기대한다'라는 자세를 취하도록 한다. 이는 누군가에게 중요한 말을 하기 전에 혹은 어떤 협상을 앞두고 있을 때 놓치지 말아야 할 마음가짐이다. 기대와 인지가 활짝 열리는 것이 느껴질 때까지 스스로가 무엇을 기대하고 있는지 깨닫고 ('그 사람은 분명 거짓말을 할 거야' 혹은 '그녀는 화해할 마음이 없어'와 같이) 머릿속으로 몇 가지 '라벨'을 바꿔 붙여본다.

인상을 섣불리 판단해서는 안 되는 이유
혹은 생각을 입 밖으로 내뱉어서는 안 되는 이유

뭐든지 너무 섣불리 판단해서는 안 된다는 것은 크리스티안 린드너Christian Lindner가 독일자유민주당(이하 자민당) 대표로 선출된 2013년 12월 7일 저녁에 진행된 뉴스 인터뷰만 봐도 잘 알 수 있다. 이 인터뷰에서는 인상이라는 주제와 관련된 귀중한 가르침도 얻을 수 있다. 카렌 미오스가 기자는 린드너와의 대화를 도발적인 질문으로 시작했다.

이제부터 함께 비언어적 측면에서 매우 흥미로운 당시의 대화를 미오스가의 질문과 린드너의 신체 언어 반응과 함께 비교하며 들여다보자.

여기서 드는 첫 번째 생각은 '아하, 거짓말이다. 어깨 한쪽을 으쓱하며 머리를 흔들었어!'일 것이다. 신체 언어와 말 사이에 모순이 있다는 것을 찾아낸 일은 매우 고무적이다. 그러나 성급히 판단을 내리면 안 된다. 식당에서 나와 딸 사이에 있었던 이야기를 기억하자. 내 딸이 과연 거짓말을 했다고 볼 수 있을까? 나는 이 인터뷰에서 크리스티안 린드너가 거짓말을 하지 않았다고 확언할 수 있다.

앞서 말했지만 거짓말은 스스로 거짓임을 알면서도 고의적으로 상대방이 이것을 믿도록 만들고자 하는 의도를 전제로 한다. 하지만 때로는 스스로도 자신의 생각과 감정을 확실히 알지 못할

카렌 미오스가	크리스티안 린드너
"린드너 대표님, 2011년에 이렇게 말씀하신 적이 있죠, 서른두 살에 아직 미혼이고, 아이가 없는 사람은 …	린드너는 아직 표정 관리를 잘하고 있지만 호흡이 조금씩 빨라지고 있다. 무의식적으로 나타나는 스트레스 신호다.
… 한 정당의 대표가 될 수 없다고요 …	이제 눈을 빠르게 연속적으로 깜박이고, 왼쪽 입꼬리에도 힘이 들어간다. 이것 역시 스트레스를 받고 있다는 것을 나타내며 '뭘 하자는 질문이야?'라고 생각하는 듯한 표정이다.
… 그런데 이제 서른네 살이고, 결혼도 하셨으니 자신이 원외의 야당 대표가 될 자격이 된다고 자신하십니까?"	갑자기 미소를 지으며 고개를 끄덕인다. 이것은 기자의 말에 동조한다는 의미가 아니라, 의식적인 행동으로 사회적 윤활유에 가깝다고 해석할 수 있다.
미오스가는 린드너를 바라보며 입술을 꼭 다문다.	"네……" 라고 대답하면서 한쪽 어깨를 으쓱하고 머리를 살짝 가로로 젓는다. "지금은 예외적인 시기죠."

때가 있다. 그래서 어떤 사람이 빵을 더 먹고 싶은지를 물으면 마음 한구석에서는 먹고 싶은 생각이 있으면서도 괜찮다고 대답하는 것이다. 바로 이런 순간에 신체 언어는 말과 모순되는 행동을 드러냄으로써 내적 갈등을 상대방이 알아차릴 수 있게 돕는다.

린드너는 자신이 틀림없는 적임자라고 생각하고 있었던 것으로 보인다. 린드너는 단지 전부 말하지 않았을 뿐이다. 내가 분석하기에 그는 자신의 생각 중 절반만 이야기하고 나머지 절반은 이야기하지 않았다. "맞습니다. (저는 아직 젊고 아이도 없지만) 지금은 예외적인 시기입니다!"

이와 같이 생각을 입 밖으로 내지 않는 것 역시 (린드너의 신체 언어에서 관찰할 수 있던 것처럼) 말과 신체 언어 사이의 부조화나 모순으로 이어질 수 있다. 평소 자민당 대표인 크리스티안 린드너는 진정성 있고 일관성 있고 자기 생각을 신체 언어적으로나 언어로 적절하게 표현한다는 인상을 주는 사람이었다. 그러나 생각을 솔직하게 모두 내뱉는 대신 절반의 진실만 이야기하고 신체 언어로 그것을 드러낸 그의 모습은 그도 우리와 마찬가지로 허점이 있는 똑같은 사람이라는 것을 보여주었다.

여러분이 린드너와 같은 상황에 놓였다면 어땠을까? 한 정당의 대표가 되어 하는 첫 TV 인터뷰에서 도발적인 질문을 받았다는 상상을 해보자. 이러한 상황에서는 누구나 평소와는 다른 반응을 보일 수밖에 없을 것이다. 그렇다면 이럴 때는 어떻게 해야 할까?

첫째, 자신을 공격하는 분위기라고 느껴질 때면 최대한 감정적으로 반응하지 않도록 마음의 준비를 하고, 잠재적 스트레스를 미리 제어한다. 이렇게 감정적으로 차분한 상태를 유지하면, 구체적으로 본론에 접어들 때 맑은 머리로 생각을 할 수 있다. 이와 더불어 스트레스를 유발하는 상황이나 요소가 무엇일지 미리 머릿속으로 예상해본다. 이런 상황에 처해 감정이 점점 격앙되는 것이 느껴지기 시작한다고 상상해보자. 그럴 때는 5분에 걸쳐 10초 간격으로 숨을 들이마시고, 내쉰다(공명 호흡). 이렇게 천천히 일정한 간격으로 숨을 쉬면 편도체를 진정시키고 감정적으로 흥분한 변연계 속의 원시인을 잠재울 수 있다. 공명 호흡은 갑작스러운 도전으로 당황스럽고 놀란 상황에서도 활용할 수 있다.

둘째, 중요한 대화나 발표를 앞두고 있다면 감정적으로는 물론 실질적으로도 많은 준비를 해야 한다. 이때 표정 공명 자가 분석을 하면 좀더 효과적으로 준비를 할 수 있다.

우리는 앞에서 이미 신체 언어 자가 분석의 기본 원칙에 대해 다루었다. 자가 분석의 첫 번째 단계는 감정 표현과 감정적 인상과 관련이 있으며(인상 분야 분석 참조), 두 번째 단계는 일관성과 신뢰도에 대한 문제와 관련이 있다. 신체 언어와 말이 일관적인가, 아니면 모순적인가? 크리스티안 린드너가 인터뷰에 나가기 전에 나를 만나 인터뷰 준비를 했더라면 그는 나와 함께 기본적이고 일반적인 질문뿐만 아니라 비판적인 질문에 답하는 연습도 미리 할 수 있었을 것이다. 그러면 실제 인터뷰에서 내가 관찰했던 부조화 신호를 준비 과정에서 미리 발견하고 이를 개선하는 작업을 진행할 수도 있었을 것이다.

크리스티안 린드너가 표정 공명 자가 분석을 통해 인터뷰를 준비했다면 그는 기자의 질문에 다음과 같이 답했을 것이다. "미오스가 씨, 당신 말이 맞습니다. 저는 서른네 살로 아직 젊은 나이죠. 하지만 동시에 제가 당 대표라는 직책에 적합한 사람이라는 점도 잘 압니다. 지금은 역동적으로 접근하고 발상의 전환이 필요한 예외적인 상황이기 때문입니다."

자신의 신체 언어가 모순적이라고 생각되면 스스로에게 다음과 같은 질문을 던져보자. "이 모순에는 어떤 생각이나 감정이 숨겨져 있는 걸까? 어떻게 하면 내적 모순을 해소할 수 있을까? 어떻게 해야 신체 언어와 말을 일치시킬 수 있을까?" 자신의 동영상을 분석할 때 어느 부분에서 신체 언어와 말의 불일치가 나타나는지 잘 지켜보자. 언제 기만적인 신호가 나타나는가? 스폿을 발견할 수 있는가? 어깨를 으쓱하거나 미세하게 머리를 가로로 흔들거나 아니면 지나칠 정도로 집중하는 모습이 보이는가? 자가 분석에 능숙해진 사람이라면 부조화 상황을 인식하고 잠시 생각할 시간을 가진 뒤에 다음과 같이 말할 수 있게 된다. "죄송합니다. 지금 그 주제에 대해 두 가지 생각이 서로 부딪히는 것 같습니다." 이때 끊임없이 깊게 생각해서는 안 된다("내가 지금 옳은 말을 한 걸까?", "어떤 행동을 해야 할까?", "모든 사람에게 분명하게 전달되었을까?"). 그냥 느낌에 집중하자. 느낌을 무시하고 머리로만 생각하려고 하면 제스처를 억제하게 되고, 그러면 긍정적인 인상을 주기 힘들다.

생각을 드러내는 제스처
혹은 이탈리아인이 더 좋은 선생님인 이유

움직임이 많은 제스처는 중요하다. 동반 제스처는 동작과 이것이 전달하는 감정을 통해 상대방의 시선을 끈다. 제스처는 구체적으로 인지할 수 있는 '이미지'를 공간에 그리는 행위이며, 말로 표현하는 것을 3차원의 조형물로 만들어낸다. "이건 완벽해"라고 말하며 손으로 원을 그리면 이는 '완벽한 것'에 형태를 부여한다. 원은 어느 문화권에서나 완전함을 상징한다. 이 같은 비언어적 언어의 형상화는 대부분 긍정적인 효과를 낸다. 예를 들어, 교사가 말하면서 제스처로 단어에 밑줄을 많이 그을수록 학생은 내용을 훨씬 더 잘 이해하고 기억한다.

제스처의 효과를 확인하기 위해 진행된 실험을 살펴보자. 실험 참가자는 한 사람이 만화의 한 장면을 묘사하는 영상을 본다. 영상 속의 사람은 "공이 파이프에서 떨어졌어요"라고 말하며 손으로 위아래로 튕기는 듯한 동작을 취한다. 실험 참가자들에게 영상이 끝난 후 이 장면에 대해 말해보라고 하자 25퍼센트 정도가 영상 속의 사람이 말하지 않은 정보를 포함하여 이야기했다. 예를 들어, "공이 파이프에서 떨어져 땅 위로 튕겼어요"라는 식이다. 영상 속에 등장한 제스처를 말로 들은 정보에 포함시킨 것이다. 더 놀라운 것은 실험 참가자들이 제스처를 인지하지 못했다고 말한 점이다.

이것을 화상회의에서 활용해볼 수 있다. 한 연구 결과에 따르면, 우리가 현실이 아닌 온라인을 통해 사람을 만나게 되면 상호 간의 이해와 공감에 있어서 매우 중요한 역할을 하는 뇌의 거울 뉴런이 고작 절반밖에 활성화되지 않는다고 한다. 눈에 잘 띄고 감정이 풍부한 제스처가 신뢰를 쌓는 데 도움이 된다면, 생동감 넘치는 제스처는 상대방에게 강한 인상을 남긴다. 움직임이 많은 제스처는 온라인으로 회의가 이루어지는 2차원 모니터 화면에 깊이를 부여하고, 화상회의의 단점을 보완할 수 있다.

"당신이 원하는 것에 완벽하게 들어맞네요"라고 말하면서 원 모양을 만들어 강조하면 상대방의 머릿속에 잘 전달될 뿐 아니라, '완벽하다'는 개념을 더욱 깊은 차원에서 이해하게 된다. 즉, 우리가 무엇을 말하고자 하는지를 느낄 수 있는 것이다.

제스처의 장점은 분명하지만 문제가 있다. 제스처를 얼마나 생동감 있게 사용하는지는 개인의 성향은 물론 지역의 문화에 따라 다르기 때문이다. 라틴아메리카나 아랍 조상의 피가 흐르는 사람은 큰 제스처를 많이 하는 편이다. 이탈리아 사람은 심지어 손으로 말을 한다고까지 표현한다. 반면에 영국은 매우 다르다. 영국 사람은 이탈리아 사람보다 제스처가 적을 뿐 아니라, 말할 때 장황하게 손을 움직이면 무례하다고까지 여긴다. 더 나아가 동아시아 지역의 나라 중에는 큰 동작의 제스처를 공격적이라고 간주하는 곳도 있다.

전화로 통화를 할 때 상대방이 나를 보지 못한다는 사실을 분

신체 언어 꿀팁

내 안에 잠자는 이탈리아인 깨우기

어떻게 해야 더 많은 감정이나 표현을 제스처에 담아내 더욱 생생하고 풍부하게 사용할 수 있을까? 정답부터 말하자면, 손과 팔을 의식적으로 더 많이 움직여야 한다. 하지만 의식적으로 움직이다보면 제스처가 내면에서 우러나온 것이 아니라, 일부러 꾸민 듯한 인상을 주거나 말과 부조화를 이룰 수 있다. 따라서 무작정 손과 팔을 움직이는 것보다 더 좋은 신체 언어 꿀팁을 한 가지 소개하겠다.

우선 마음속에 슬라이더 조절 막대를 만들어 0부터 10까지 동기를 높였다 내렸다 조정할 수 있다고 상상해보자. 어떤 사람의 신체 언어가 몹시 경직되어 보인다면, "당신의 내적 동기는 지금 어디쯤 있습니까? 동기를 8까지 높여주세요!"라고 요청한다. 또는 "당신의 동기부여 수준이 8에 있다고 느끼십니까?"라고 물어볼 수도 있다. 이때 무슨 일이 일어날지 생각해보자. 아마도 내가 제스처에 대해 말을 꺼내기도 전에 손과 팔이 움직일 것이다. 화상회의나 발표를 할 때 제스처에 더 많은 표현을 담고자 한다면, 내면에 있는 동기 부여 조절 손잡이를 위로 올려보자.

명히 인지하면서도 우리는 왜 제스처를 취하는 것일까? 한 실험에서 실험 참가자는 만화의 장면을 묘사해야 했는데 묘사 과정에서 제스처를 취하지 못하게 한 경우, 풍경 같은 공간을 묘사할 때 단어 사이에 "어……" 또는 "음……"과 같은 입버릇 감탄사를 사용하는 횟수가 더 많았고, 단어를 잘못 발음할 때도 많았으며, 말하는 속도도 느려졌다. 간단히 말해 머리가 더 힘들게 일한다는 것을 의미한다. 반면에 실험 참가자에게 자유롭게 제스처를 사용해도 좋다고 허용한 경우, 풍경을 훨씬 더 분명하고 유창하게 묘사했다.

결국 우리가 제스처를 취하는 것은 대화를 하는 상대방뿐만 아니라 자신을 위한 일이기도 하다. 손을 움직임으로써 우리는 생각을 구조화하고, 형태를 만드는 데 도움을 줄 수 있다.

의미 제스처(어깨를 으쓱하는 것처럼)나 동반 제스처는 내화 상대의 사고 세계로 향하는 창문을 활짝 열어놓는다. 의미 제스처가 무의식의 모스 부호라면 동반 제스처는 우리의 말에 더욱 깊은 의미를 부여한다. 비언어적 행동 중 기준선을 벗어난 특별한 행동은 내면세계에 대한 통찰력을 갖게 한다. 날카로운 눈을 가진 관찰자는 동반 제스처를 보고 그 안에 숨겨진 생각을 알아낼 수 있다.

가장 쉬운 단계부터 시작해보자. 리듬 제스처, 즉 말하는 박자에 맞추어 위아래로 손을 올렸다 내렸다 하는 동작은 '이것을 강조하고 싶어'라는 메시지를 전달한다. 모두가 각자 선호하는 바는 다르지만, 특정한 손동작은 그 뒤에 숨어 있는 생각을 구체화한다. 예를 들어, 리듬 제스처를 취하면서 손으로 정밀한 잡기 형태(엄지와 검지로 동그라미 모양을 이루거나 손끝을 모아 만든 두 가지 형태)를 취하면, 이것은 정확성을 요구하는 것이다. 이탈리아 남부 출신들은 상대방에게 "본론만 말해"라고 말할 때 손끝을 모아 정밀한 잡기 형태를 보인다.

이야기를 듣는 사람의 관심을 집중시키기 위해 정밀한 잡기 제스처를 사용하기도 한다. 버락 오바마 미국 전 대통령이 출연한 TV 토론 분석 자료를 보면, 카리스마가 넘치는 연설가인 오바마가 특정한 정보에 청중의 주의를 집중시키려고 할 때 정밀한 잡기 제스처를 사용하는 것을 알 수 있다. 대부분 이런 동작은 논쟁의 중요성을 강조하기 위한 리듬 제스처의 형태로 나타난다. 또 다른 경우에 정밀한 잡기 제스처는 정확성을 강조하기 위해 사용되기도 한다. 예를 들어, 2008년에 있던 대선 후보자 토론에서 오바마는 "정확하게 말합시다"라고 하며 정밀 제스처를 보였다. 리듬 제스처를 더 깊이 이해하고자 한다면 말하는 박자에 맞춰 팔을 움직일 때 구체적으로 손동작은 어떻게 움직이는지 주의해서 관찰한다.

말을 동반하는 제스처 중 한 가지를 더 살펴보자. 누군가에게 화장실이 어디 있는지 물으면 말로만 설명하는 것이 아니라, 장담하건대 손으로도 방향을 가리킬 것이다. 무엇인가를 가리키는 제스처의 흥미로운 점은 현실 세계에 존재하는 어떤 구체적인 것만을 가리키지 않는다는 것이다. 이것은 어떤 문화권이든 마찬가지다. 우리는 공간 속의 특정한 지점을 심리적·감정적 의미에서 은유적으로 가리키기 위해서도 제스처를 이용한다. 예를 들어, 회의실의 빈 의자를 가리키며 평소에 항상 그 자리에 앉지만 지금은 없는 동료에 대해 이야기를 한다. 한번 장난삼아 다른 의자를 가리켜보자. 주변 사람들이 여러분을 이상한 얼굴로 바라볼 것이다. 어떤 문화권 출신이든 모두가 눈썹을 한데 모아 찡그리며 약간 머리를 갸우뚱하는 동일한 표정을 지을 것이다.

가리키기 제스처에는 더 많은 의미가 담겨 있을 때도 있다. 나에게 상담을 받으러 온 한 여자는 어머니와 거리를 두는 일이 힘들다고 고백했다. 그녀는 '어머니'라는 단어를 말하면서 자신의 몸 중심에서 가까운 바로 앞쪽을 가리키는 제스처를 보여주었다. 상담이 끝난 후 그녀는 다시 어머니에 대해 말하며 자신의 몸과 다소 떨어진 왼쪽 공간을 가리키는 제스처를 취하며 이렇게 말했다.

"이제 엄마와 거리를 두는 일이 왠지 약간 쉬워진 느낌이에요!"

이처럼 상대방에 대해 느끼는 거리감에 따라 제스처의 거리가 변화한 것처럼 상대방이 갑자기 제스처를 통해 관점을 다른 곳으로 옮겨놓으면 이것은 심리적·감정적 관점의 변화가 있다는 것을 의미한다. 제스처로 지정하는 위치가 몸의 중심에 가까울수록 연관된 감정적 의미 및 사물 혹은 사람에 대한 친밀함이 더욱 커지는 경향이 있다. 상담을 하러 온 남자 한 명은 자영업을 계속해야 할지 아니면 회사에 취직해야 할지 확신이 서지 않는다고 털어놓았다. 그러면서 남자는 회사에 취직하는 이야기를 할 때는 제스처를 몸의 왼쪽으로 하는 반면에 자영업에 대한 이야기를 할 때는 바로 앞쪽에서 제스처를 했기 때문에 나는 그에게 "자영업을 더 마음에 들어하시는 것 같군요"라고 공감의 대화를 시도했다. 그러자 그의 눈이 반짝거리기 시작했다. "오, 맞아요. 제가 장사를 얼마나 좋아하는데요!"

나는 한 번 더 물었다. "특별히 좋아하는 이유가 있나요?"

대화를 나누면서 이런 형태의 제스처를 놓치지 않으면 상대방을 더 잘 이해할 수 있다. 제스처로 위치를 지정하는 현상은 네덜란드의 사회심리학자 루카스 데르크스Lucas Derks가 발견한 사회적 파노라마와 연결하여 설명할 수 있다.

사고 세계로 통하는 창문인 제스처는 한 사람의 사회적 파노라마를 알려줌으로써 관계에 대한 많은 정보를 제공한다. 직장 동료나 배우자에 대해 말할 때 대화 상대자나 자신이 이들을 제스처로 어느 위치에 배치하는지를 주의해서 살펴보자. 좀 더 실험하고 싶은 사람은 특정 인물에 대해 이야기할 때 의식적으로 제스처를 사용해 그 사람의 위치를 다른 곳으로 옮겨놓음으로써 내면의 사회적 파노라마에서의 위치를 변경해보자.

지금까지는 표정, 머리 자세, 제스처 등 상체의 숨겨진 신호에 대해 다루었다. 다음 장에서는 화상회의를 할 때 테이블 위에 발을 올려놓지 않는 한 관찰할 수 없는 신체 부위에 대해 알아보자.

사회적 파노라마와 인간 관계

잠시 간단한 실험 하나를 해보자. 눈을 감고 세상의 모든 사람들이 일종의 정신적 공간에서 나를 둘러싸고 있다고 상상해보자. 그리고 마음에서 그려낸 공간의 이미지를 떠올려본다. 이제 알고 지낸 지 오래되고, 여전히 연락하는 좋은 친구 한 명을 생각한다. 깊이 생각하지 말고 느낌대로 말해보자. 이 친구는 나의 정신적 공간의 어디쯤에 서 있는가? 자, 이번에는 예전에는 잘 지냈지만, 오랫동안 연락을 하지 않았던 친구를 떠올려보자. 이 사람은 마음속 어디에 자리를 잡고 있는가? 마지막으로, 이번에는 가장 좋아하는 사람을 떠올려본다. 이 사람은 마음속 어디에 있다고 느껴지는가? 가장 좋아하는 사람은 분명 여러분과 가장 가까운 곳에 있을 것이다.

이러한 내면의 공간이 사회적 파노라마다. 이 사회적 파노라마는 우리가 아는 사람을 모두 그 공간에 배치하고, 우리가 지정하는 내면의 위치가 그 사람과의 관계를 결정하기도 한다. 매일 밤 내 옆에서 자는 사람과도 내면의 사회적 파노라마에서는 멀찍이 거리를 둘 수 있고, 먼 곳으로 이사를 간 사람이라도 여전히 가깝다고 느낄 수 있는 일이 가능하다.

내면의 사회적 파노라마는 코칭을 통해 바꿀 수 있는데, 대부분의 경우 한 번의 상담만으로도 변화를 느낄 수 있다. 배우자 때문에 숨이

막힐 지경이라고 호소하는 사람에게 상담을 통해 내면의 사회적 파노라마에 자신을 위한 공간을 좀 더 마련할 수 있도록 도움을 주었고, 실제 삶에서도 좀 더 자유로워질 수 있었다.

4

영역의 경계 기둥: 발과 다리

화해를 말할 때
진정성의 깊이를 알 수 있는 방법

오늘날 인류는 원시인에서 벗어나 호모 사피엔스로 진화하고 문명화된 사회에서 살고 있지만, 그 내면에는 아직도 원시시대의 충동이 꿈틀거리고 있다. 가끔 이런 충동이 우리 안에서 터져 나올 때가 있다. 베를린 미테에 있는 바에 마르코와 있었을 때도 그런 순간이었다. 테이블 하나에 칵테일 두 잔이 놓여 있었고, 마르코와 나는 마주앉아 있었다. 아마도 마르코는 다리 놓을 공간이 충분하지 않았던 것 같다. 한참 전부터 마르코의 다리가 내 의자 밑에 놓여 있었다. 그런데 내가 다리를 움직이다가 마르코의 다리와 부딪혔다. 순간 친구의 눈빛이 어두워졌다. 그러더니 "나도 다리를 뻗고 앉을 권리가 있다고!"라며 핀잔을 주었다.

　나는 입술을 앞으로 삐죽 내밀며 어떻게 반응해야 좋을지 잠깐 고민했다. 내 안에 있는 원시인은 큰 소리로 '이봐, 여기는 우리 영역이야. 싸워서 되찾아야 한다고!'라고 항의를 하며 일어섰다. 하지만 전전두엽 피질이 이에 대항했다. 나는 모범적인 운전연습생처럼 어깨 너머로 뒤를 돌아보았다가 다시 고개를 앞으로 돌리며 마르코에게 미소를 지어 보였다. 그리고는 이렇게 말했다. "누구에게 말하는 건지 잘 모르겠는데. 그런데 아무튼 난 절대 아니야." 잠시 침묵이 흘렀다. 그러더니 마르코의 눈에 웃음기가 번졌다. 우리는 둘 다 크게 웃음을 터뜨렸다.

　발과 다리로 말하는 조용한 언어는 기본적으로는 사회적 공간에 대한 요구를 주장하고, 개인적 지위의 감정을 전달하는 데 쓰인다. 그래서 우리는 이번 장에서 영역의 경계 기둥에 대해 다룰 것이다. 개가 다리를 들어올려 오줌을 싸서 자신의 영역을 표시하는 것처럼 우리도 다리를 뻗거나 옆으로 널찍이 벌려서 영역을 표시한다. 물론 우리는 다행히 오줌을 눌 필요까지는 없다. 그래도 전달하려는 메시지는 같다. 많은 연구에 따르면, 바에서 마르코가 한 것처럼 다리를 넓게 벌리거나 쭉 뻗는 것은 자신의 지위나 서열을 과시하는 것으로 자신감과 강함의 표현이다.

　다리를 어떻게 놓느냐는 더 나아가 사람의 성향을 말해주기도 한다. 추진력에 대한 욕구가 강한 사람은 공간을 많이 차지하는 다리 자세를 취하는 경향이 있다. 그러나 때로는 단순히 편하

표정 공명 인지 꿀팁
우연히 일어나는 움직임은 없다

모든 사람이 모든 상황에서 다양하게 행동할 수 있다는 점을 항상 염두에 두고 비언어적 행동을 관찰해야 한다. 파티에 갔다고 상상해보자. 이곳에서는 다양한 행동 유형과 신체 언어 신호를 볼 수 있다. 큰소리로 웃는 사람도 있고, 작게 혹은 아예 웃지 않는 사람도 있다. 다른 사람과 바짝 붙어 있는 사람도 있지만, 거리를 두고 서 있는 사람도 있다. 다리를 쫙 벌리고 앉아 있는 사람도 있고, 의자 아래에 다리를 '묶어놓은' 것처럼 앉아 있는 사람도 있다.

비언어적 신호는 우리의 감정과 생각, 개인적 성향의 결과물이기 때문에 우리는 신체 언어를 통해 이런 것을 해석할 수 있다. 이때 다음과 같은 질문을 해보자. "왜 저 사람은 이런 상황에서 그런 특정한 비언어적 행동을 보이는 걸까? 저런 행동의 이면에는 어떤 이유가 숨어 있을까?" 마치 영화에서 그 사람의 역할을 맡아 연기해야 하는 배우처럼 상대방을 자세히 관찰하면서 핵심을 파악한다. 이렇게 상대방을 정확히 바라보고, 신체 언어의 핵심이나 본질을 깨우치려 노력한다. 이를 통해 우리는 상대방의 감정과 생각, 성향을 해석하는 능력을 매우 쉽고 빠르게 발달시킬 수 있다.

다는 이유에서 혹은 습관적으로 특정 다리 자세를 취하는 경우도 많기 때문에 이런 신호를 해석할 때는 항상 주의해야 한다. 그렇지만 잊지 말아야 할 것은 어떤 자세나 신호, 움찔거림도 우연히 일어나는 법은 없다는 점이다.

일반적으로 선호도와 성향 그리고 영역 표시, 지위의 인식 등이 다리 자세를 어떻게 취하는지를 결정하지만, 다른 한편으로는 성별과 출신 지역의 문화와도 관련이 있다. 가령 미국 남성은 발을 무릎 위에 올려놓는 방식으로 다리를 꼬고 앉는 경향이 있지만, 유럽 남성은 흔히 무릎을 다른 쪽 무릎 위에 놓는 식으로 다리를 꼰다. 미국 남성은 이런 유럽 자세를 여성적이라고 여긴다. 일반적으로 남성은 다리를 넓게 벌리고 앉는 자세를 선호하고, 여성은 다리를 오므리거나 꼬고 앉는 것을 선호하는 편이다.

그런데 가끔 일부 '수컷 영장류'가 이러한 선호 자세를 과장할 때가 있다. 그래서 '맨스프레딩manspreading'이라는 용어가 생겨났다. 속칭 '쩍벌남'을 의미하는 맨스프레딩은 버스나 지하철에서 앉아 있을 때 다리를 넓게 벌려 지나치게 많은 공간을 혼자만 차지하는(동시에 다른 사람의 공간을 빼앗는) 자세를 의미한다. 최근 뉴욕과 샌프란시스코 또는 마드리드와 같은 대도시의 대중교통에서는 쩍벌남 자세를 자제하라는 금지표지를 볼 수 있다.

감정이란 무엇일까
혹은 꼬리가 길면 잡히는 까닭

발과 다리가 '인체에서 가장 정직한 부분'이라는 주장을 펼치는 이들이 있긴 하지만, 내가 보기에는 말도 안 되는 이야기다. 이는 연구자료의 숫자만 봐도 알 수 있다. 표정의 숨겨진 신호에 관해 거의 3천 편에 이르는 학술적 연구가 진행되었고 제스처에 관해서는 2천여 건의 연구가 있지만, 발과 다리에 대한 연구 논문은 기껏해야 40편 정도에 불과하다.

단순한 숫자만 봐도 역시 표정이 가장 솔직한 내면의 창문이라는 것을 알 수 있다. 누군가를 만나서 인사할 때 어디를 쳐다보는지 떠올려보자. 발을 병적으로 좋아하는 발 성애자가 아닌 이상 분명 얼굴을 볼 것이다. 어떤 이들이 주장하는 것처럼 정말 발이 가장 정직한 신체 부위라면 우리는 인사할 때 발을 바라볼 것이다. 그리고 뇌에도 표정이 아니라 발을 위한 펜트하우스가 마련돼 있었을 것이다. 앞에서도 말했지만 우리의 뇌에는 표정이 보내는 신호만을 처리하는 방추형 안면 영역이라는 고유영역이 있다. 그러나 발은 나머지 모든 비언어적 신호와 함께 뇌에 있는 셰어하우스에서 처리된다.

여러분은 왜 얼굴에 근육이 있는지 생각해본 적이 있는가? 일반적으로 근육의 역할은 관절을 움직이는 것이다. 팔을 굽혔다 펴거나 혹은 창을 던지거나 맥주잔을 입에 갖다 대려면 이두박근과 삼두박근이 있어야 한다. 하지만 눈썹 앞쪽을 올리거나 코를 찡그릴 수 있게 해주는 근육은 무슨 의미가 있을까? 발음을 하고 음식물을 섭취하기 위해 입을 움직이는 것은 이해할 수 있지만, 얼굴 위쪽에 많은 근육이 필요한 이유는 무엇일까? 사실 얼굴이 수많은 근육으로 덮여 있는 것에는 생존을 위한, 중요하고도 결정적인 이유가 있다.

잠시 머릿속에서 선사 시대로 여행을 떠나보자. 원시인 가족이 모닥불 옆에 앉아 있다. 루시(에티오피아에서 화석 형태로 발견된 300만 년 전의 오스트랄로피테쿠스 아파렌시스 - 옮긴이 주) 이모가 외치(오스트리아 외츠탈에서 발견된 기원전 3300년경의 냉동 미라 - 옮긴이 주) 삼촌이 사냥해서 요리한 매머드 뒷다리 고기를 뜯어먹고 있다. 그런데 루시 이모의 얼굴에 불쾌함의 미세표정(이모는 코를 찡그렸다)이 스쳐 가는 것이 보였다. 루시 이모는 매머드 요리에 뭔가 문제가 있음을 깨달은 것 같다. 시간이 지날수록 루시 이모의 얼굴에 더 이상 무시할 수 없는 공포의 표정이 잇달아 나타났다. 이제 우리는 10분 정도 지난 후에도 루시가 (배탈이 나거나 쓰러지지 않고) 멀쩡해야 안심하고 외치 삼촌이 요리한 뒷다리 고기를 먹을 수 있을 것이다.

이 예시는 다른 사람이 어떤 상태에 있는지, 어떤 감정이 이들의 마음을 움직이는지를 아는 것이 생사를 결정할 수도 있다는 것을 보여준다. 이런 이유에서 안면 근육이 존재하는 것이다. 안면 근육의 주요 기능은 다른 사람에게 우리가 어떻게 느끼는지를 알리는 것이며, 변연계와 직접 연결돼 있어서 무의식적으로 움직이기도 한다.

인류는 천재적인 정보처리 시스템인 감정을 장착하고 있다. 우리는 감정을 통해 생존에 필수적인 문제를 먼저 곰곰이 생각하기도 전에 시위를 떠난 화살처럼 즉각 반응할 수 있다. 고속도로에서 시속 200킬로미터로 달리던 앞차의 후미등에 빨간불이 켜지면, 우리는 반사적으로 브레이크 페달을 밟는다. 그리고 난 후에 비로소 '후, 큰일 날 뻔했네!'라고 생각한다. 만약 생각을 먼저 하고 그 다음 브레이크를 밟았다면 우리는 크게 다치거나 살아남지 못했을 것이다. 상한 우유를 마셨을 때도 즉각적으로 반응이 일어나 얼른 뱉어낸다. 이때도 반응이 일어난 후에 비로소 '으악'이라는 생각이 떠오른다.

감정은 행동뿐 아니라, 결정에도 영향을 준다. 실험 참가자가 다른 사람의 행동 방식이 얼마나 비윤리적인지를 평가하는 실험이 진행되었다(예를 들어, 귀찮다는 이유로 걸을 수 있는 짧은 거리를 자동차로 이동한다거나 외도를 저지르는 일). 연구자는 실험 참가자들을 두 그룹으로 나누어 각각 방에 들여보냈다. 첫 번째 방에는 실험 참가자에게 알리지 않고 방귀 스프레이를 뿌려놓았다. 그래서 그 방에서는 미묘하게 방귀 냄새가 났다. 방 안에 있는 사람들이 약간의 불쾌함을 느끼게 하려는 의도였고 그 시도는 성공적이었다.

미묘한 역겨움은 실험 참가자들이 결정해야 하는 내용과는 아무런 연관이 없었지만 결정 과정에서 훨씬 엄격한 태도를 보이게 했다. '방귀 스프레이 그룹'의 실험 참가자들은 환기가 잘 된 방에 있던 그룹의 사람보다 다른 사람의 행동 방식을 도덕적으로 좀 더 비난받을 만하다고 평가했다. 매우 흥미로운 결과다! 이 실험은 감정이 생겼다 사라지는 순간이 짧더라도 일상에서 우리가 결정을 내리고 행동하는 데 매우 큰 영향을 미친다는 것을 보여준다. 감정은 항상 우리가 평안하기를 바라고, 극단적인 경우에는 생존까지도 보장해준다.

감정이 우리의 경험과 행동에 강한 영향을 미치는 것은 정신생리학적 반응에서 비롯된 것이다. 간단히 말해 두려움이나 분노와 같은 감정을 느끼면 몸도 같이 반응한다는 의미다. 가령 감정에 따라 심장박동이 빨라지거나 느려지고, 몸이 춥거나 더워지는 식이다. 그래서 사람들이 무서운 감정을 느끼면 빨리 도망칠 수 있게 피가 다리로 몰린다. 반대로 화가 날 때는 세게 때려 공격할 수 있게 팔로 피가 몰린다. 이것이 감정의 생물학적 측면이다.

감정의 심리적 측면은 감정에는 항상 어떤 특정한 생각('여기에서 벗어나고 싶어!'와 같은)과 심리적 경과가 동반된다는 점에서 확인할 수 있다. 예를 들어, 화가 났을 때는 인지(터널 시야)가 방해물에 초점을 맞추고, 놀란 경우에는 시야가 활짝 열린다. 감정의 사회적 측면은 표정을 통해 다른 사람의 감정을 보고 이해하는 일이다. 그렇지 않으면 우리는 생명을 걸고 시식을 한 루시 이모의 얼굴을 보고도 아무런 눈치를 못 채고 이상한 고기를 먹고 배탈이 나거나 심한 경우 사망했을 수도 있다.

신체 언어가 무의식적 인지에 미치는 영향

일상 언어에서는 감정과 느낌이라는 개념을 구분하지 않을 때가 많다. 하지만 둘의 차이는 상당히 크다. 감정은 무의식적으로 생기고 깨달아야 할 필요가 없는 반면에, 느낌은 의식적으로 경험하는 것을 전제로 한다. 그래서 우리가 의식적으로 깨닫지 못해도 두려움과 슬픔이라는 감정이 일어날 때가 있는 것이다. 그렇더라도 감정은 우리의 표정과 신체 언어를 통해 드러난다. 이 같은 말없는 언어의 장점은 상대방이 아직 깨닫지 못한 감정을 인지하고 반응을 보일 수 있게 해준다는 것이다. 이런 일이 일어난 순간, 비로소 감정은 느낌이 된다. 이처럼 신체 언어는 우리가 다른 사람은 물론 자신의 감정도 더욱 잘 파악하고, 이해하는 데 도움을 준다.

다른 사람이 봐주었으면 하는 욕구
혹은 메건과 해리는 왜 〈오프라 윈프리 쇼〉에 출연했을까?

안에서 밖으로 흐르는 감정의 자연스러운 흐름을 억누르면 우리의 안녕과 건강이 부정적인 영향을 받는다. 혹은 영국 왕실에서 일어나는 사건 사고들이 보여주는 것처럼 치명적인 결과로까지 이어질 수도 있다. 미국 여배우인 메건 마클은 할리우드 코미디

영화 〈프린세스 다이어리〉에 나온 여자 주인공처럼 자고 일어나 보니 실제로 공주가 됐다. 그런데 해리 왕자와의 꿈 같은 결혼식 후에 악몽 같은 일이 연이어 발생했다. 결국 2020년 1월에 해리 와 메건이 왕실 직위를 포기한다는 공식 발표를 했고, 겉으로 완 벽해 보이던 버킹엄 궁전의 이미지를 산산조각 냈다.

'#멕시트'라는 해시태그와 함께 인터넷에서 바이러스처럼 퍼 진 드라마틱한 사건의 정점은 아마도 2021년 3월 7일, 토크쇼의 전설 오프라 윈프리와 가진 왕실 부부의 인터뷰였을 것이다. 이 방송은 엄청난 화제가 되었고, 독일의 RTL 방송국은 나에게 메 건과 해리가 윈프리와 나눈 대화를 분석해달라고 의뢰를 해왔다. 나는 아침 일찍 일어나는 일을 몹시 싫어하지만, 주제가 너무나 흥미진진했기 때문에 새벽에 따뜻한 침대에서 일어나 인터뷰 방 송을 분석하기 시작했다. 사람들의 반응은 크게 두 가지로 나뉘 어 있었다. 여왕의 지지자들은 '저 여자는 단지 관심을 받고 싶어 하는 것 같아' 또는 '영화배우다 보니 다른 사람 앞에서 연기하는 데 익숙하겠지'라는 생각을 가지고 있었고, 메건의 지지자들은 낡은 제도인 왕실이 메건에게 부당한 대우를 했다고 굳게 믿었 으며, 드디어 왕실이 엄중한 심판을 받을 순간이라는 의견을 보 였다.

메건에게 포스트잇처럼 붙어 있는 라벨을 발견했는가? 그랬 다면 여러분은 다른 사람보다 훨씬 더 앞서가는 셈이다. 분석에 앞서 가장 중요한 과제는 라벨을 떼는 일이다! 기대하는 것을 전

172

부 내려놓자. 아니면 차라리 모든 것을 기대하고 인지 능력을 넓혀보자. 메건과 해리에 대해 예상한 것이 무엇인지 인식하고 이것을 내려놓는다. 그리고 두 사람의 신체 언어가 무엇을 이야기하는지 함께 지켜보면 된다.

메건은 약 한 시간 반에 걸쳐 진행된 인터뷰에서 예전에는 보이지 않던 모습으로 마음을 열고 영국 왕실의 구성원으로 보낸 시간에 대해 솔직하게 말했다. 압박과 인종차별을 받은 일을 이야기하고, 자살 충동까지 느꼈다고 고백했다. 이전에 여배우로 활동하던 메건이 이렇게 말하면서 눈물을 흘리자 많은 사람들이 그녀가 연기를 한다는 인상을 받았다고 했다. 사람들은 왜 그렇게 생각했을까? 놀랍게도 해석을 뒷받침하는 구체적인 신호가 있는지에 대한 질문에 이렇게 답하는 사람들을 자주 볼 수 있다.

"그냥 아는 거예요. 보이잖아요!"

"잘 모르겠어요. 사실 상관없잖아요."

하지만 편견과 비난에 시달리는 사람에게는 절대 상관없는 일이 아니다. 우리는 대중매체 맞은편에 감정이 있는 생명체가 존재한다는 사실을 너무 쉽게 잊는다. 이 점을 마음속에 항상 새긴다면 세상은 다른 사람의 감정에 공감할 줄 아는 훨씬 더 좋은 곳이 될 것이다.

토크쇼의 달인 오프라 윈프리는 "준비되셨나요?"라는 질문으로 인터뷰를 시작했다. 메건은 웃고 있었지만 입꼬리만 위로 올라갔을 뿐 눈은 웃고 있지 않았다. 동시에 머리를 아래로 숙여 옆을 바라보았다. 이것은 모든 문화권에서 동일하게 통하는 신체 언어로 당혹감과 '제발 잘 되면 좋겠어요'를 의미한다. 우리는 특히 부정적인 평가를 받을까봐 두려울 때 당혹스러움을 느낀다. '다른 사람이 나를 어떻게 생각할까? 이 인터뷰를 사람들은 어떻게 받아들일까?' 메건은 무의식적으로 통제된 비언어적 스트레스 신호를 여러 차례 보였다. 언론을 통해 공개되고 평가된 자신에 대한 이야기를 할 때는 특히 더 그랬다. 메건은 반복해서 머리카락을 쓸어내렸는데, 이것은 안정 제스처다. 침을 여러 차례 꿀꺽 삼키기도 했다. 숨을 내쉬는 시간보다 들이마시는 시간이 더 길었는데 이것 역시 스트레스를 받고 있다는 전형적인 예다. 그중에서도 가장 눈에 띄는 것은 눈을 깜박이는 횟수였다. 메건은 1분당 60회에서 80회에 이를 정도로 자주 눈을 깜박였다.

메건이 연기를 한다고 주장하는 사람들은 그녀가 보여주는 이런 모든 신호를 살펴보고 다시 생각하기 바란다. 우리는 거짓말을 할 때 눈 깜박임 횟수가 늘어나는 것이 아니라 오히려 줄어든다는 것을 배웠다. 게다가 많은 연구에서 밝혀진 대로, 거짓말을 하는 사람은 (특히 위급한 상황에서) 신체 언어가 뻣뻣하게 굳는 경향이 있다. 토크쇼에 출연하는 일은 '위험천만한' 순간을 감수하는 일이다. 그래서 토크쇼에 출연해서 거짓말을 하거나 숨기는 것이 있는 사람은 신체 언어가 뻣뻣해진다. 하지만 메건은 자기가 표현하는 감정이 진짜라는 것을 증명하는 큰 신호를 보였다. 눈썹의 앞쪽을 반복적으로 올렸는데, 연구에 따르면 이것은 슬픔을 표현하는 확실한 신호다. 자살 충동을 느꼈던, 삶에서 가장 어두운 시간에 대해 이야기할 때 메건은 눈썹을 위로 올리며 좁혔다. 두려움을 뜻하는 확실한 신호다. 이 신호는 메건이 진실을 말하고 있으며, 이야기를 하는 순간에도 여전히 두려움을 느끼고 있다는 것을 나타낸다.

하지만 아직 분석하지 않은 더욱 중요한 신호가 남아 있다. 셜록 홈즈처럼 뛰어난 관찰력을 갖춘 사람이라면 곧바로 눈치챘을지도 모른다. 명탐정 셜록 홈즈와 조력자 왓슨이 안개 자욱한 런던이 아니라, 푸른 초원에서 캠핑을 하고 있다고 상상해보자. 밤이 되어 두 사람은 텐트에 들어가서 누웠다. 그런데 한밤중에 홈즈가 왓슨을 깨웠다.

"왓슨, 왓슨!"

왓슨은 피곤해하면서 눈을 뜬다. "무슨 일이야?"

셜록 홈즈가 물었다. "왓슨, 뭐가 보여?"

왓슨은 잠에서 덜 깬 채, "별이 보이는군!"이라고 대답했다.

셜록 홈즈가 다시 물었다. "그래, 그건 무슨 뜻일까?"

"밤이라는 뜻!?"

"또 다른 건?"

왓슨이 곰곰이 생각했다. "음…… 커다란 우주에 우리가 혼자가 아니라는 사실!?"

홈즈는 왓슨의 대답에 "왓슨, 자넨 정말 멍청하군! 누가 우리 텐트를 훔쳐 갔다는 생각은 안 드나?"라고 말했다.

이 이야기는 신호가 없다는 것도 무언가를 알려줄 수 있다는 표정 공명의 또 다른 중요한 기본 원칙 중 하나를 알려준다. 영국 왕실 가족의 인터뷰 분석에 있어 놓치지 말아야 할 것은 메건의 보이지 않는 신호는 어떤 것이냐이다. 인터뷰를 통해 영국 왕실에 복수하려는 의도였다면 적어도 메건에게 경멸이나 분노의 숨겨진 신호가 보였어야 한다. 하지만 내가 관찰한 바에 따르면 메건의 보이지 않는 신호는 인터뷰를 통해 대중에게 자신의 고통스러운 심정을 알리려는 것뿐이었다.

우리는 앞에서 전혀 그럴 마음이 생기지 않는데도 미소라는 감정 마스크를 늘 쓰고 다니는 일이 고강도의 노동이나 시간적 압박에 시달리는 것보다 번아웃에 걸릴 위험이 훨씬 더 높다는 사실에 대해 이야기했다. 이런 상태를 감정적 부조화라고 한다. 독일의 심리학자 프리데만 슐츠 폰 툰Friedemann Schulz von Thun은 감정적 부조화의 파괴적인 효과에 대해 "너무나 평화롭고 격식을 갖추다 보면 무덤에 있는 것과 같다!"라고 말했다.

자신의 감정을 표현하려는 바람과 필요에는 이해받고 싶고, 다른 사람과 연결되어 있다고 느끼고 싶은 뿌리 깊은 욕구가 반영되어 있다. 우리는 사회적 존재이며, 이것이 바로 실존의 핵심이기 때문이다. 이런 부분을 고려하면 메건과 해리가 왜 영국 언론의 적대감을 무릅쓰고 윈프리와의 인터뷰를 통해 대중 앞에 섰는지 훨씬 이해하기 쉬워진다. 분명 메건보다는 해리 왕자가 더 많은 것을 걸어야 했을 것이다.

인터뷰 시간의 마지막 3분의 1은 해리에게 주어졌는데 그는 질문에 답을 할 때 메건보다 더 많이 주저했다. 신중하게 단어를 선별했지만, 일단 말을 하기 시작하면 명료했다. 제스처는 크고 리듬 제스처를 많이 사용했는데, 내 눈에는 자기가 하는 말을 확신하는 것처럼 보였다. 해리의 신체 언어는 '왕실을 떠나기로 한 결정은 옳았다'는 내적 확신을 표현한다고 해석할 수 있다. 그러나 그렇다고 해서 해리가 이 상황을 간단하게 여기거나 스트레스를 받지 않는다는 의미는 아니다. 인터뷰 내내 그가 흥분한 상태라는 것을 알아차릴 수 있었다. 해리는 손톱을 만지작거렸는데, 이것은 눈에 띄지 않아서 종종 놓치곤 하는 안정 제스처 중 하나다. 꼬고 앉은 발은 끊임없이 움직였다. 발과 다리의 자세가 개인적 지위의 인식에 대해 무엇인가를 말해준다면, 발과 다리의 움직임은 누군가의 마음이 차분한 상태인지 아니면 흥분된 상태인지를 보여준다. 발을 많이 움직이거나 서로 문지르는 횟수가 많을수록 스트레스를 많이 느낀다고 볼 수 있다.

해리가 왕실 제도에 대해 이야기하고, 형과 아버지가 그 제도에 갇혀 있다고 말하면서 여러 번 왼쪽 입꼬리를 힘주어 누르는 것이 보였다. 이것은 윗입술 한쪽을 올리는 것과 마찬가지로 세계 공통으로 통하는 경멸의 표시다. 인터뷰가 있고 난 뒤 해리와 윌리엄 형제가 다시 처음 만난 순간을 내가 얼마나 고대했는지 모른다. 두 형제의 만남이 다이애나비의 탄생 60주년을 기리는 기념 동상 제막식 같은 공식적 행사에서 성사된 것은 적어도 나

자신의 몸을 만지는 횟수와 스트레스 수치

많은 연구에 의하면 손가락의 작고 반복적인 움직임이나 불안해하며 손이나 몸을 만지작거리는 것처럼 자신의 신체를 만지는 셀프 터치 횟수가 증가하는 것은 스트레스를 뚜렷하게 표현하는 것이다. 안정 제스처가 기준선과 비교해서 증가하면 감정적 스트레스가 높아졌다는 것이다. 이 신호는 다양한 방면에서 실용적으로 이용될 수 있다. 가령 코칭 과정에서 셀프 터치 제스처의 증가가 나타나면 코치는 효과적인 변화 작업에 착수해야 한다. 반대로 안정 제스처의 감소는 심리 치료의 성공을 보여주는 주요 지표다. 영업 사원이 고객 상담을 하는데 고객의 안정 제스처가 증가해 스트레스를 받는다는 신호를 보내는 것은 구매를 하지 않겠다는 것을 암시한다.

그 밖에도 셀프 터치 증가는 엄마 뱃속의 태아에게서도 볼 수 있는데, 임신 10주차 이상인 태아는 엄마가 스트레스를 많이 느낄수록 자기 얼굴을 더 많이 만진다고 한다. 엄밀히 말하자면 셀프 터치는 스트레스 조절을 위한 신호이기 때문에 스트레스 신호라고 불러서는 안 된다. 즉, 스트레스를 느낄 때 다른 사람에게 "이봐, 나 지금 스트레스 받았어"라고 알리기 위해서가 아니라, 흥분을 조절하기 위해 자신을 만진다는 이야기다. 다시 말해, 자신을 진정시키기 위한 목적이기 때문에 안정 제스처라고 부른다.

에게는 더없이 행복한 우연이었다. 제막식에서는 발이 결정적인 역할을 했다.

발은 상대방이 무엇에 주의하는지 알려준다
혹은 화상회의에서 발에도 '시선'을 두어야 하는 중요한 이유

다이애나비 기념 동상 제막식은 지위 인식과 스트레스 외에도 발과 다리의 자세가 알려주는 숨겨진 세 번째 메시지, 바로 사람이 주시하는 주요 방향을 멋지게 보여주었다. 윌리엄과 해리 형제는 켄싱턴 궁전의 정원에서 녹색 천으로 싸인 어머니의 기념 동상 앞에 섰다. 윌리엄이 오른쪽에, 해리가 왼쪽에 자리를 잡았다. 이미 이때부터 분명히 알아볼 수 있었다. 해리는 계속해서 형과 눈을 마주치려 하고, 형을 보고 미소를 지으며 짧은 농담을 했다. 내가 관찰한 바에 의하면 이것은 관계를 회복하려는 시도로 이해할 수 있다. 이런 해리와는 반대로 윌리엄은 (나의 분석이 맞는다면) 해리와 눈을 마주치기를 피했다. 어쩌다가 눈이 마주치기라도 하면 해리는 진심으로 기쁨을 느껴 눈까지 웃는 것에 비해 윌리엄은 사회적 미소를 띨 뿐이었다. 해리가 가벼운 농담을 해도 윌리엄은 반응하지 않고, 잠시 몸을 다른 쪽으로 돌리기까지 했다.

두 사람 사이에 긍정 공명이 결여된 것이 분명했다. 안정적이며 신뢰할 수 있는 관계를 나타내는 상호 간의 친밀함의 표현이 빠져 있었던 것이다. 배우자나 가족과의 관계에 긍정 공명(예를 들어, 함께 기쁨을 나누는 것과 같은)이 없다면, 이것은 관계에 틈이 생겼다고 알리는 경고 신호다. 연인이 더 이상 함께 웃지 않고, 기뻐하지 않는다는 것은 관계가 곧 끝날 것이라고 심판이 K.O. 카운트다운을 하는 것과 같다. 신체 언어적 신호의 부재가 중요한 것을 알려준다는 기본 원칙이 다시 입증된 셈이다.

제막식 행사가 끝난 후, 나는 한때 그토록 친밀했던 영국 왕실 형제에게 틈이 생긴 것을 확신할 수 있었다. 윌리엄의 몸과 시선이 어머니의 기념 동상을 향해 있었다면, 해리도 동상 쪽을 바라보고 서기는 했지만 그의 몸과 발은 형을 향하고 있었다. 이 신호 뒤에는 무엇이 숨겨져 있다고 생각하는가? 항상 그런 것은 아니지만, 일반적으로 사람은 자신이 주시하는 대상을 향해 시선과 몸을 돌린다. 나는 주요 관심사의 방향을 식별할 수 있는 4C 규칙을 개발했는데(4C의 영어 발음은 영어 단어 예견하다foresee와 동일하다), 이 규칙에 따라 신체 부위의 방향을 살펴보면 그 사람이 주의를 기울이는 것이 무엇인지 알 수 있다. 4C는 신체의 네 부위를 말하는데, 턱chin, 상체 또는 가슴chest, 몸의 중심 또는 배꼽 주변 부위center of bodymass, 발가락 끝caps of toe이다.

이 4C를 통해 사람이 어느 방향으로 몸을 움직일지 혹은 실제로 관심을 두고 있는 것이 무엇인지를 예측할 수 있다. 사람은 관심사가 있는 곳을 주의하기 마련이기 때문이다. 이를 제대로 적용하려면 주의에 대한 신체 언어 기본 원칙을 확실하게 짚고 넘어가야 한다. 하체 부위는 중요한 상위 수준의 관심을 알려주고, 좀 더 움직임이 많은 상체 부위는 단기적 관심을 의미한다. 시선은 순간적으로 지나가는 관심사의 방향을 알려준다. 따라서 주요 관심이 어디로 향하는지 인지하려면 턱과 상체가 공간의 어느 곳을 향하는지가 아니라, 몸의 아래쪽 부위, 즉 발과 다리에 주의를 기울여야 한다. 이때 발을 꼬고 앉아 있는 등 두 발이 모두 바닥에 닿지 않았다면 발끝이 주요 관심사를 보여주지 않는다는 점에 조심한다. 다리를 꼬고 앉은 자세에서 꼰 다리의 방향이 관심이나 호감이 가는 곳을 가리킨다는 이야기가 있지만 이는 신체 언어 기본 원칙에 해당되지 않는 가설일 뿐이다.

지금까지 배운 지식을 영국 왕실 형제 사이에 적용해보자. 해리의 주요 관심을 보여주는 발과 몸은 윌리엄을 향해 있었고, 기념 동상 제막식이 끝난 후에는 전적으로 윌리엄을 바라보았다. 이와는 반대로 윌리엄의 네 가지 C, 즉 관심은 다이애나 기념 동상에 집중됐다. 둘의 상황을 추측해보면 해리가 오프라 윈프리와 인터뷰를 한 이후 둘 사이가 소원해졌고, 제막식을 계기로 해리는 형과의 관계를 개선하려는 비언어적 신호를 보이지만 윌리엄은 아직 화해할 준비가 되지 않은 것 같다. 윌리엄은 신체 언어적으로 분명하게 거리를 두는 신호를 보였으므로 둘 사이의 관계가 좋아지려면 많은 노력이 필요해 보인다.

화상회의에서 4C 규칙 활용하기

중요한 화상회의 도중에 여러분의 집 혹은 화상회의에 참여한 다른 사람의 집 문이 갑자기 열린다. 발은 책상 아래 놓여 있지만, 이 순간에도 4C 규칙에 따라 통찰력을 발휘할 수 있다. 여러분도 다음과 같은 비언어적 상황을 함께 살펴보자. 다음과 같은 상황은 무엇을 의미한다고 생각하는가?

a) 사무실 의자에 앉아 있던 대화 상대자가 의자를 돌려 시선과 몸 전체를 새로 등장한 사람 쪽으로 향한다.

b) 대화 상대자가 시선과 머리는 문이 있는 방향으로 돌렸지만 신체의 나머지 부분은 계속해서 여러분을 향해 있다.

c) 대화 상대자가 곁눈질로만 문이 있는 곳을 바라본다.

d) 대화 상대자의 몸 동작이 잠깐 동안 얼어붙은 것처럼 멈춰 있다.

여기서 더 이상 읽지 말고, 우선 스스로 곰곰이 생각해보자.

해답은 다음과 같다. a)에서는 현관문에 상사나 중요한 인물이 서 있는 것이다. 누가 서 있든 그 사람은 이제 더 이상 미팅에 집중할 수 없다. b)의 경우, 대화 상대자는 곧 다시 당신에게 집중할 것이다. c)

의 경우, 관심이 다른 곳으로 잠시 향해 방해를 받기는 했지만 대화 상대자의 관심은 여전히 여러분에게 향해 있다. 이 신체 언어는 여러분과의 대화가 관심의 우선순위라는 의미다. **d)**의 경우는 여러분의 대화 상대자가 깜짝 놀란 것을 의미한다. 이런 경우에는 상대방이 놀란 가슴을 가라앉히고, 다시 집중할 때까지 잠시 기다리면 된다.

'무표정'의 여왕, 엘리자베스 2세
혹은 주름이 성격을 말해주지 않는 이유

이미 작고한 영국 여왕이 왕실 스캔들에 대해 어떤 생각을 했을지 궁금한 사람은 비언어적 분석 과정에서 조심해야 할 부분이 있다. 주변에서 흔히 일어나는 오해가 여왕의 비언어적 표정을 분석하는 과정에서도 일어날 수 있기 때문이다. 예를 들어, 파티에 가서 신나게 놀고 있는데 다른 사람이  와서 이런 질문을 할 때가 있다. "무슨 일이야? 괜찮아?" 이 같은 이유를 알 수 없는 질문에 대한 답은 바로 '레스팅 비치 페이스 Resting Bitch Faces'다. 이것을 '무표정' 또는 '뚱한 표정'이라고 표현하는 사람도 있다. 최근 연구에 따르면 여성에게서 많이 볼 수 있는 표정이라고 한다. 여러분은 단지 얼굴의 긴장을 풀고 편안하게 있을 뿐인데, 표정은 '나한테 절대 말 걸지 마!'라는 메시지를 풍기는 것이다. 엘리자베스 2세 여왕의 무표정은 유명하여 레스팅 비치 페이스의 어머니라고 불리곤 한다. 다른 유명인 중에는 크리스틴 스튜어트와 안젤리나 졸리가 있고, 래퍼 카니예 웨스트도 이런 표정으로 잘 알려져 있다.

한 연구에서 이런 거부하는 듯한 인상을 주는 표정의 원인을 밝혀냈다. 중립적인 표정은 보통 약 3퍼센트 정도의 감정적 인상을 주고, 얇은 입술은 화가 난 듯한 느낌을 전달한다. 한편 레스팅 비치 페이스는 6퍼센트 정도의 감정적인 인상을 주는데, 대부분은 멸시의 신호를 전달한다. 그래서 사실은 평온한 마음으로 가만히 있을 뿐인데 마치 다른 사람을 무시하거나 불만이 있는 것 같은 인상으로 다가오는 것이다. 이런 오해를 하고 싶지 않다면 '기준선이 없으면 우리는 장님이다'라는 표정 공명의 기본 원칙을 항상 명심하자. 표정의 변화만이 감정 상태를 확실히 보여준다.

또 다른 구체적인 예는 입꼬리에서부터 아래턱까지 이어지는 주름이다. 주름 때문에 입이 마치 나무 인형의 입처럼 보인다고 해서 꼭두각시 주름이라고도 부른다. 앙겔라 메르켈 총리처럼 주름이 뚜렷하면 입꼬리가 아래로 잡아당긴 것처럼 보여서 슬픔의 표현으로 해석되기도 한다. 꼭두각시 인형 주름이 도드라진 사람은 전혀 슬프지 않은데도 다른 사람들이 자신을 우울해 보인다고 여기곤 해서 힘들 때가 자주 있다. 밖으로 풍기는 인상과 실제 감정 상태 사이에 차이를 구분할 필요가 있다는 것을 보여주는 또 다른 예다. 무표정인 상태에서 슬픈 인상을 준다고 해서 반드시 정말로 슬프다거나 깊은 슬픔을 느낀다고 확언할 수 없는 것이다. '분노의 주름'이 있는 사람의 경우도 비슷하다. 이런 주름이 있는 사람은 갑자기 화를 낼 것이라고 여겨지는 경우가 많다. 하지만 이런 확신에는 아무런 근거도 없다. 또한 주름이나 두개골 모양을 보면 사람의 성격을 알 수 있다는 속설이 19세기부터 널리 퍼져 있지만, 과학적 연구에서 연관성을 밝혀낸 적은 단 한 번도 없었다. 오히려 이런 이론을 반박하는 연구는 많이 있다.

걸음걸이가 보여주는 것
혹은 어두운 골목길을 단호한 걸음걸이로 지나가야 하는 이유

얼굴 주름만으로는 그 사람의 상태를 알기 힘들지만, 사람의 걸음걸이를 보고는 파악할 수 있는 것들이 몇 가지 있다. 기쁨이나 분노, 두려움으로 흥분된 상태에서는 걷는 속도가 평소보다 빨라진다. 반대로 슬프거나 지루함을 느낄 때는 느리게 걷는다. 또한 어떤 감정 상태인지에 따라 발 폭과 팔을 흔드는 정도도 달라진다. 기쁠 때와 화가 날 때 발은 천리마를 탄 것처럼 빠르고, 팔을 풍차 날개처럼 크게 흔들며 걷는 반면에, 슬플 때는 어깨를 축 늘어뜨린 채 발을 끌다시피 하며 걷는다. 팔을 흔드는 모습으로 상대방의 성격도 알 수 있다. 외향적인 사람일수록 팔을 크게 흔드는 경향이 있다.

걸음걸이로 알 수 있는 것에는 생존과 관련된 것도 있다. 연구에 의하면 습격을 당하는 희생자들이 무작위로 선별되는 것은 아니라고 한다. 자연에서 맹수는 공격 대상을 신중하게 고른다. 늑대가 양떼 가운데 가장 약해 보이는 양을 공격하듯이 사람의 경우도 비슷한 과정을 거쳐 대상을 고른다. 범죄자들은 범행 대상을 정할 때 가장 작은 위험을 감수하면서 가장 많은 것을 얻어낼수 있는 대상을 고른다고 한다. 다시 말해 공격하기 쉬운 사람인지 어려운 사람인지를 판단하는 위험 수익 분석을 통해 희생자를 정한다는 것이다.

그렇다면 범죄자들은 도대체 무슨 특징을 기준으로 범행 대상을 선택할까? 영국 심리학자 루시 존스턴Lucy Johnston의 연구팀은 범행 대상을 선택하는 기준이 나이와 신장, 체중과는 전혀 상관이 없으며, 걸음걸이가 결정적 역할을 한다는 것을 밝혀냈다. '공격하기 쉬운 걸음걸이'는 느린 속도, 짧은 보폭, 폭이 좁은 팔 흔들기와 같은 특징을 보이고, 발을 부드럽게 이어 움직이기보다는 들어올리는 편이다. 전체적으로 힘이 없고, 저자세를 취하는 듯한 인상을 주는 신호다. '공격하기 힘든 걸음걸이'는 빠른 속도와 큰 보폭, 팔을 크게 흔들기, 활기찬 인상을 주는 발 움직임과 같은 반대의 특성을 보인다. 힘과 에너지를 드러내는 걸음걸이로

'나는 맞서 싸울 수 있어'라는 메시지를 전달하는 것이다. 그러므로 범죄의 희생자가 되지 않기 위해서는 걸음걸이를 바꾸는 것이 좋다. 몇 가지 실험을 통해 활기찬 인상을 풍기는 걸음걸이를 의식적으로 훈련하면 실제로 '공격하기 힘든' 사람이라는 인식을 심어줄 수 있다는 점이 증명되었다.

자신감 넘치는 신체 언어의 좋은 예로는 세계적인 축구 선수 크리스티아누 호날두를 들 수 있다. 프리킥을 하기 전에 카우보이처럼 위협적으로 다리를 넓게 벌리고 서는 호날두의 자세는 상대편 골키퍼의 이마에 땀이 송골송골 맺히게 한다. 그렇다면 이러한 지배 제스처가 어두운 골목길을 안전하게 지나가게 해주는 것 말고, 성공의 가능성도 높여줄 수 있을까? 신체의 자세가 어떤 숨겨진 메시지를 전달하고, 우리의 인상에 어떤 영향을 미칠지 다음 장에서 살펴보자.

5

마음의 스냅숏: 자세

면접을 앞둔 사람이
축구선수에게서 배울 점

3월이 되었지만 영하 5도에 눈이 가볍게 날린다. 두꺼운 외투를 입고 털모자를 쓰고 목도리도 했는데 너무 춥다. 나중에 알게 된 사실이지만 그날은 지난 100년 동안 가장 추운 3월이었다. 하지만 그날 오후에 포기란 없었다. 30분 전부터 나는 거의 움직이지 않았다. 관찰하는 것이 너무나 흥미진진했고, 아주 작은 미세표정이나 제스처의 이탈도 놓칠 수 없었다. 나의 신경은 금방이라도 끊어질 것처럼 팽팽했고 심장은 망치로 가슴을 두드리는 것처럼 쿵쾅거렸다. 나를 방해하는 것은 추위에 떨리는 손가락뿐이었다. 손가락이 얼어서 망원경으로 그의 신체 언어, 특히 표정을 선명하게 보기 힘들었던 것이다. 문득 나도 저 사람처럼 뛰어다닐 수 있으면 몸이 따뜻해져서 좋겠다는 생각이 들 정도였다.

그런데 갑자기 내가 관찰하던 그 남자가 왼쪽 입꼬리를 힘주어 누르고, 눈까지 굴렸다. '와우, 이건 정말 분명한 표시야'라는 생각이 머리를 스쳤다. 경멸을 나타내는 명백하고 확실한 표시였다. 이와 동시에 내 옆에서 크게 외치는 소리가 들렸다. 두 번째, 세 번째 고함 소리가 이어지더니 경기장 전체가 소리를 지르고, 환호했다. 시합이 끝나기 바로 직전에 결정적인 마무리 골이 터졌다. 감독의 신체 언어가 축구보다 더 흥미진진하게 느껴진 탓에 나는 골이 들어가는 장면을 놓치고 말았다. 상대 팀 감독이 보인 명백한 경멸의 표현에는 타당한 의미가 있었던 것이다.

스포츠만큼 신체 언어를 분명하게 관찰할 수 있고, 신체 언어가 이토록 자유롭게 표현되는 곳은 찾아보기 힘들다. 기쁨과 슬픔이 공존하고, 승리에 도취되어 있다가 역전을 당해 좌절했다가 얼마 지나지 않아 바로 다시 또 환호한다. 이런 이유로 나는 스포츠 경기를 즐겨 본다. 스포츠는 우리 안에 있는 야성을 깨운다. 그 순간에 우리는 감정을 느낄 뿐 아니라, 감정 자체가 된다. 기쁨, 분노, 절망감, 승리!

스포츠 분야에서 신체 언어가 어떤 역할을 하는지 그리고 일상생활에 어떻게 적용할 수 있는지에 대해 한번 생각해보자.

전쟁과 카우보이 그리고 축구 선수
혹은 지배 신호의 효력에 관해

축구 감독이 보여준 경멸의 표현에서 시작해보자. 연구에 따르면 경멸은 공감뿐 아니라 면역체계까지 억제한다. 우리가 어떤 사람을 경멸하면 그 사람에 대한 공감이 떨어지게 된다. 입꼬리를 한쪽만 누르거나 윗입술을 한쪽만 올리는 것은 위에서 내려 보는 멸시에 대한 표시로 사회적 지배를 표현한다. 이런 표정은 상대방에게 '내가 당신보다 우위에 있다'는 신호를 전달한다.

제니스 키콜트 글레이저Janice Kiecolt-Glaser가 이끈 미국의 연구팀은 경멸이 감정이나 공감뿐만 아니라 신체적으로도 파괴적인 영향을 끼칠 수 있다는 점을 증명했다. 경멸의 신호를 받으면 신체의 면역체계는 그 영향으로 최소 24시간 동안 현저히 약해진다. 서로 경멸하는 말을 자주 주고받는 연인은 감기에 더 자주 걸린다. 사회적으로 어느 위치에 있든지 경멸조로 말하는 사람은 자신이 상대방의 건강에 치명적인 영향을 준다는 사실을 반드시 깨달아야 한다.

그런데도 경멸은 선사 시대부터 매우 중요한 역할을 했고, 현재도 여전히 그렇다. 경멸이라는 감정을 일으키는 주된 원인은 비도덕적 행동이다. 원시 채집 시대에 누군가가 소중한 부싯돌을 훔쳐 갔다고 상상해보자. 범인을 잡았을 때 분노도 느끼지만, 동시에 그 사람을 경멸하기도 한다. "그런 짓은 아무도 안 해. 집단 구성원이라면 모두가 아는 사실이지." 도둑에게 퍼부은 경멸은 그의 면역체계를 약화시키고 육체적으로 지치게 만든다. 동시에 경멸을 나타낸 당사자들마저 감정적으로 냉담해진다. 그를 향한 공감이 사라져버렸기 때문이다. "자기 탓이지 뭐. 훔치긴 왜 훔쳐!" 도둑질을 한 사람의 신체 언어가 부끄러움이나 양심의 가책을 느끼는 듯한, 즉 우리를 확실하게 안심시키는 신호를 보낸 뒤에야 비로소 우리는 그 사람을 용서하고, 집단에 다시 받아들일 준비를 한다. 하지만 반대로 죄 지은 사람이 반성의 기미를 보이지 않으면 그 사람은 동굴 밖으로 쫓겨나 혼자 살아가야 한다.

이처럼 자연이 인간에게 심어준 감정은 우연히 생겨난 것이 아니다. 모든 감정에는 중요한 기능이 부여돼 있다. 경멸은 우리가 (생존에 중요한) 집단으로서 지켜야 할 규칙을 인지하고, 주의를 기울여 실천할 수 있게 하는 데 도움을 준다. 모든 사람이 타인의 소유물을 훔치고, 집단 구성원이 소중하게 여기는 것을 짓밟아

버리는 세상이라면, 과연 이런 곳에서 살고 싶은 사람이 있을까?

스포츠에서 자주 관찰되는 또 다른 감정은 승리다. 승리도 마찬가지로 지배와 우월감을 표현한다. 승리를 신체 언어로 어떻게 표현하는지 알게 되면 당혹스러울 수 있다. 축구 선수가 골을 넣은 후에 어떤

표정을 짓는지 자세히 관찰한 적이 있는가? 눈과 입이 동시에 미소를 짓는 진심으로 기쁜 표정을 볼 수 있을 것이라 예상하겠지만 틀렸다. 득점을 한 선수의 표정은 오히려 쏘아보는 듯 날카로운 눈빛을 한 '힝클리 표정'과 비슷하다. 콧잔등을 찡그리고 주먹을 꽉 쥔 채 하늘을 향해 높이 뻗는 동작이 이런 얼굴 표정과 짝을 이룰 때도 많다.

이처럼 공격적인 인상을 주는 신체 언어는 모든 문화권에 존재한다. 억눌려 있다가 방출된 목적 에너지는 밖으로 향하고, 이로 인해 우리는 자신이 더욱 강해졌다고 느끼게 된다. 동시에 지배 제스처는 상대방을 겁에 질리게 한다. 뉴질랜드 원주민 마오리 족은 지배 제스처를 '하카 페루페루Haka Peruperu라는 전투무용으로 발전시켰고, 뉴질랜드 럭비 국가대표 팀 '올 블랙스'는 국가 대항 경기를 하기 전에 이 춤을 춰서 힘을 충전하고 상대방을 견제한다. 이것은 굉장히 호전적인 연출로 매우 강렬한 인상을 준다.

세계적인 축구 선수 크리스티아누 호날두도 이런 효과를 잘 활용하는 사람 중 한 명이다. 최근 연구에 따르면, 호날두가 프리킥을 하기 전 다리를 넓게 벌리고 카우보이 영화의 주인공 같은 포즈를 취하는 것은 영리한 비언어적 성공전략이다. 지배적인 자세를 취하는 축구 선수가 무의식적으로도 긍정적인 성과를 낸다는 것을 보여주는 연구도 있다. 이런 선수는 다른 사람보다 더 많은 성공을 거두고 더 강한 추진력을 보인다는 평가를 받는다. 반면에 순종적인 신체 언어를 보이고 공간을 적게 차지하는 제스처를 하는 선수는 좋은 성과를 내기 힘들다. 그래서 승부차기나 프리킥을 하기 전에 상대 선수를 위협하는 지배적인 신체 언어를 보이면 실제로 골을 넣을 가능성이 높아진다.

지배 신호는 시합에서 어느 팀이 앞서고 있는지도 알려준다. 한 실험에 참가한 사람들은 단순히 농구 선수의 표정과 자세만 보고도 어떤 팀이 앞서가는지를 알아맞힐 수 있었다. 이기고 있는 팀의 선수의 신체 언어에는 우월감과 자부심 그리고 자신감의 신호가 더 많이 보였다. 이런 비언어적 힘의 코드를 파악함으로써 직장 세계에서도 조직도에 공식적으로 명시된 것이 아니라 보이지 않는 실세가 누구인지 알아차릴 수 있다. 나는 이 같은 발견을 바탕으로 빠르고 쉽게 서열을 인지할 수 있도록 DOMINAN-Z(지배)라는 약어에 연구를 통해 알게 된 지배 신호를 적용해보았다.

월요일 아침, 신입사원으로 회의에 참석했다고 상상해보자. 회의실 탁자에 빙 둘러 앉아 있는 사람 중에 누가 제일 높은 사람인지 지배적인dominant 눈빛(D)을 보고 단번에 알아볼 수 있을 것이다. 그 사람은 다른 사람의 말을 들을 때보다 자신이 말할 때 다른 사람과 더 많이 눈을 마주칠 것이다. 보통 사람들은 자신이 말할 때보다 상대방의 말을 들을 때 더 많이 보는 경향이 있다. 다음으로는 개방적이고open 공간을 많이 차지하며 솔직한 자세(O)와 단조롭고monotone 크고 깊은 목소리(M)를 발견하게 될 것

상사님이 회의에 참석하셨습니다!

집단에서 자신의 사회적 지위가 우월하거나 혹은 열등하다고 느끼는 것은 지능지수에 영향을 준다고 한다. 한 연구에서는 자신이 열등하다고 느끼면 아이큐가 평균 15퍼센트 정도 떨어진다는 것을 밝혀냈다. 뇌 스캐너를 통해 그 원인을 찾아냈는데, 집단에서 사회적 지위가 낮다고 느끼면 변연계에 있는 작은 아몬드 모양의 경보 센터인 편도체가 과도하게 활성화된다. 편도체가 위험에 처하면 우리의 이성을 관장하는 전전두엽 피질을 납치한다. 실제 삶에서는 회의에 상사가 참여한 것만으로도 직원은 자신을 형편없다고 느끼게 되고, 결과적으로 성과가 떨어질 수 있다. 특히 상사가 강한 지배 신호를 보낼 때는 더욱 그런 경향이 많이 나타난다.

여러분이 관리자 직책을 맡은 사람이라고 해서 회의에 들어가지 말라는 이야기는 아니다. 하지만 '나 빼놓고 여기 있는 다른 사람은 모조리 멍청이들이야!'라는 생각이 떠오를 때 이 같은 사실을 알아두는 것이 도움이 될 것이다. 때로는 격려하는 미소 같은 비언어적 신호를 보여 상대방을 지지할 수도 있다. 이것은 지능지수를 떨어뜨리는 '앗, 저기 상사다'라는 충격 효과를 완화한다.

이다. 가끔은 비밀스러운 때도 있지만 일반적으로 보스는 다른 사람에게 다가갈 때 사람들 사이를 뚫고 지나가는데, 이것은 보스라는 직위의 또 다른 신호로 선도적인initiated 상호 간의 접근 (I)을 보인다. 이들은 다른 사람의 비언어적 거리 영역을 넘나들지만 자신의 개인적 접근 거리는 제어한다. 가령 누군가와 대화를 나누며 스스럼없이 태연하게nonchalant 손을 어깨에 얹는 것처럼 일방적인 접촉(N)을 하는 식이다. 보스는 평소에는 매우 풍부한 표현력을 발휘하지만expressive(독일어로는 ausdrucksstark이므로 A에 해당한다. - 옮긴이 주)(A), 갈등 상황에 처하거나 토론을 할 때는 포커페이스를 취한다. 보스는 덜 긴장한nervous 듯한 인상을 주고 (N) 말을 더 많이 하고 다른 사람의 말에 끼어드는 경우가 많고, 대부분의 시간time(독일어로는 Zeit이므로 Z에 해당한다. - 옮긴이 주)을 회의를 위해 할애한다(Z). 자, 이제 누가 보스인지 알아볼 수 있는가? 아니면 여러분이 바로 보스인가?

몸의 자세는 감정을 구체적이고 세세하게 전달하지는 않지만 섬세한 신호 체계인 표정에 비해 좀 더 멀찍이 떨어진 거리에서도 잘 보인다는 장점이 있다. 이것은 선사 시대에 사바나에서 우리를 향해 빠르게 접근하는 사람이 아군인지 아니면 적군인지를 파악하는 데 중요한 역할을 했을 것이다. 또한 몸의 자세는 사회적 직위와 건강 상태 그리고 갈등이 일어날 가능성을 알려준다. 진화 과정에서 갈등을 피하거나 설득의 신호를 이용해 평화를 유지하기 위해 신체 언어적 신호가 발전한 것이다. 그리고 힘을 모아 싸움에 대비하고 자신의 우월함을 과시하기 위한 신호도 발전했다. 이렇게 선사 시대부터 진화해온 신체 언어는 오늘날에도 운동 시합이나 구애 과정 혹은 회의 등에서 관찰할 수 있다.

영업부 직원이 분기 회의에서 아이디어를 발표하는 영업 지원 팀 직원을 입꼬리 한쪽만 올리는 지배 미소와 함께 오만한 표정을 지으며 무시한다. 탐정 영화에서도 이런 표정을 자주 볼 수 있다. 한 사람이 "나는 믿어도 돼요"라고 말하고서는 상대방이 돌아서면 바로 그런 표정을 지으며 낄낄대며 웃는다. 우리는 영화를 보다가 그런 표정을 보면 곧바로 "오, 저 남자가 뭔가 나쁜 일을 꾸미는구나!"라고 알아챈다. 나는 이런 교활한 웃음을 '악당의 미소'라고도 부른다.

지배 미소가 미치는 영향력도 경멸 신호 못지않다. 누군가 발표를 할 때 이런 미소를 보이며 반응한다면 (경멸 신호처럼 발표자의 면역체계에 큰 타격을 주지는 않겠지만) 스트레스 호르몬인 코르티솔 분비가 증가하고 심장을 빠르게 뛰게 한다. 한편 상냥한 미소나 눈웃음이 포함된 기쁜 표정을 보이며 반응한다면 정반대 효과가 나타난다. 애정 어린 표정은 상대방의 스트레스 호르몬 분비를 줄이고 맥박을 진정시키며, 동시에 능력을 인정받는다는 느낌을 전달한다.

화상회의에서는 지금 누가 누구를 보는지 알 수 없기 때문에 갤러리 보기 모드를 선택할 경우 모든 사람의 감정 상태를 지속적으로 보게 된다. 이때 상사가 멸시하는 표정이나 지배 미소를

페이스 커버

우리는 왜 가끔 얼굴을 숨길까

신체 접촉은 안정 효과를 불러오므로 스트레스를 받으면 자신의 몸을 만지게 된다. 앞에 말했듯이 셀프 터치 제스처는 손을 만지작거리는 행위처럼 대부분은 작고 반복적인 동작으로 나타난다. 그 다음으로 가장 많이 만지는 부위는 얼굴이다. 손으로 얼굴을 만지는 행위 가운데 특정한 행동을 '페이스 커버face-cover'라고 한다. 손으로 얼굴을 완전히 가리거나 혹은 얼굴의 일부를 감싸는 행위다. 이 동작은 무의식적으로 일어나고, 매우 감정적인 순간에 많이 발생한다. 예를 들어, 부끄럽거나 당혹스러울 때 그리고 울거나 감동스러운 순간에도 얼굴을 감싼다. 미국의 심리학자 데이비드 마츠모토David Matsumoto에 의하면, 이런 신호는 진화론적으로 보았을 때 적에게 자신의 감정을 숨기려고 한 것에서 기인한다고 한다. 가령 슬픔의 감정을 통해 우리가 상처 입을 수 있는 존재라는 것을 알 수 있듯이 감정을 드러낼 경우 잠재적으로 위험을 초래할 수 있기 때문이다.

보이며 어떤 사람을 지적하고 삐딱한 코멘트를 하면, 머리로는 상사가 보인 경멸 신호가 그를 향한 것이라고 인식하더라도 신체는 마치 내가 고통스러운 일을 경험한 것 같은 반응을 보이며, 이런 경멸이 자신을 향한 것이라고 받아들일 수 있다. 회의에 참여한 이들이 이 같은 갈등을 해결하려고 하지 않고 이것을 비언어적으로만 다루면 화상회의가 끝날 무렵에는 정신적으로나 신체적으로나 모든 에너지가 소진된 것을 깨닫게 될 것이다.

갈등을 해소하는 방법에는 두 가지가 있다. 첫째, 집단에서 관찰한 것을 서로 이야기하고 갈등을 풀려고 노력한다. 둘째, 긍정적인 에너지를 발산하는 동료에 집중한다. 간혹 "나는 그냥 발표자 모드로 화면을 설정해. 그러면 더 이상 다른 사람들 얼굴을 안 봐도 되거든!"이라고 말하는 사람도 있다. 그러나 이것은 그다지 좋은 대안이 아니다. 화면을 끄면 신체 언어적 신호를 교류할 수 있는 가능성이 아예 사라지기 때문이다. 물론 갈등 발생 상황에서는 가끔 본인의 카메라를 그냥 끄고 싶을 때도 있다. 그러면 남들 눈을 의식하지 않고 손톱을 깨물어 스트레스를 발산할 수 있을 테니 말이다. 진화 과정에서 다른 사람 앞에서 감정을 숨기려는 무의식적 메커니즘이 발달한 것은 당연하다고 할 수 있다.

신체 언어가 감정에 미치는 영향
혹은 수탉 자세가 면접에 유리한 이유

사람뿐 아니라 동물도 무리 내에서 우월함과 우두머리 지위(알파 지위)를 비언어적으로 표현한다. 이때도 신체 언어가 중요한 역할을 한다. 당당하고 큰 공간을 차지하며 곧은 자세는 "여기 대장은 나야"라고 말하는 듯하다. 높은 지위는 비언어적으로뿐 아니라 호르몬을 통해서도 나타난다. 한 무리를 이끄는 알파 동물은 지배 호르몬인 테스토스테론 수치가 더 높고, 스트레스 호르몬인 코르티솔 수치는 상대적으로 좀 더 낮다.

미국의 심리학자 에이미 커디Amy Cuddy는 "의식적으로 하이 파워 포즈(지배 제스처)를 취하는 것이, 즉 큰 공간을 차지하는 신체 언어가 힘에 대한 주관적 느낌과 호르몬 수치에도 긍정적인 영향을 미칠 수 있을까?"라는 질문을 해보았다. 연구 결과는 '그렇다'였다. 2012년, 커디는 TED 강연에서 이에 대해 발표했는데, 동영상은 5천만이 넘는 조회 수를 보이며 TED 강연 사상 두 번째로 높은 조회 수를 기록했다. 그 덕분인지 다리를 엉덩이 넓이보다 더 넓게 벌리고 서서 옆구리에 손을 얹은 하이 파워 포즈가 테스토스테론 수치를 높이고, 코르티솔 수치는 낮춘다는 주장이 매우 빠르게 퍼져나갔다. 그런데 이후 진행된 다른 연구에서는 커디와 같은 실험 결과가 나오지 않아 이 같은 주장을 확신할 수 없게 되었다. 그렇지만 하이 파워 포즈의 힘을 믿는 사람은 여전히 많다.

하이 파워 포즈가 호르몬 부스터라는 주장이 입증되지는 못했지만 대규모의 학술적 메타 분석은 하이 파워 포즈가 감정에 긍정적인 효과를 준다고 인정했다. 1~2분 정도 하이 파워 포즈를 취하면 실제로 자신감이 생기고 힘이 솟는다고 느끼며 신체 언어적으로도 더욱 많은 존재감을 준다. 한 실험에서는 면접시험을 보기 직전에 하이 파워 포즈를 통해 감정 상태를 '업'시킨 실험 참가자가 취업에 성공할 확률이 더 높았다고 밝혔다.

하지만 목에 뻣뻣하게 잔뜩 힘을 준 수탉처럼 면접에 나타나기 전에 팁을 하나 준다면 면접 중이 아니라 그 전에 자신감을 충전하기를 추천한다. 그리고 대화 도중에 하이 파워 포즈를 취해야 한다면 아주 가벼운 정도로만 사용하기를 권한다. 이런 자세의 효과는 경우에 따라 부정적으로 나타날 수 있기 때문이다. 상대방은 '대체 무슨 신체 언어 세미나를 다녀온 거지!'라고 생각할수도 있다.

하이 파워 포즈 효과를 제대로 누리고 싶다면 다음과 같이 해보자. 면접이나 중요한 발표를 앞두고 의식적으로 약 2분 정도 하이 파워 포즈를 취한다. 크리스티아누 호날두의 방식대로 서부영화의 카우보이처럼 다리를 넓게 벌리고 서서 팔은 골반에 대거나 하늘을 향해 승리의 제스처를 취해보는 것이다. 이런 포즈가 어떤 감정을 일으키는지, 그 느낌이 어떻게 상승하는지를 느껴보자. 그리고 면접이 시작되면 허리를 세우고 바른 자세로 서거나 앉아 있는 것에만 주의한다. 곧은 자세는 정신적 업무 수행력 평가에 긍정적인 효과를 낼 수 있다는 연구 결과가 있다. 수학 경시대회 때 의식적으로 똑바른 자세로 앉은 학생은 그렇지 않은 학생에 비해 문제를 더 잘 풀었을 뿐만 아니라, 문제가 쉽다고 느꼈다고 한다.

신체 언어가 스스로에게 얼마나 많은 영향을 끼치는지 명확하게 보여주는 또 다른 멋진 실험을 소개하고자 한다. 이번에는 네덜란드 남부 로테르담에 소재한 에라스뮈스대학교로 가보자.

2010년, 연구진은 실험 참가자들이 상자에서 구슬을 꺼내 다른 상자로 옮기는 실험을 진행했다. 참가자들은 우선 아래 상자에서 위 상자로 구슬을 옮겨야 했다. 구슬을 정리하는 동안 실험 참가자는 지시가 적혀 있는 '이벤트 카드' 몇 장을 카드가 쌓여 있는 곳에서 뽑았다. 실험에 사용하는 카드에는 "자신이 자랑스러웠던 순간에 대해 말하세요." 혹은 "창피했던 순간에 대해 이야기하세요" 같은 다양한 연상 과제가 적혀 있었다. 때로는 좋거나 나쁜 기억 대신 "어제 무슨 일이 있었는지 아무거나 이야기하세요" 같은 개방적이며 중립적인 질문이 적혀 있기도 했다. 한 라운드가 끝나면, 이제 실험 참가자는 구슬을 위에 놓인 상자에서 아래로 옮겨야 한다. 구슬을 옮기는 방향을 바꾼 일이 실험 참가자에게 어떤 변화를 가져왔을까?

여러분은 이미 배운 신체 언어에 대한 지식을 통해 실험 결과를 예측할 수 있을 것이다. 실험 참가자들은 구슬을 위에서 아래로 옮길 때 창피하거나 슬펐던 순간처럼 부정적인 일에 대한 기억을 훨씬 더 쉽게 떠올렸다. 또한 과거에 대한 개방적이며 중립적인 질문에 부정적인 경험을 더 많이 생각해냈다. 반대로 아래에서 위로 구슬을 옮겼을 때 실험 참가자들은 긍정적인 순간을 더 빨리 더 많이 떠올렸다.

일상에서 이런 연관성을 구체적으로 보여주는 단어를 많이 사용하는 것은 우연이 아니다. 사람들은 "바닥에 주저앉을 만큼 절망적이다"라거나 "기뻐서 하늘로 날아갈 것 같아"라고 말하는데, 위는 긍정적인 것을 그리고 아래는 부정적인 것을 뜻한다. 이는 신체 언어에도 그대로 나타난다. 슬프면 머리를 아래로 숙이고 승리하면 팔을 공중으로 번쩍 들어올린다. 기쁠 때는 입꼬리를 올리고 슬픔에 잠기면 입꼬리를 내린다.

신체 언어는 우리가 어떤 감정 상태인지 다른 사람에게 보여주기만 하는 것이 아니다. 매일 신체 언어를 어떻게 사용하는지에 따라 자신의 감정 상태에도 영향을 준다. 한 연구 결과에 따르면 스마트폰과 태블릿 같은 디지털 기기를 사용하면서 계속해서 아래를 내려다보는 일은 캔디크러쉬 게임에서 얼마나 많은 점수를 땄는지와는 상관없이 기분을 우울하게 할 수 있다고 한다. 그러므로 상대방의 신체 언어가 어떻게 움직이는지에만 주의할 것이 아니라, 자신이 앉거나 서 있는 상태에서 자세를 바르게 하도록 노력하여 신체 언어를 의식적으로 감정 관리에 이용하라고 조언해주고 싶다.

물론 "그런데 이거 모순 아니야? 몸은 항상 내면의 상태를 따른다고 하지 않았나? 내가 신체 언어를 의식적으로 바꾸면 나답지 않다는 인상을 줄 수 있는 거잖아"라는 의문이 생길 수 있다. 그 질문에 대한 답은 다음과 같다. "지금은 외부로 나타나는 인상에 대한 이야기가 아니라, 어떻게 하면 감정과 기분에 긍정적인 영향을 줄 수 있는지에 대해 이야기하고 있는 것이다." 따라서 여러분에게 알려준 신체 언어 기본 원칙에 '실제로 느끼지 않는 것을 가짜로 속이지 말자. 단, 혼자가 아니라면'이라는 또 다른 기본 원칙을 추가한다. 다른 사람이 없을 때는 하이 파워 포즈처럼 신체 언어를 의식적으로 사용하여 자신감이 넘치는 상태를 만들어도 된다. 이때 자신감 있는 신체 언어를 통해 내면에서도 자신감이 느껴질 때까지 얼마든지 가짜로 신체 언어를 만들어보자.

그 밖에도 내면에서부터 자신감을 채우는 방법으로 신체 언어 전반에 영향을 끼칠 수 있다. 일단 내면에 동기부여를 위한 조절기와 내적 안정을 위한 강도 조절기가 있다고 상상해보자. 0은 불안정하고 자신이 초라하다고 느끼는 것을 의미하고, 10은 자부심이 매우 강하고 자신이 하는 일을 확신하는 것을 뜻한다. 이 내면의 조절기가 실제로 얼마나 효과적인지 느낄 때마다 매번 놀라울 따름이다. 얼마 전에 코칭 상담을 한 적이 있는데, 나를 찾아온 고객은 회의에서 좀 더 자신감 넘치는 인상을 주고 싶지만 신체 언어가 '약한' 사람이었다. 그의 제스처 동작은 둥글고 작은 공간을 사용했다. 몸의 자세는 구부정한 편이었고 표정은 불확실한 미소를 머금었으며, 시선은 다른 참가자를 바라보지 않고 바닥을 향하는 경향을 보였다.

코칭을 진행하면서 고객에게 내적 안정성을 8~9로 올려달라고 요청하자 그의 신체 언어는 놀라울 정도의 변화를 보였다. 자세는 단번에 꼿꼿하고 개방적으로 바뀌었고, 팔 동작은 힘찬 리듬 제스처를 보이며 인상적으로 바뀌었다. 다른 사람을 향한 시선에도 자신감이 가득했다. 코칭을 하면서 그의 신체 언어에 대해 전혀 언급하지 않았는데도 모든 것이 변화한 것이다.

자세를 나머지 신체 언어와 구분 짓는 방법
혹은 주말에 열린 축구경기 얘기가 조심스러운 이유

아이를 키우는 부모 입장에서 생각해보면, 학교에서 아이에게 지렁이의 구조에 대해 쉽게 설명해주고 이를 통해 모든 생명체에 관한 호기심을 키워주는 선생님을 만나는 일은 분명 행운이다. 그러나 정말 큰 행운은 아이가 공감 능력이 있는 사람에게 가르침을 받는 일이 아닐까? 선생님이 신체 언어를 볼 수 있는 안목이 있는지 없는지에 따라 아이들의 학교 생활은 크게 달라질 것이다. 친절하고 활기차고 수업 시간에도 집중을 잘하는 아이가 있다고 상상해보자. 그런데 어느날 선생님의 눈에 그 아이가 달라보였다. 확실하지는 않지만 신체 언어 상으로 무엇인가 평소와 다른 모습이 나타나고 자세도 달라진 것이다. 선생님은 수업이 끝난 후 그 아이에게 다음과 같이 말을 걸었다.

"너 요즘 괜찮니?"

이 질문을 건네자 아이는 곧바로 울음을 터뜨렸다. 지금까지 꼭 참고 견뎌왔던 고통이 출구를 찾은 것이다. 아이의 아버지가 3년 전에 암에 걸려 세상을 떠났는데, 어제 엄마도 암 진단을 받았다고 했다. 선생님에게는 그 상황을 바꿀 수 있는 능력은 없었지만 아이에게 지켜보고 있다는 공감의 순간을 선물할 수 있었다. 이런 순간은 힘들고 외로운 상황에서 위로가 되는 중요한 순간이다.

우리는 모두 이런 선생님이나 친구가 될 수 있다. 누구나 공감의 순간이 한 줌의 희망을 주거나 다른 사람에게 이런 순간을 선물할 수 있는 상황에 놓일 수 있다. "더 자세히 들여다봐. 뭔가 이상해"라고 신체 언어가 우리를 향해 외치는 순간이 있다. 이런 순간에 직감과 느낌을 믿고 상대방에게 다가가자. 누군가에게 중요한 차이를 줄 수 있는 신체 언어를 발견하고 신체 언어 능력을 발휘할 수 있는 유일한 순간을 놓치지 않기 위해서라도 이 책은 여러분에게 유익한 경험이 될 것이다. 여러분의 존재와 공감으로 감동을 받은 사람에게도 마찬가지로 유익할 것이다.

몸의 자세가 표정에 비해서는 사람의 구체적인 감정을 덜 표현하긴 하지만, 자세는 앞에서 이야기한 것처럼 "더 자세히 바라봐!"라는 시작 신호를 준다. 하나의 특정한 채널에만 주시하면 안

되고, 전체적인 신체 언어를 살펴보아야 하는 또 한 가지 이유다. 자세에서도 미세 동작이 나타날 수 있기 때문이다. 예를 들어, 상체를 잠깐 움츠리는 동작은 슬픔이나 부끄러움 혹은 지루함을 표현할 수 있다. 누군가 반대로 미세하게 상체를 펴고 등을 세운다면, 이 동작은 자랑스러움이나 승리 그리고 때로는 관심을 나타낸다. 아주 최소한의 움직임이라도 앞으로 몸을 숙이는 것은 머리를 앞으로 움직이는 것과 마찬가지로 기쁨과 관심, 애정 그리고 화가 났을 때처럼 상대방에게 다가가려는 접근 동기를 보인다. 상체를 뒤로 기대는 것은 회피 동기를 표현하지만, 가끔은 단순히 편안하게 쉬고 싶은 욕구를 표현하기도 한다.

감정 상태의 스냅숏인 자세는 두 가지 측면에서 나머지 신체 언어, 특히 표정과 구분된다. 첫째, 자세는 한 사람이 어떤 감정을 느끼는지를 매우 대략적으로만 알려준다. 따라서 관찰한 것을 확실하게 입증하기 위해서는 항상 다른 신호가 추가로 필요하다. 앞으로 상체를 숙이며 슬픔을 뜻하는 눈썹 앞쪽을 올리는 동작이 추가로 수반되거나 상체를 똑바로 펴면서 눈으로 웃고 있는지 등이다. 둘째, 기본적인 움직임이 아니라 자세가 개방적인지 아니면 폐쇄적인지, 다리를 꼬고 있거나 구부정한지 아니면 반듯한지, 뒤로 기대고 있는지 아니면 앞으로 숙이고 있는지와 같이 몸이 어떤 자세 상태를 유지하고 있는지에 주목한다.

상대방이 자세를 갑자기 바꾸는 순간은 어떤 생각이나 감정이 표현되지 않더라도 중요한 신호일 때가 있다. 나는 이런 점을 놓치지 않은 덕분에 의뢰를 성공적으로 마무리한 적이 있다. 대형 은행의 연례행사를 위한 회의였는데 담당자인 인사 팀장은 대각선으로 내 맞은편에 앉았고, 그 오른쪽 옆에는 마케팅 부서의 직원이 자리를 잡았다. 인사 팀장과 새해에 바라는 것에 대해 이야기하는 중에 마케팅 부서 직원이 나에게 주말에 열린 보루시아 도르트문트 축구 경기에 대해 물었다. 그때 나는 '오호, 이 직원은 내 인스타그램을 팔로우해서 내가 보루시아 도르트문트 팀 팬이라는 걸 아는구나'라고 생각했다. 개인적으로 감동을 받은 나는 축구 경기 분석에 들어가고 FC 바이에른을 앞지른 것에 대해 신나게 말하고 싶었지만, 신체 언어 전문가로서의 공적 존재인 나는 왼쪽에서 위험을 감지했다. 마케팅 직원이 던진 질문이 내 고막에 닿는 순간 인사 팀장이 상체를 뒤로 젖히며 의자 등받이에 기댄 것이다. '조심하자!'라는 생각이 머리를 스쳤다. 인사 팀장은 팔을 꼬고(이것이 결정적인 신호였다) 잠시 동안 왼쪽 입꼬리에 힘을 꽉 주었다. '흠, 인사 팀장은 축구를 싫어하든가 아니면 바이에른 팬인 게 틀림없어.' 그러더니 인사 팀장은 책상에 놓인 안건을 슬쩍 보았다. 시선에 의도가 묻어난 움직임이었다. 나는 인사 팀장에게 "시간이 촉박하시죠?"라고 말을 건넸다. 인사 팀장은 가볍게 심호흡을 하며 눈으로 웃었다. "네, 유감이지만 그러네요. 다른 중요한 회의가 또 있어서요. 이제 당신이 전문가라는 것을 확실히 알겠네요."

인사 팀장이 다시 긴장을 풀었다는 것은 눈가의 웃음과 벌새의 날갯짓 속도에서 다시 정상 속도로 줄어든 눈 깜박임 횟수뿐만 아니라, 호흡 패턴에서도 알아볼 수 있었다. 숨을 들이쉴 때보다 좀 더 길게 숨을 내쉬었고, 가슴보다 배로 더 많이 숨을 쉬었다. 다시 편안해졌다는 확실한 신호다. 호흡 같은 무의식적 신체 반응으로 어떤 숨겨진 신호를 알아낼 수 있는지는 다음 장에서 살펴보자.

신경계의 회전 수 카운터: 무의식적 신체 반응

빨개진 얼굴은
천 마디 말보다 더 많은 것을 말해준다

베를린의 슈판다우 지역에 있는 쇼핑센터에서 일어난 일이다. 그 당시 나는 신체 언어에 대해 많은 것을 알지 못했지만 적어도 사랑에 대해서는 많은 것을 알고 있다고 생각했었다. 물론 나 혼자만의 생각이었다. 사춘기 때 찾아온 사랑의 주인공은 하이케였는데 나보다 한 살 연상이고 내가 닿지 못할 곳에 존재한다는 느낌을 주는 사람이었다. 나는 16살이었고 엄마 심부름으로 우유 한 병을 사러 가서 슈퍼마켓의 진열대 사이를 지루하게 돌아다니다가 하이케를 발견했다. 하이케는 등지고 서 있어서 아직 나를 보지 못했다. 그런데도 내 신경계는 이미 내 의도와는 전혀 상관없이 '열광의 대상 발견 프로그램'을 작동하기 시작했다. 뇌에서 심장으로 '심박 수 높이기', 뇌에서 땀샘으로 '땀구멍 열기', 뇌에서 근육으로 '최대 전압 모드 도입'이라는 신호를 마구 보냈다.

나는 마치 단거리 경주에서 전력 질주한 것처럼 숨을 몰아쉬었지만 전혀 진정이 되지 않았다. 나는 모든 용기를 끌어모아 "안녕"이라는 말을 내뱉었다. 그러자 하이케가 몸을 돌렸다. '그냥 입을 다물고 있을 걸 그랬나?'라는 생각이 들었지만 이런 생각은 몇 초 뒤에 바로 '예스!'라는 마음속 환성으로 바뀌었다. 나를 뒤돌아본 하이케의 얼굴이 빨갰는데, 나는 즉시 이것이 무슨 신호인지 알아차렸다.

그렇다면 왜 우리의 얼굴은 신호등처럼 빨개지는 것일까? 얼굴이 빨개지는 것은 중요한 상호 신호 체계로 대부분 당황스럽거나 부끄러워졌다는 뜻이다. 많은 연구를 통해 이것이 얼마나 중요한 신호인지가 입증되었는데, 회의 중에 갑작스럽게 방귀가 나오는 것 같은 실수가 일어났는데 (신체 언어의 다른 어떤 신호보다도) 당사자의 얼굴이 빨개지면 이런 어처구니없는 일을 불쾌하게 받아들이지 않고 오히려 용서하게끔 만든다. 더 나아가 실수를 저지른 사람을 더 호감이 가고 겸손하며 믿을 만하다고 여기게 된다. 경멸감 쪽으로 공감 조절기를 내릴 수도 있는 상황에서 얼굴이 빨개짐으로써 이를 막을 수 있을 뿐 아니라 긍정적인 방향으로 공감을 끌어올릴 수도 있는 것이다.

신체 부위 중에서도 가장 잘 드러나는 얼굴이 빨개지는 것을 보면 진화란 정말 영리하다. 만약 하이케의 발이 빨개졌다면 당시에 비해 좀 더 관찰력이 좋아진 지금의 나로서도 전혀 눈치채지 못했을 것이다. 그랬다면 우리의 첫 키스도 이루어지지 않았을 것이다. 얼굴에는 다른 신체 부위보다 혈관이 더 촘촘히 분포되어 있고, 피부 표면에 더 가깝게 있다. 이로 인해 우리 몸이 상황에 따라 혈액 공급을 높이면 혈관이 확장되고 얼굴에서는 이것을 더 쉽게 볼 수 있다. 혈관의 넓이를 조절하는 것은 자율 신경계에 달려 있는 것이라 얼굴이 빨개지는 것을 마음대로 조정할 수는 없다. 얼굴 외에 잘 빨개지는 부위에는 목과 위 가슴 부위 그리고 귀가 있는데, 고르지 않고 얼룩덜룩하게 빨개지는 경우도 많다.

정신생리학적 신호가 알려주는 것
혹은 거짓말탐지기가 때때로 거짓말을 하는 이유

몸은 거짓말을 하지 않는다. 인류 역사를 들여다보면 거짓말을 하면 몸 기관에 그 증거가 나타난다는 생각이 이전부터 존재해온 듯하다. 중국인은 3천 년 전에 이미 정신생리학적 반응, 즉 몸의 무의식적 반응을 거짓말쟁이를 밝혀내는 수단으로 이용했다. 의심스러운 사람에게 쌀가루를 씹게 하고 다시 뱉으라고 한 후, 쌀가루가 마른 채로 있으면 그 사람은 거짓말을 했다는 혐의를 받았다. 이는 두려움이 침 분비를 줄여 입이 바싹 마른 상태로 만드는 현상을 관찰한 결과 생긴 검사법이다. 하지만 이 검사법은 정신생리학도 신체 언어와 마찬가지로 같은 형태로 표현되는 감정을 구분할 수 없을 때도 있다는 점을 간과했다. 덧붙이자면, 지금까지 존재하는 감정에 대한 연구로는 개별 감정의 특별한 정신생리학적 '지문'을 식별할 수 없다. 예를 들어, 두려움을 느낄 때나 기쁠 때나 동일하게 호흡 수와 심장박동이 증가한다.

그런데도 19세기에 역학적 변수를 통해 거짓말을 알아내는 방법이 고안되었고, 혈압과 호흡 수 같은 생리적 현상을 수치로 나타내 측정할 수 있는 기계를 만들어냈다. 1908년, 하버드대학교의 심리학자 휴고 먼스터버그Hugo Munsterberg는 거짓말을 밝히기 위해 다양한 정신생리학적 변수를 동시에 분석하자고 제안했다. 거짓말탐지기 '폴리그래프'의 탄생이었다. 1921년에 일어난 범죄 사건에 이 측정기를 실제로 사용했다는 기사가 발표되기도 했다.

폴리그래프Polygraph는 그리스어인 폴리poly(많은)와 그래포 grapho(쓰다, 기록)에서 기인했는데, 말 그대로 해석하자면 '글을 많이 쓰는 사람'이라는 뜻이다. 대중매체에서는 이 기계를 거짓말탐지기라고 부르곤 한다. 그런데 사실 폴리그래프는 거짓말을 측정하는 것이 아니라, 단지 정신생리학적 반응을 측정할 뿐이다. 문제는 어떤 것이 거짓인지를 나타내는 직접적이고 신뢰할 수 있는 특별한 비언어적 신호가 없는 것처럼, 거짓을 밝히는 정신생리학적 변수도 존재하지 않는다는 것이다. '피노키오의 코'처럼

거짓을 알려주는 신호의 존재는 환상에 불과하다는 것을 잊지
말자.

폴리그래프는 동시에 여러 정신생리학적 수치를 계산할 수
있도록 만들어졌는데, 최근의 현대적 폴리그래프는 매우 믿을 만
하고 정확한 결과를 내놓는다고 한다. 폴리그래프는 일반적으로
다음과 같은 네 가지 변수를 측정한다. 손가락 센서를 이용한 땀
분비에 따른 피부 전도도, 상박 부위에서 측정한 혈압, 상체를 묶
는 두 개의 유연한 벨트를 이용해 측정한 호흡 수, 맥박 산소 측
정기를 이용한 맥박이다. 이렇게 '거짓말탐지기'가 여러 가지 수
치를 측정하긴 하지만 결국 하나의 관찰 채널(정신생리학)만을 고
려하기 때문에 단일 모드 측정기구에 지나지 않는다. 현장 실험
연구에서 거짓말탐지기의 진실 판정 오류 확률은 26.2퍼센트에
달했다. 이것은 솔직하게 답한 실험 참가자 4명 중 한 명을 거짓

말쟁이라고 잘못 판단했다는 뜻이다. '거짓말탐지기'가 (특히) 미국에서 널리 인정받는 것에 비해 매우 낮은 적중률이라고 볼 수 있다.

거짓말을 찾아내는 능력이 제한적인 것과는 상관없이 폴리그래프는 정신생리학적 변수를 측정하는 데 매우 훌륭한 기능을 제공하며, 심리와 신체 언어의 배경을 들여다볼 수 있게 해준다. 그래서 심리학자 존 M. 가트맨은 이별을 통보하는 연인의 감정적 관계 형태를 분석하기 위해 비언어적 신호를 연구했는데, 영상기술 외에도 폴리그래프를 이용했다. 가트맨의 연구는 매우 흥미로운 주제로 이 책의 8장에서 연구 결과에 대해 자세히 살펴보겠다.

땀에 흠뻑 젖은 셔츠와 공포
혹은 스트레스를 받으면 땀을 흘리는 이유

대규모 강연에서 앞에 나서는 일은 언제나 긴장되는 일이다. 수백 쌍의 낯선 눈이 나를 주시하고 있는 상황은 선사 시대의 원시인이 검치호랑이와 마주보고 있는 상황만큼이나 교감 신경계를 자극하는 일인 것이다. 하지만 그 누구보다 스트레스를 많이 받는 사람은 행사 책임 기술자다. 빔 프로젝터가 제대로 작동하지 않으면 기술자는 다음과 같은 전형적인 세 문장을 사용한다.

"컴퓨터를 껐다가 다시 켜세요!"

"평소에는 문제없이 잘 작동했는데 이상하네요."

"빔 프로젝터가 아니라, 당신의 노트북이 이상한 것 같군요!"

가끔은 내 자율 신경계가 이 세 문장을 차례대로 다 들을 때도 있다. 이런 순간 나를 구원해주는 주문은 천천히 숨을 들이마시고 내뱉는 것이다.

기술자는 팔짱을 끼고 미간을 찌푸렸지만 평안해 보였고, 어디서도 스트레스를 받고 있다는 흔적은 찾아볼 수 없었다. 강연 시작까지는 5분밖에 남지 않았다. 그는 빔 프로젝터 문제가 아니라는 주장을 굽히지 않았다. 나는 나대로 이 노트북으로 매주 빔 프로젝터를 연결해서 사용했다고 반박했다. 그러자 어느 순간부터 내 뒤에 서 있던 영업 책임자가 "작동이 안 되면 어떻게 하죠?"라고 물었다. 나는 "큰 문제가 되겠네요"라고 대답했다. 강연에서 비디오 자료를 많이 사용하기 때문이다. 그런데 기술자가 갑자기 "HDMI 케이블이 너무 길어서 생기는 문제일 수도 있겠네요"라며 머리에 반짝 불이 켜진 것처럼 말하더니 서둘러 자리를 떠났다. 기술자는 1분 후에 다시 돌아와 케이블을 교체했다. 그러자 빔 프로젝터가 제대로 작동하기 시작했다. 나는 안도의 숨을 쉬고, 뒤로 돌았다. 그곳에는 영업 책임자가 셔츠가 완전히 젖은 채 서 있었다. 그 모습을 보고 나는 내가 올 때 비가 오지 않아서 다행이라고 생각하면서 그에게 "맙소사, 비에 흠뻑 젖으셨네요!"라고 말했다. 그러자 그는 "비 때문이 아니라, 무서워서 난 땀입니다!"라고 대답했다.

내가 셔츠의 젖은 얼룩을 보고 공포에 떨어서 난 땀이라고 생각하지 않은 이유는 땀의 배열이 그렇게 보이지 않았기 때문이다. 얼굴이 빨개질 때처럼 땀에도 다양한 종류가 있으며, 신체 부위에 따라 땀의 종류가 정확히 구분된다. 온열성 발한은 한여름의 폭염 때문에 혹은 이케아에서 구입한 가구를 끌고 나올 때처럼 체온이 올라가서 나는 땀이다. 반대로 핫도그에 매운 소스를 너무 많이 뿌려서 나는 땀은 미각성 발한이라고 한다. 잔뜩 물건을 구매한 후 자동차 트렁크에 들어가지 않을 것 같다는 깨달음이 왔을 때는 정신성 발한이 생길 수 있다. 이때는 편도체가 관여하는 것으로 보이는데, 두려움이나 고통을 느낄 때 혹은 스트레스를 받을 때 땀을 흘리는 이유가 여기에 있다. 이 세 가지 상태는 아몬드 핵이라고도 부르는 변연계 경보 센터가 관장한다.

이제 문제의 핵심을 살펴보자. 체온을 조절하는 땀은 이마와 손등 그리고 주로 가슴과 목덜미 부위에서 발생한다. 정신성 발한은 대부분 손바닥과 발바닥 그리고 겨드랑이 부위와 이마에서 땀이 난다. 강연장은 온도 조절이 잘 되어 있어 아주 쾌적했으므로 나는 영업 책임자의 셔츠가 젖은 것은 당연히 비 때문이라고 생각했던 것이다. 좀 전에 타바스코 소스가 너무 많이 들어간 샌드위치를 먹어서 그럴지도 모른다는 해석도 배제했다. 미각성 발한은 주로 이마와 얼굴에서 보이기 때문이다. 셜록 홈즈라도 잘못된 추리를 했을 것이라는 생각이 들었다.

공포를 느껴서 나는 땀은 신체 언어적 신호가 대인 관계를 얼마나 세세하면서도 강력하게 제어하는지를 일깨워준다. 무의식적으로 이루어진다고는 해도 공포로 인한 땀 냄새를 맡으면 뇌에서는 얼굴 표정을 처리하는 속도와 집중력을 높이기 때문이다. 편도체와 공감을 담당하는 뇌의 다른 영역도 활성화된다. 이것은 매우 중요한 자동화 기능으로, 위험한 상황에서 더 많은 정보를 얻기 위해서는 다른 사람의 표정을 자세히 해석해야 하기 때문이다.

정신성 발한에는 또 다른 진화의 비결이 숨겨져 있다. 공포를 느끼거나 스트레스를 받을 때 주로 손바닥과 발에서 땀이 나는 것은 우연이 아니다. 이것은 자기 공감Self Empathy 능력을 향상시키는 부수적 신호라고 할 수 있다. 머릿속에서 스트레스를 감지하기도 전에 벌써 손이 축축해지면서 몸의 상태를 통해 그 사실을 우리에게 알린다. 이렇게 함으로써 대자연은 우리가 검치호랑이를 더 잘 상대할 수 있도록 돕는다. 우리 조상은 스트레스 때문에 나는 땀 덕분에 나무에 더 잘 기어오르고 더 잘 도망칠 수 있었다. 땀이 나면 손바닥과 바위 사이에 그리고 발바닥과 땅 표면에 마찰력이 높아져서 미끄러질 위험이 줄어들기 때문이다. "손가락이 젖으면 잘 붙들 수가 없지 않나요?"라고 생각할 수도 있다. 그런데 사실 매끄러운 표면을 제외하고는 물기가 있으면 더 잘 잡을 수 있다. 우리는 이것을 오늘날에도 직감적으로 사용하는데, 바로 책장을 넘길 때 손가락에 침을 묻히는 동작이다. 원시인의 동굴에서 매끄러운 것을 찾는 것은 쉽지 않은 일이다.

셔츠가 흠뻑 젖어 있던 영업 책임자가 다음에 같은 호텔의 강연장에서 또 다른 행사를 예약할 가능성이 있을까? 거의 심장마비로 쓰러지기 직전까지 간 경험을 했으니 아마도 가능성은 굉장히 낮을 것이다. 이때 영업 책임자가 두려움에 흘린 땀은 호텔 책임자에게는 중요한 경고 신호가 될 것이다. 하지만 스트레스가 항상 경고 신호인 것은 아니다. 상황에 따라 비언어적 신호는 경고 신호가 될 수도 있고 희망 신호가 될 수도 있다. 그래서 중요한 대화를 앞두고는 항상 다음과 같은 두 가지 질문을 해보자. 내가 지금 올바른 방향으로 가고 있다는 것을 알려주는 상대방의 감정적인 비언어적 신호는 무엇인가? 내가 길을 벗어났다고 경고하는 신체 언어적 신호는 무엇인가?

가쁜 숨, 후들거리는 무릎, 쿵쾅거리는 심장
혹은 더 이상 땀을 흘리지 않고 무대에 설 수 있는 방법

통계에 따르면 세상에서 사람들이 크게 무서워하는 일 중 하나는 대중 앞에서 말하는 것이라고 한다. 심지어 죽는 것보다 대중 연설이 더 무섭다고 하는 이들도 있다. 생일파티든 결혼식이든 상관없이 다른 사람 앞에 서서 인사말을 할 때 사람들은 교감 신경계의 존재를 깨닫는다. 이 같은 스트레스 상황에 처하면 땀이 나고 입이 바싹 마르는 증상 외에도 빠른 호흡과 맥박, 떨림과 같은 세 가지 비언어적 신호가 나타난다. 흥미로운 점은 모든 신체가 스트레스에 같은 방식으로 반응하지 않는다는 사실이다. 손이 땀으로 흠뻑 젖는 사람도 있고 몸을 떠는 사람 또는 호흡 곤란으로 힘들어하는 사람도 있다.

호흡은 생각보다 많은 것을 알려준다. 이때 중요한 것은 누가 뭐래도 호흡 속도다. 숨을 빠르게 쉬는 것은 보통 흥분한 상태를 의미한다. 화를 내고 두려워할 때는 물론이고, 기뻐할 때도 호흡이 빨라진다. 그리고 불쾌한 감정을 느끼거나 긴장했을 때는 가슴으로 숨을 쉬며, 좋은 감정일 때는 배로 숨을 쉰다. 깊게 숨을 들이쉬고 내뱉는 심호흡이 스트레스를 감소시킨다는 것은 많이들 알고 있을 것이다(심호흡은 부교감 신경계를 활성화한다). 그러나 모든 심호흡이 스트레스를 진정시키는 것은 아니다. 심호흡이 스트레스를 의미할 수도 있다. 자, 이제부터는 아는 사람이 극히 드문 흥미로운 사실에 대해 이야기해보자.

가끔은 심호흡이 높은 스트레스 수치를 알리는 신호이기도 하다. 심호흡이 긴장을 완화하려는 것인지 아니면 스트레스를 의미하는지 파악하고 싶다면 숨을 들이쉬는 시간과 내쉬는 시간의 비율을 주의 깊게 관찰해보자. 호흡은 교감 신경계와 부교감 신경계의 상호작용을 반영한다. 숨을 들이마실 때는 교감 신경계가 활성화되고 맥박이 빨라진다. 숨을 내쉴 때는 부교감 신경계가 활성화되어 맥박이 다시 느려진다. 숨을 내쉬는 시간보다 들이쉬는 시간이 더 길면 스트레스 수치가 높아진 것으로 볼 수 있다. 반대로 숨을 내쉬는 시간이 더 길면(앞에서 이야기한 축구 이야기에는 별 관심이 없었던 인사 팀장처럼) 긴장의 완화나 안도를 뜻한다.

흥분하면 호흡과 마찬가지로 심장이 뛰는 속도도 빨라진다. 기뻐할 때와 무서워할 때 그리고 화를 낼 때의 순서대로 점점 박동이 빨라진다. "일상생활에서는 다른 사람에게 맥박측정기나 거짓말탐지기를 쓸 일이 거의 없는데 다른 사람의 심장박동 수를 어떻게 알 수 있지?"라는 의문이 들 수 있다. 그런데 상대방이 화가 머리 꼭대기까지 치밀어 올랐는데도 얼굴이 빨개지지 않을 때, 육안으로 확인할 수 있는 맥박점이 세 군데 있다.

- 관자놀이 맥박점: 경동맥이 끝나는 지점의 관자놀이 부위에 있다.
- 목 맥박점: 이곳은 목 옆에 있으며 경동맥의 맥파를 보여준다.
- 경정맥공 맥박점: 두 개의 쇄골 사이의 흉골 위에 깊이 팬 흉골상 절흔에 있으며, 앞부분 경정맥을 통해 볼 수 있다.

세 지점이 정확히 어디에 있는지 알아보기 위해 몸을 살펴보자. 우선 경동맥에서부터 시작하자. 검지로 후두를 만진 후에 왼쪽 혹은 오른쪽 옆으로 살짝 비스듬히 위로 옮겨간다. 그곳에서 경동맥의 맥파를 느낄 수 있을 것이다. 다음으로는 대뇌동맥의 맥파를 찾아보자. 눈썹의 바깥쪽 끝과 머리카락이 시작하는 곳 사이에 수평의 선을 그려본다. 손가락 절반 정도 넓이인 이 선의 중심점 위에서 맥파를 찾을 수 있다. 경정맥공의 정맥 맥파를 느끼기가 가장 어렵다. 쇄골 사이의 약간 움푹 파인 부분에 검지를 갖다 대고 집중하여 더듬으며 맥파를 찾아보자. 다른 사람의 맥파를 관찰할 때는 세 군데 맥박점을 서로 비교하고 가장 잘 보이는 곳을 선택한다. 세 군데에서 맥을 찾지 못해도 놀랄 필요는 없다. 맥박점이라고 해서 반드시 육안으로 확인할 수 있는 것은 아니다.

스트레스를 받을 때 몸을 떠는 현상은 떨리는 손이나 '후들거리는' 무릎 등으로 나타나는데 상황에 따라 좀 더 미세하게 나타나기도 한다. 감정적으로 발생한 떨림은 우선 입술에 나타난다. 다른 사람을 주의해서 관찰하다 보면 긴장이 시작되는 시점을 인지할 수 있을 것이다. 몸을 떨거나 짧게 흔드는 동작은 스트레스를 받은 상황 직후에 나타날 수 있다. 이것은 스트레스를 해소하고 감정 때문에 긴장한 근육을 푸는 데 도움이 되는 것으로 보인다. 흔히들 스트레스를 떨쳐버린다고 말하는데 한 연구에서 이것을 '인간의 가장 친한 친구'를 대상으로 입증했다. 연구자는 민첩성 훈련에서 스트레스가 높은 과제를 수행하는 개의 비언어적 태도를 관찰했다. 힘든 과제를 수행한 후에 개의 스트레스 호르몬 코르티솔의 수치가 현저하게 높아지자, 개는 스트레스를 해소하기 위해 몸을 더 자주 흔들어댔다.

상담 시간처럼 안전한 환경에서 의식적으로 몸을 떨거나 흔들게 하면 교통사고 같은 사건으로 인한 정신적 충격을 해소하는 데 도움이 된다고 한다. 또한 자기 유도적 몸 떨림은 긴장된 근육

속에 담긴 감정 스트레스를 해소한다. 트라우마 전문 치유사 페터 레빈은 이에 대해 "뚜렷한 목표가 있는 의식적 인식과 미세 동작을 통해 우리는 생존을 위해 활성화되었던 신경계의 과도한 에너지를 방출할 수 있다"라고 했다. 많은 연구를 통해 자기 유도적 근육 떨림이 불안과 정서적 스트레스를 완화할 수 있음이 입증되었다. 그러므로 마음에 두려움이 가득한 상황에서 몸이 떨리는 것이 느껴지면 그대로 내버려두자. 몸이 스스로 스트레스를 정화하는 중인 것이니 말이다.

감정 – 내면의 슈퍼 자원
혹은 자신과의 만남이 가장 중요한 이유

셀프 코칭 테크닉은 미소스 미팅MeSource Meeting이라고 불리는 내적 자원을 활성화하기 위한 자신과의 만남이다. 이를 통해 우리는 일석이조의 효과를 얻을 수 있다. 첫째, 우리가 책의 첫 번째 장에서 살펴본 네 가지 인상 분야로 향하는 내면의 접근성을 강화하고 이를 통해 정서적 표현의 유연성을 지향한다. 둘째, 훈련을 통해 네 가지 신경생물학적 기본 욕구의 균형을 이룬다(3장 참조). 이 훈련은 기분 좋은 감정이 욕구가 충족되었다는 표시라는 원리를 바탕에 깔고 있다.

이제 우리는 또 다른 기본 원칙 한 가지만 있으면 된다. 이를 위해 잠시 간단한 사고 실험을 해보자. 머릿속에서 레몬을 잘라 반쪽을 들고, 대담하게 한 입 베어 먹는다는 상상을 해보자. 정말로 생생하고 생동적인 이미지가 그려지면 입에 침이 고이는 것이 즉시 느껴질 것이다. 복잡한 연구 과정을 통해 밝혀낸 것들을 여러분은 몸에서 바로 느낄 수 있다. 우리의 뇌는 상상한 것도 마치 실제 경험한 것처럼 현실적으로 느낀다.

　나는 연구 팀과 함께 광범위한 연구조사를 바탕으로 내적으로 안정적인 균형을 이루고 안녕과 회복력을 강화하는 다섯 가지 감정, 즉 자부심과 휴식, 감사함, 경외심 그리고 긍정 공명(함께 기뻐함)이라는 감정의 슈퍼 자원을 선정했다. 이 다섯 가지 감정에는 부교감 신경계를 활성화하고 이를 통해 회복을 촉진하며 특별한 방식으로 면역체계를 강화한다는 공통점이 있다. 나는 다섯 가지 슈퍼 자원을 활성화하고, 이를 일상적 삶에서 실현하기 위해 미소스 미팅을 계발했다. 미소스 미팅은 그 이름처럼 자신과 자원 회의를 하는 것이다. 미소스 미팅은 다섯 가지 질문으로 구성되어 있는데, 각각의 슈퍼 자원을 활성화하는 것을 목표로 하며 특정한 기본 욕구의 균형을 맞추고자 한다. 미소스 미팅의 다섯 가지 질문은 다음과 같다.

1. 나는 오늘 어떤 행동을 통해 자부심을 느낄 수 있었는가?(실행력)
2. 오늘 언제 안전하거나 혹은 편안하다고 느꼈는가?(안정성)

3. 오늘 무엇에 대해 감사함을 느꼈는가?(조화)

4. 오늘 어떤 기적을 마주하고, 언제 경외심을 느꼈는가?(유연성)

5. 오늘 누구를 기쁘게 했는가?

각 질문에 답을 한 뒤에 눈을 감고 구체적인 상황을 그려보면서 느낌과 연결해본다. 몸의 어느 부분에서 감정이 느껴지는가? 정확하게 어떤 느낌인가? 감정이 생긴 것을 느끼면 몸의 세포가 15초 동안 그 감정 상태에 머물게 내버려두자. 몸의 긍정적 체험을 느끼고 즐기면, 비교적 짧은 자원의 활성화만으로도 심신에 엄청난 긍정적 효과를 불러올 수 있다.

미소스 미팅의 핵심 원칙은 매일 저녁 꾸준히 다섯 가지 질문을 하는 것이며, 가족과도 이런 질문을 주고받으며 즐거운 시간을 보낼 수 있다. 일회성이 아닌 반복적인 규칙성을 통해서만이 슈퍼 자원을 자신의 경험에 실제로 반영할 수 있다. 꾸준히 연습을 반복함으로써 뇌에 있는 시냅스 자원 네트워크가 새로운 단계마다 강화되고 점점 더 확장된다. 점차 다섯 가지 슈퍼 자원에 더 쉽고 자연스럽게 연결된다. 처음에는 특정 슈퍼 자원에 다른 자원보다 더 쉽게 접근 가능하다는 것을 깨닫게 될 것이다. 그리고 늦어도 4주 뒤에는 모든 자원을 동일하게 활성화할 수 있는 방법을 찾게 될 것이다. 여러분 모두가 다섯 가지 슈퍼 자원에 감정적으로 접근할 수 있기를 바란다.

미소스 미팅의 다섯 번째 질문은 긍정 공명을 활성화하는 것을 목표로 하며 특별한 기능을 가지고 있다. 바로 우리가 세상에 혼자가 아니라는 것을 깨닫게 해주는 것이다. 다른 사람의 기쁨을 온 몸으로 느끼며 15초 동안 그 기분을 만끽하자. 질문의 형태는 다음과 같이 바꿀 수도 있다.

"나는 오늘 누군가와 긍정적으로 연결됐다고 느낀 적이 있는가?"

"나는 오늘 누군가와 함께 기뻐한 일이 있으며, 아직도 그 일을 떠올리며 기뻐할 수 있는가?"

중요한 것은 질문의 형식이 아니라 감정적 슈퍼 자원에 이르는 통로에 접근하는 일이다. 이 경우에는 긍정 공명으로의 통로에 이르는 길에 집중해보자.

영화 취향으로 성격을 알 수 있다
혹은 닭살 돋는 경험이 행복으로 가는 길을 알려준다

미소스 미팅은 성격의 발전에 필요한 통찰력을 제공하기도 한다. 자부심을 느끼기 힘든 사람은 자긍심과 실행력을 더 강화해야 한다. 감사하는 마음이 생기지 않는 사람은 삶의 충만함을 알아차리지 못하는 것일 수 있다. 또한 삶의 경이로움을 마주하기를 거부한다면 경외심이라는 감정을 느끼기 힘들 것이다. 휴식이라는 단어가 낯설게 느껴지는 사람이라면 내적으로 평온해지는 것에 익숙해지는 법을 배워보자. 이때 가장 중요한 질문은 "어떻게 하면 내적으로 더 많은 열린 자세와 유연성을 통합할 수 있는가?"이다.

미소스 미팅 외에 자신과 다른 사람을 더 잘 이해하는 데 도움이 되는 재미 있는 방법을 소개하고자 한다. 깊이 생각할 필요 없이 떠오르는 느낌을 즉각적으로 대답해보자. 소름이 돋을 만큼 좋아하는 영화는 무엇인가? 세 편 정도의 영화를 떠올려보고 잠시 '소름'이라는 정신생리학적 신호에 대해 알아보자. 비언어적 신호인 소름은 상대방의 성격은 물론 자신의 성격에 대해서도 굉장히 많은 것을 알려준다.

소름이 돋는 현상은 사람의 몸이 아직 털로 뒤덮여 있었던 시대에서 유래한 반응이다. 세워진 털 사이에 공기 부피가 커지면서 체온이 쉽게 빠져나가지 못하게 해 몸을 따뜻하게 유지하고 에너지를 절약했다. 소름은 진화 과정의 잔재로 오늘날에는 신체적인 측면에서는 그 쓰임을 잃었다. 그런데 왜 여전히 특정한 감정을 느낄 때 털이 서는 걸까?

소름은 기본적으로 감정적으로 흥분된 상태를 알리며, 두 가지 형태로 구분된다. 등줄기가 서늘해지는 오싹한 소름은 굉장히 무섭고 흥분되고 동시에 매우 불쾌한 감정을 느낄 때 생긴다. 오싹한 소름은 벗어나고 싶다는 바람을 의미한다. 반대로 짜릿짜릿한 소름은 매우 좋은 순간을 표시하며, 감동이나 경외심을 나타낸다. 이런 종류의 소름은 더 알고 싶은 것 그리고 더 나아가 갈

망하는 것이 무엇인지를 드러낸다.

앞에서 질문한 가장 좋아하는 세 편의 영화 이야기로 다시 돌아가보자. 그 영화를 얼마나 자주 보았는가? 틀림없이 한 번 이상은 보았을 것이다. 그런데 영화의 결말을 다 알고 있으면서도 왜 어떤 영화는 몇 번이고 반복해서 보게 되는 것일까? 이에 대한 답은 감동과 경외심에서 찾을 수 있다. 이야기에는 우리를 감동시키고 바꾸는 힘이 있다. 영화가 우리를 변화시키고, 내면으로 떠나는 여행길로 우리를 안내하려면 영화의 줄거리가 감정적으로 우리에게 감동을 주거나 경외심을 불러일으켜야 한다. 감동과 경외심은 공감과 사랑 그리고 감사함과 함께 소위 자기 초월적 감정에 속한다. 감동과 경외심은 우리에게 중요한 감정 발생의 순간을 소름이라는 비언어적 신호로 표시하며, 인생의 나침반에서 바늘 역할을 하며 중요하게 여기는 가치가 무엇인지 알려준다.

그러므로 여러분이 소름 돋을 정도로 좋아하는 영화는 개인적인 성장에 있어서 다음 단계가 무엇인지 알려준다. 좋아하는 영화의 주인공이 떠나는 여행과 자신의 삶 그리고 내적 성장 사이에 어떠한 감정적 유사점이 있는지 한번 생각해보자.

신체 언어는 다른 사람이 어떻게 느끼고, 어떤 감정이 감동을 주는지만 알려주는 것이 아니다. 신체 언어는 우리가 인간으로서 어떤 감정을 느끼는지도 말해준다. 다음 장에서는 성격에 대해 더욱 자세하게 들여다보자. 그리고 일곱 번째 신체 언어 채널인 '감정의 주크박스' 목소리에 대해서도 살펴보자.

7

감정의 주크박스: 목소리

말을 조심해야 하는
백만 가지 이유

"만난 지 한참 된 동료와 화상회의를 하는 경우가 아니라면 주로 가족과 연락을 주고받는 거죠. 그 중간은 거의 없다고 할 수 있습니다. 그렇더라도 다른 사람의 감추어진 감정을 인지하고 반응하는 것은 중요한 일이죠."

2020년 4월, 나는 《표정 공명-프로피박스》 출간 기념으로 라디오 방송 프로그램에서 인터뷰를 했는데, 진행을 맡고 있던 막스 슈팔렉이 이렇게 말했다. 당시는 독일 전체가 코로나로 첫 번째 봉쇄에 들어간 시기였다. 신체 언어는 거의 디지털을 통해서만 전달됐고, 나도 마찬가지로 라디오 스튜디오에 가지 않고, 전화로 연결해 인터뷰를 진행했다. 막스 슈팔렉은 인터뷰가 끝날 무렵, 나에게 다음과 같은 대답하기 어려운 질문을 던졌다.

"지금까지 4분 동안 저와 대화를 나누셨습니다. 아일레르트 씨는 제 목소리만 들으실 수 있는 상황인데요. 목소리로 봐서 제가 어떤 유형의 사람이라고 생각하시나요?"

그의 질문에는 다음과 같은 두 가지 다른 질문이 추가로 포함돼 있다고 볼 수 있다.

"특정한 유형의 사람, 특정한 성격의 사람이란 무엇을 의미하는가?"

"신체 언어 혹은 목소리를 통해 사람의 성격을 파악할 수 있을까?"

감정은 단기적이고 일시적인 동기를 표현하는 경향이 있지만, 성격은 시간을 초월해 고정적이고 안정적인 성질을 띤다. 또한 성격은 행동과 경험한 일의 유형, 즉 상황과는 상관없이 유지되는 자아의 일부를 포함한다. 어떤 사람이 자기주장이 강한 편인가, 아니면 전체에 속하는 것을 중요하게 생각하는가? 그는 변화와 새로운 것을 팔 벌려 환영하는 편인가, 아니면 전통과 안정적인 것에 큰 의미를 두는가?

사람의 성격이란 앞으로의 행동 및 결정의 방향을 예견할 수 있는 내적 알고리즘이라고 할 수 있다. 많은 연구에 따르면, 성격과 직업에서 요구하는 사항이 얼마나 잘 맞는지에 따라 성공을 예측할 수 있다고도 한다. 업무를 수행할 때 요구되는 사항과 성향이 일치하면 더 많은 성과를 올릴 수 있다는 것이다. 즉, 성공을 부르는 특정한 성격이 있는 것이 아니라, 성격과 직업이 서로 얼마나 잘 어울리는지가 더 중요하다는 이야기다. 자신이나 다른 사람의 성격을 분석할 때 이 점을 항상 잘 기억해두자.

성격 자체가 중요한 것은 아니다. 성격은 단지 존재할 뿐이다. 성격의 개별적 특징이 우리를 유능하게 할지 아니면 방해할지는 맥락에 따라 결정된다. 살아가면서 때로는 활동 무대를 바꿔야 할 때가 있다. 펭귄이 육지에서는 어설프게 뒤뚱거리지만, 물속에서는 우아한 수영 실력으로 놀라움을 선사하는 것처럼, 우리도 가끔은 화려하게 꽃을 피우기 위해 단순히 다른 환경이 필요할 때가 있다.

10만 명을 대상으로 진행한 대규모 메타 분석에 의하면, 우리를 앞으로 끌어주고, 꽃 피우게 해주는 맥락은 40퍼센트가 유전자에 의해 결정되고, 성격의 60퍼센트는 교육과 경험 같은 외부 영향에 의해 만들어진다고 한다. 다시 말해, 성격은 유전자와 환경이라는 용광로에서 발달한다는 것이다. 성격이 만들어지는 발전 과정에서 어떻게 변화하는지를 관찰하는 것은 매우 흥미로운 일이다. 성격은 유년 시기에는 아직 불안정하고, 학교를 졸업하거나 부모님 집에서 나와 독립할 때처럼 삶에서 중요한 시기에는 급격한 성장을 거쳐 안정적이 된다. 이 같은 성격의 발전은 50세 정도까지 계속되며, 이후에는 매우 안정적인 수준에 머문다. 어릴 때는 찰흙처럼 성격을 매만지고 빚을 수 있지만 어른이 되면 단단한 기초가 형성되고 이를 지탱한다. 자연이 설계한 천재적인 한 수라고 할 수 있다. 아이일 때는 높은 유연성을 요구하는 환경에 우리를 맡겨 성장하게 하고, 어른이 되어서는 삶에 훨씬 적극적으로 영향을 미치고 개인적인 기호에 맞출 수 있기 때문이다.

신체 언어에 우리의 성격이 드러나는 이유
혹은 페이스북이 파트너보다 나를 더 잘 아는 이유

비언어적 행동을 통해 사람의 성격을 유추하고자 한다면 성격의 이중 필터 작용을 유용하게 활용할 수 있다. 성격과 출생 지역의 문화는 우리가 날마다 겪는 감정과 이런 감정을 신체 언어를 통해 얼마나 자유롭고 자주 표현하는지에 영향을 미친다. 역으로 말하면 비언어적 태도를 바탕으로 성격의 특징을 알 수 있다는 뜻이기도 하다.

예를 들어, 휴가를 떠나 꿈에나 나올 법한 멋진 해변에 누워 바로 이 책을 읽고 있다고 상상해보자. 갑자기 왼쪽 등 뒤에서 목소리가 들려온다. "재미있는 책을 읽고 계시나 보네요? 저도 신체 언어에 대해서라면 조금 압니다만." 여러분은 예의 바르게 고개를 까닥하고 책을 계속 읽는다. 하지만 뒤에 서 있는 사람은 자신이 주장하는 것만큼 신체 언어에 대해서 그리 잘 알지 못하는 느낌이다. "저는 요즘 새로 나온 피첵의 스릴러 책을 읽고 있습니다.

표정에 관한 이야기죠. 심지어 책 제목도 표정이에요." 여러분은 이제 마음속으로, 그리고 밖으로 어떤 반응을 보일 것인가?

　이후의 반응은 전적으로 여러분의 성격에 달려 있다. 어떤 감정이 생겨나는가? 감정은 상황을 개인적으로 어떻게 평가하는지에 따라 결정된다. 누군가 말을 걸어서 독서가 중단된 것이 귀찮은 방해라고 느껴지는가, 아니면 흥미진진하게 수다를 떨 기회라고 생각되는가? 첫 번째 경우라면 화가 날 것이고, 두 번째라면 기쁨을 느낄 것이다. 이것이 성격의 첫 번째 필터 작용이다. 개인적 신념과 가치관은 벌어진 상황에 어떤 감정으로 반응하는지를 결정한다. 그렇다면 다음 질문을 해보자. 이런 감정을 밖으로 어떻게 표출할 것인가? 화가 났다면 그 감정을 큰 소리를 내면서 그대로 표출하는가, 아니면 정중한 미소를 지으며 고개를 끄덕이는 행동으로 감추는가? 감정을 그대로 내보이는지 아닌지 또한 감정을 표출한다면 어떤 방식으로 표현하는지는 성격의 두 번째 필터 작용이다.

　이중 필터 기능에 대해 알아보았으므로 이제 라디오 방송 진행자인 막스 슈팔렉이 던진 질문에 대한 나의 답변을 훨씬 더 잘 이해할 수 있을 것이다. "성격을 추정하는 중요한 요소는 근본적으로 표정과 제스처입니다. 하지만 당신의 목소리만 들어보아도 매우 전문적이라는 느낌이 옵니다. 목소리를 조금 훈련한 적이 있으신 것 같네요. 제가 발견한 특징을 한 가지만 골라서 이야기해보겠습니다. 슈팔렉 씨는 거추장스러운 사족을 제외하고 포인트만 말합니다. 이것은 당신이 맡은 일을 제대로 해낸다는 것을 의미하죠. 그리고 한 가지 분야에 대해서는 완전히 꿰뚫고 계시고요. 물론 인터뷰를 하기 전에 슈팔렉 씨의 인스타그램 계정을 통해 확인한 것도 있습니다. 인스타그램에 올린 사진을 보면 누가 봐도 감탄할 정도로 미적 감각이 좋으시더군요. 색 대비가 매우 높은 것도 눈에 띄었습니다. 하늘을 찍은 사진과 건물을 찍은 사진은 특히나 예술적이었습니다. 이런 사진들을 통해 추론해보니 새로운 경험에 대해 개방적인 성격을 갖고 있습니다. 다시 말해, 매우 창의적이고, 섬세하며, 호기심이 많은 분이라고 생각합니다. 진보적 성향이 보이고 현 상황에 비판적이며 예술에도 관심이 많아 보입니다. 이상 번개처럼 빠르고 짧은 성격 분석이었습니다."

막스 슈팔렉은 놀라움과 기쁨을 동시에 보이며 이렇게 말했

성격의 아바타
인터넷에 남긴 디지털 발자국

우리가 인터넷에서 하는 행위들은 전부 디지털 발자국으로 남는다. 이것은 우리 성격의 아바타라고 볼 수 있다. 컴퓨터 알고리즘은 이런 발자국을 계산하고, 디지털 세상의 다양한 비언어적 요소와 언어적

요소를 고려한다. 예를 들어, 페이스북에서 어떤 사이트에 '좋아요'를 누르는지, 어떤 이모티콘과 인스타그램 사진을 포스팅하는지, 프로필 사진이 어떻게 보이는지, 트위터와 포스팅에 어떤 단어를 사용하는지 등을 모두 반영하는 것이다. 디지털 발자국은 생각하는 것 이상으로 많은 것을 알려준다. 페이스북에서 '좋아요'를 열 개만 눌러도 이미 알고리즘은 직장 동료만큼이나 그 사람의 성격을 잘 추측할 수 있게 된다. '좋아요'가 70개쯤 되면 알고리즘은 가까운 친구처럼, 300개가 되면 심지어 배우자조차 따라오지 못할 만큼 그 사람에 대해 잘 파악하게 되는 것이다.

그런데 인터넷 디지털 발자국이 의도된 것이라면 어떨까? 대부분의 사람들은 소셜 미디어에 사진을 올릴 때 특정 인상을 전달하려는 목적을 가지고 선택하는 경우가 많다. 따라서 누군가에 대해 알고 싶다면 그 사람의 소셜 미디어에 올라오는 사진이나 프로필의 공통된 유형을 찾아보자. 색상 대비와 톤은 어떠한지, 얼굴이 나오는 사진인지, 아니면 풍경을 담은 사진인지 주의해서 살펴본다. 이러한 과정을 통해 얻은 정보를 바탕으로 그 사람을 빠르게 판단하거나 다른 관찰 채널에서 나온 신호를 확인하는 데 이용할 수 있다. 중요한 것은 이 모든 과정을 열린 마음으로 임해야 한다는 것이다.

다. "아일레르트 씨, 마치 우리 두 사람이 결혼을 앞둔 것 같은 느낌이에요. 당신은 나를 훤히 다 꿰뚫고 있군요."

신체 언어에 성격이 드러난다
혹은 동기 부여된 썰매 개와 올바른 조정법

성격 이중 필터 작용을 이용해 자신에 대해 더 잘 이해할 수는 없을까? 책의 첫 번째 장에서 알아본 자기 분석의 첫 번째 단계에서는 감정 표현과 이것이 전달한 감정적 인상을 분석했다(인상 분야 분석 참조). 세 번째 장에서는 자기 분석의 두 번째 단계를 다루었다. 즉, 부조화를 발견하고 또 이것을 없애기 위해 말과 신체 언어를 비교했다. 이제부터 알아볼 자기 분석의 세 번째 난세는 가장 복합적이면서도 흥미로운 단계다. 이 단계에서는 성격을 파악하기 위해 비언어적 움직임의 유형을 분석한다. 여러분은 무엇에 반응하며, 여러분을 움직이게 하는 것은 무엇인가? 신체 언어는 강점과 약점에 대해 무엇을 알려주는가?

뇌는 신경가소성(새로운 뉴런 연결을 형성함으로써 스스로 재구성하는 자체적인 능력 – 옮긴이 주)이라는 특성을 지녔기 때문에 우리는 평생에 걸쳐 발전하며 학습할 수 있다. 그래서 나는 항상 약점이 아니라 발전에 대해 말한다.

자기 분석의 세 번째 단계는 처음 두 단계와는 구분된다. 첫 번째와 두 번째 단계의 감정 표현과 인상 그리고 단어와 비언어적인 것(신체 언어) 사이의 조화를 분석하는 것은 매크로 렌즈(근접 촬영을 위한 특수 렌즈)가 장착된 카메라를 통해 보는 것과 같다. 미세표현이나 제스처 이탈과 같은 신체 언어를 매우 자세하게 분석하기 위해서는 정확히 들어맞는 시점에 셔터를 눌러야 한다. 그

30초 안에 성격 알아맞히기

우리는 매 순간 신체 언어를 통해 감정과 사고 과정 그리고 성향에 관한 수많은 정보를 다른 사람에게 전달한다. 대부분의 사람이 이것을 전혀 깨닫지 못할 뿐이다. 연구에 따르면, 성격에 대한 상세한 이미지를 파악하기 위해서는 심리학적 연구에서 '단편 판단thin slices'이라고 부르는 30초라는 짧은 시간 동안의 비언어적 행동을 보는 것만으로 충분하다고 한다. 놀랍게도 더 많은 시간을(5분 이상) 주었더니 적중률이 떨어졌다.

우리가 (무의식적으로) 비언어적 수단을 통해 성격을 외부에 전달하는 이유는 다른 사람을 빨리 예측하는 일이 인류 발달사에서 삶과 죽음을 결정할 수 있는 능력이었기 때문이다. 예를 들어, 부족의 지도자로서 새로운 집단 구성원의 권력욕을 파악하지 못하거나 과소평가하면 치명적인 결과를 가져올 수 있었다.

러나 세 번째 단계에서 이루어지는 자기 분석은 광각렌즈가 달린 비디오카메라에 비교할 수 있다. 이 단계는 신체 언어의 공통분모인 개별적 기준선에 따라 상위 개념의 비언어적 유형을 찾는 과정이다. 시간적으로 안정된 상태의 신체 언어만이 성격을 나타내기 때문이다.

비언어적 성격 분석을 시작하기에 앞서 사람은 한 마디로 정의할 수 없는 복합적 존재라는 점을 항상 염두에 두어야 한다. 다른 사람과 자신을 인식할 때는 항상 개방적인 자세를 취하고, 특정한 카테고리를 정해 분류해서는 안 된다. 우리 모두에게는 다른 사람에게는 곧바로 눈에 띄지만 스스로는 알아차리지 못하는 사각지대가 하나씩은 있다. 그러므로 자신의 비언어적 유형에 대한 통찰력을 키우기 위해서는 첫 번째와 두 번째 단계를 거쳐 세 번째 단계에서 자기 분석을 시작해야 한다. 우선 다른 사람의 신체 언어를 관찰하고, 이것이 그 사람의 성격에 대해 무엇을 말해주는지 관찰한 후에야 예리한 시선으로 자신을 자세히 분석할 수 있는 것이다.

앞에서 살펴보았듯이, 사람의 성격은 실행력 대 조화, 안정성 대 유연성이라는 네 가지 신경생물학적 기본 욕구로 표시할 수 있다. 이렇게 네 팀으로 구성된 한 조를 여러분이 탄 인생 썰매를 평생 끌고 다닐 네 마리 썰매 개라고 상상해보자. 우리의 성격은 우리에게 계속해서 활력을 주고 일상생활을 매끄럽게 헤쳐나가게 해준다. 하지만 때로는 스스로를 가로막고 기만하는 걸림돌이

될 수도 있다. 썰매를 끄는 개처럼 우리의 기본 욕구(기본 동기)는 행동의 원동력과 나침반이 된다. 기본 욕구는 감정을 활성화함으로써 행동이 필요로 하는 에너지를 공급한다. 동시에 우리가 행동의 결과를 어떻게 평가할지도 결정한다. 우리는 모두 변연계적 동기라는 썰매에 개 네 마리를 데리고 있지만 사람마다 선두를 맡고 있는 개는 다를 수 있다. 실행력을 중요하게 여기는 사람이 있고, 조화가 먼저인 사람도 있다. 어떤 기본 동기가 가장 강하게 드러나는지에 따라 각자 다른 가치의 목표를 향해 노력하며 사는 것이다.

제일 먼저 실행력이 앞서나가는 사람의 성격은 어떻게 구성됐는지 살펴보자. 이 동기는 성공과 명성 그리고 독립을 추구한다. 실행력 동기는 삶과 행동에 있어 앞으로 향하고 강한 행동력을 보이고 저항에 맞서 싸우며 목표를 달성하고 영향력을 키우는 것에 집중한다. 이들은 매우 활기차고 목표를 향해 전진하는 일을 중요하게 생각한다. 이들은 '나 없이는 안 돼'라는 지나친 확신에 빠지는 잠재된 감정적 함정에 빠지기도 하지만 끈기와 용맹함, 지도력 같은 장점을 가지고 있다. 이러한 강점이 부정적인 쪽으로 기울지 않기 위해서는 조화의 균형 잡힌 에너지가 필요하다. 진정한 지도력은 자아의 힘이 진정한 공감 능력을 동반할 때야 비로소 발전할 수 있다.

이런 특성을 가진 이들의 강점은 절대적 행동의 강도와 속도 그리고 목표에 대한 명료성이며, 단점은 인내와 공감 능력의 부족, 압박과 스트레스에 대한 부정적 반응(지배와 무시, 공격성)이다. 실행력을 기본 동기로 삼는 사람이 잠재력을 완전히 발전시키기 위해서는 공감 능력을 갖추고 약점을 허용하고 보여줄 용기가 필요하며 다른 사람을 위한 공간도 마련해줘야 한다.

이런 타입과 잘 맞는 활동 분야는 사업가 기질과 경쟁 상황에서 느끼는 기쁨 그리고 힘든 도전이라는 특색을 가지고 있다. 또한 대부분 다른 사람에게 동기를 부여하고 영향력을 발휘하고 싶어 한다. 이런 성격의 사람이 종사하는 대표적 직업으로는 영업과 경영을 꼽을 수 있다.

이들의 신체 언어는 '공격적인 자세를 취하고, 우월함을 보여라'라는 기본 원칙을 따른다. 비언어적 행동은 전체적으로 단호하고 공간을 많이 차지한다. 표정에 감정이 강하게 표현되는 경향이 있지만, 경쟁 상황에서는 포커페이스를 유지한다. 실행력 동기 영역을 알아차리기 위해서는 다음과 같은 신체 언어와 비언어적 표시를 주의해서 관찰해야 한다(이 신호들이 비언어적 기준선일 경우).

- 제스처: 이야기를 할 때 동반되는 제스처(특히 리듬 제스처)가 증가한다. 전체적으로 각지거나 날카로우며, 동작이 크다.
- 목소리: 목소리 톤이 '딱딱한' 경향이 있다. 목소리는 크고 깊은 편이며, 물 흐르듯 막힘없이 빠르게 말하는 스타일이다.
- 표정: 표정은 통제되고 집중된 인상을 준다. 특히 찌푸린 눈썹

을 자주 보인다.

- 포커페이스뿐만 아니라 자부심, 분노, 경멸의 표현을 자주 보인다.

썰매 몰이꾼과 썰매 개

네 마리 썰매 개가 의미하는 기본 동기를 일상에서 더 빨리 감지하고 기억하기 위해 각 동기 분야를 특정 인물로 대체해보자. 직장 동료와 친구 혹은 지인처럼 개인적으로 알고 지내는 사람도 좋다. 하지만 영화배우나 정치가 혹은 소설에 나오는 인물과 같은 유명 인물이 더 효과적이다. 이들은 일상에서 만날 기회가 드물고 대중매체 등을 통해 일차원적으로 묘사되기 때문에 네 가지 동기 분야의 순수 형태를 더 쉽게 구현할 수 있다. 예를 들어, 실행력은 도널드 트럼프, 조화는 엠마 왓슨, 안정성은 올라프 숄츠 독일 총리, 유연성은 팔리나 로진스키 (독일의 유명 영화배우) 등이다.

사람마다 썰매를 이끄는 대표적인 썰매 개가 있다고 했는데, 실제로는 한 마리가 아니라 두 마리의 썰매 개가 선두에 서는 경우가 많다. 예를 들어, 버락 오바마는 유연성과 실행력, 앙겔라 메르켈은 안정성과 조화의 비언어적 기준선을 드러낸다. 그러므로 성격 분석을 할 때는 항상 첫 번째와 두 번째 썰매 개를 같이 확인해야 한다.

다음 순서로 조화가 썰매를 이끌고 간다면 어떤 일이 생기는지 관찰해보자. 주요 동기 에너지는 친근함과 배려, 동감이다. 이런 에너지는 삶과 행동에 친사회적인 움직임을 불러일으킨다. 사람 사이의 관계에서 따뜻함과 조화로운 관계를 가져오고 평화로운 관계를 유지시킨다. 또한 소속감과 신뢰 그리고 감정 이입과 교감을 중요하게 여긴다.

조화를 위해 노력하는 사람의 내면의 목소리는 '마음으로 보아야 잘 볼 수 있어!'라고 속삭인다. 하지만 이런 에너지가 과하면 '모든 사람을 충족시켜 줄 거야'라는 함정에 빠질 위험이 크고 자포자기로까지 이어질 수 있다. 조화를 추구하는 것은 유대감과 관대함, 용서할 수 있는 마음 자세와 같은 성격상의 장점을 이끌어내기도 한다. 그런데 이러한 장점은 조화와 대조되는 실행력 에너지가 균형을 이룰 때 발전할 수 있으며, 안정적인 사아가 동반될 때야 비로소 진정한 유대감을 이룰 수 있다. 상대방 없이도 내가 행복하고 잘 살 수 있다고 느낄 수 있어야 연인 관계에서도 완전히 몸과 마음을 바칠 수 있는 것이다.

이들의 성공 전략은 공감 능력과 감정, 약점을 솔직하게 보이고 다른 사람에게 공간을 내어주는 것이며, 자기 공감과 실행력

분야와도 연결된다. 안정적인 내적 균형을 위해 이런 유형의 사람은 감정이입 능력을 다른 사람에게뿐 아니라 자신에게도 똑같이 적용하는 법을 배워야만 한다. 이는 목표와 욕구의 명확성을 강하게 하고, 자신의 입장을 표명해야 하는 중요한 순간에 도움이 된다.

조화를 추구하는 사람은 대인 관계와 친사회적 상호작용을 가능하게 하는 직업에 적합하다. 예를 들어 도움을 주거나 치유와 관련된 직업이 이에 속한다. 전반적인 신체 언어는 '친절하게 행동하고, 갈등은 피한다'라는 원칙에서 벗어나지 않는다. 그래서 이들의 비언어적 태도는 동작이 작고 친절한 느낌을 준다. 표정을 통해서도 이런 특성이 분명하게 드러나며, 미소를 띠는 것이 대표적인 특징이다. 대화를 할 때는 대화 상대에게 온전히 집중한다.

조화 동기 영역을 알아차리기 위해서는 다음과 같은 신체 언어와 비언어적 표시를 주의해서 관찰해야 한다(이 신호들이 비언어적 기준선일 경우).

- 제스처: 안정 제스처, 특히 낯선 사람과 처음 만났을 때 많이 나타난다. 이야기를 할 때 제스처가 동반될 경우 동작이 부드럽고 적고, 작은 편이다.
- 목소리: 목소리 톤은 '부드러운' 편이며, 작고 천천히 말하는 경향이 있다.

- 표정: 표정은 상대방을 향해 열려 있으며 친절하다. 특히 사회적 미소와 긍정적인 반응(상대방의 표정을 '미러링'하고, 이야기를 들을 때에 눈을 바라보며 동감의 신호를 보낸다)에 능하다.
- 슬픔과 동감, 사회적 미소와 같은 표정이 자주 나타나지만, 당혹감이 보일 때도 있다.

이제 네 마리의 개가 끄는 썰매의 대장이 안정성인 경우를 살펴보자. 안정성 동기의 주요 에너지는 신중함, 이성, 안정이다. 이들은 삶과 행동에서 질서를 추구하려고 한다. 또한 신중함과 정확성으로 상황을 주의 깊게 관찰하고 분석하며 구조와 이해를 중요하게 생각한다. 이성적이며 명료한 검토, 안정과 유지 및 위생과 도덕을 중요하게 생각한다.

이들은 "계획이 삶의 절반이다"라는 말을 좌우명으로 삼는다. 이 동기 분야의 에너지를 과하게 발산하면 통제하려는 욕구가 과해지며, 때로는 '삶은 예측 가능하다!'라는 착각까지 불러올 수 있다. 이 경우 계획되지 않은 일이 생길 경우 스트레스를 받게 된다. 일상의 루틴을 방해하는 일이 발생하면 쉽게 두려움이 생기고 거부 반응을 보인다.

이런 성격을 가진 사람들은 신중함과 자기통제, 뛰어난 판단력이라는 강점을 가지고 있다. 균형을 이루는 에너지는 유연성으로 특히 과한 불만과 잠재적인 문제에 대한 고민, 현상 유지에 대한 집착, 세세함에 빠져 큰 그림을 놓치는 것 같은 스트레스 상황에서 부정적인 방향으로 감정이 흐르는 것을 막는다. 진정한 의미의 신중한 행동이란 만일의 경우를 대비하는 것도 있지만, 새로운 관점과 비일상적인 상황에 대해 마음을 열고 받아들이는 태도이기도 하다.

이들의 성공 전략은 잘 짜인 계획, 객관적 분석(감정적인 순간에도) 그리고 어떤 것이 옳다고 생각하면 어떠한 상황에도 굴하지 않고 묵묵히 해나가는 것이다. 안정성을 추구하는 사람이 자신의 잠재력을 완전히 끌어내기 위해서는 '지나치게 곱씹어 생각하지 않고' 직감을 믿고 행동하는 정신적 유연성을 발휘해야 할 것이다.

이런 유형의 사람은 특히 무질서 상태를 정리하고, 관리하는 직업 분야(사무직이나 행정 공무원)가 적합하다. 또한 판사, 변호사, 의사처럼 사실에 대한 정확한 분석을 통해 판단하고 진단을 내리는 전문직을 고르는 성향이 있다. 전반적인 신체 언어는 '통제하고 거리를 유지하자'라는 원칙을 따른다. 그래서 이들의 비언어적 태도는 절제되고 긴장되어 있으며, 표정은 집중하는 편이며 움직임이 적다.

안정성 동기 영역을 알아차리기 위해서는 다음과 같은 신체 언어와 비언어적 표시를 주의해서 관찰해야 한다(이 신호들이 비언어적 기준선일 경우).

- 제스처: 안정 제스처가 많이 나타난다. 이야기할 때 동반되는

제스처는 절제되고 동작이 작은 편이다.

- 목소리: 목소리 톤은 단조로운 편이며, 말하는 스타일은 느리고, 머뭇거리는(말하는 사이에 공백을 두거나 '음'이라는 소리를 낸다) 특징이 있다.
- 표정: 표정은 움직임이 없거나 통제되고, 집중하는 편이다. 특히 집중과 고려의 신호를 통해 감정을 전달한다.
- 자주 보이는 표정은 두려움과 거부, 집중이다.

마지막으로 유연성이라는 기본 동기가 썰매를 이끄는 경우에 대해 이야기해보자. 이런 성격의 사람은 창의성과 개방성, 유연성이 동기 부여 에너지의 중심에 있다. 그래서 변화를 추구하는 경향이 나타난다. 이들은 새로운 것을 통해 영감을 얻고 신선한 아이디어를 창출하며, 유연하고 즉흥적으로 행동한다. 유머와 사교성, 삶에 대한 의욕을 중요하게 여기며 변화를 두 팔 벌려 환영한다.

유연성을 중시하는 사람들은 "가능성을 발견하라!"를 좌우명으로 삼는다. 하지만 이런 동기가 과도해지면 창의적이며 자유로운 에너지가 '삶은 유희에 지나지 않는다'라는 과장된 견해로 변질될 수 있다. 또한 모든 가능성에 개방적인 태도를 취하기에 한곳에 정착하기 힘들게 된다. 과장된 낙천적 태도 탓에 어려움과 위험을 간과하고 자신의 결정에 책임을 지지 않으려는 경향을 보이기도 한다. 성격상 강점은 유머와 창의성, 영감이다. 또한 이들의 성공 전략은 달변과 낙관주의, 즉흥성, 새로운 것에 대한 개방적인 자세와 강한 모험심이다.

하지만 안정성이 부족한 경우 유연성이라는 강점이 부정적인 방향으로 기울어질 수 있다. 유연성을 추구하는 사람은 압박과 스트레스를 받으면 경솔하고 혼란스럽게 행동하는 경향이 있다. 따라서 이런 사람이 학습해야 할 전략은 정교하게 계획을 잘 짜고 준비하며, ('눈먼 상태로' 감정에 이끌리는 대신) 객관적이고 중립적인 분석을 위해 노력하고, (새로운 자극을 찾는 대신) 현재 상태를 받아들이는 것이다.

이들은 다양성이나 자극이라는 특징이 있는 직종을 선택하는 경향이 있으며, 연구를 하거나 예술적 활동을 하는 직업이 많다. 이들은 역동적이고, 정해진 일상에서 벗어나 새롭거나 창의적인 업무를 할 때 실력을 발휘하며 많은 사람들과 교류하고 영감을 주고 열광시킬 수 있는 일을 할 때 빛이 난다. 이들은 창의력과 예술적 표현을 사랑하는 마음을 지니고 있으며, 역동적이고 예술적으로 자신을 표현할 수 있는 직업에서 행복하다고 느낀다. 대표적인 직업 분야로는 연극, 춤, 노래, 패션 디자인 혹은 그래픽 디자인 등을 꼽을 수 있다.

전반적인 신체 언어는 '명랑하고, 마음을 활짝 열어라'라는 원칙을 따른다. 그래서 비언어적 태도는 움직임이 많고 생기가 넘친다. 표정은 기본적으로 개방적이며 즐겁다. 유연성 동기 영역을 알아차리기 위해서는 다음과 같은 신체 언어와 비언어적 표시를 주의해서 관찰해야 한다(이 신호들이 비언어적 기준선일 경우).

- 제스처: 부드럽고 움직임이 둥근 제스처를 사용한다. 제스처는 중간 수준 및 상위 제스처 공간에서 보일 때가 많다.
- 목소리: 목소리 톤은 리듬을 타는 듯하며, 말하는 스타일은 끊이지 않고 빠른 편이다.
- 표정: 표정은 상대방에게 호의적이며, 개방적이다. 특히 즐거움과 관심을 표정에 담아 표현한다.
- 자주 표현되는 표정은 즐거움, 관심, 경외심과 미소다.

그렇다면 자신의 썰매를 이끄는 대장 썰매 개는 무엇인지 어떻게 알 수 있을까? 먼저 자신의 모습을 녹화한 영상을 들여다보자. 영상이 없다면 친구에게 혹시 파티나 모임에서 자연스러운 자신의 모습이 찍힌 영상이 있는지 물어보자. 누군가 자신을 관찰하고 있다고 느끼지 않을수록 진솔한 신체 언어가 나타난다. 성격은 다양한 상황에 따라 약간씩 변하기도 하기 때문에(사적일 때보다 직장에서 업무를 하는 상황에서 실행력이 더 강하게 나타날 수 있다), 직업이나 연인 관계처럼 다양한 맥락에서 찍힌 세 편 정도의 영상을 보는 것이 가장 좋다. 그리고 영상을 비언어적 표식에 따라 분석한다. 모든 영상에서 나타나는 공통점은 무엇인가? 기본 동기에 대한 신체 언어적 유형을 비언어적 좌우명으로 요약해보자(예를 들어, '공격적으로 행동하고, 우월함을 보여줘').

확실한 것은 여러분이 나오는 영상을 찍은 사람이 주변에 한 명도 없다면 여러분의 우두머리 개는 유연성이나 실행력이 아닌

조화나 안정성에 가깝다는 것이다. 조화와 안정성이라는 썰매 개는 카메라 앞에 서는 일을 좀 더 부끄러워하기 때문이다.

자기 분석에 사용할 수 있는 영상을 찾지 못했다면 빨리 짧은 영상 한 편을 찍으면 된다. (양손을 자유롭게 움직일 수 있게) 핸드폰을 세워 놓고 카메라를 보면서 1~2분 동안 일을 할 때나 사랑을 할 때 중요하게 생각하는 것이 무엇이며, 왜 그렇게 생각하는지 자유롭게 이야기한다. 그후 앞에서 배운 대로 영상을 분석한다. 여기서는 자신을 3인칭 시점으로 표현하거나 평가하려 하지 말고, 그대로 묘사해보자.

그 외에도 미소스 미팅을 통해 중요한 통찰력을 얻을 수 있다. 어떤 슈퍼 자원에 감정적으로 가장 쉽게 접근할 수 있는가? 이것을 알면 자신의 성격 가운데 가장 강한 대장 썰매 개가 무엇인지 알 수 있다. 감사함은 잘 느끼지만 자부심이 부족하다면 주요 동기 분야는 조화일 가능성이 크다.

우리는 앞에서 또 다른 (매우 흥미로운) 자기 분석법을 이미 살펴보았는데, 바로 소름이 돋을 정도로 좋아하는 영화를 찾는 것이다. 감동과 경외심이라는 두 가지 소름 돋는 감정은 인생의 나침반에서 올바른 방향을 가리키는 바늘이며 경험하고 싶어 하는 가치를 알려준다. 좋아하는 영화의 주인공이 네 마리 썰매 개 중 어느 개에게 썰매의 주도권을 맡기고, 어떤 동기들을 통합했는지 살펴보자. 예를 들어, 〈니모를 찾아서〉의 말린은 영화 초반에는 안정성 동기를 과도하게 추구했지만, 아들의 독립을 허락하기 위해 필요하게 된 동기는 유연성이다. 좋아하는 영화 속의 소름 돋는 순간은 내적 균형을 위해 필요한 동기 영역을 표시한다. 필요한 영역을 파악한 뒤에는 4주 동안 미소스 미팅을 실천하면서 감정적으로 해당하는 슈퍼 자원에 집중(예를 들어, 유연성을 위해 경외심에 집중)하면 쉽게 강화할 수 있다.

아 다르고, 어 다르다.
혹은 프로이트의 실언이 알려주는 것

신체 언어의 일곱 번째 채널의 숨겨진 신호인 목소리를 더욱 깊게 들여다보자. 내가 이런 이야기를 하면 "목소리가 비언어적이라니 그건 대체 무슨 뜻이죠?"라며 이의를 제기하는 사람들도 있을 것이다. 하지만 말하기에도 비언어적 부분이 분명히 있고, 심지어 매우 중요한 요소다. 서로 대화할 때 중요한 것은 무엇을 말하는지가 아니라, 어떻게 말하는지다. 예를 들어, 싸울 때 반어적으로 던지는 "미안하다! 그만해!"라는 말은 상황을 진정시키기는커녕 싸움을 부추긴다. 예전부터 내려온 속담으로 표현하자면, '아 다르고, 어 다르다'고 할 수 있다. 이제부터 감정의 주크박스인 목소리를 더 자세하게 살펴보자.

목소리는 세 가지 하위 채널로 구분할 수 있다.

1. 진술, 즉 사람의 말
2. 음의 높낮이, 음량, 목소리 톤, 목소리의 울림(예를 들어 웃음)
3. 말하는 속도, 말할 때의 머뭇거림, 잦은 말실수 같은 말하는 스타일.

전문가들은 목소리와 말하는 스타일을 비언어적 요소가 아니라, 준언어적paraverbal(유사언어)이라고 표현한다. 'para'는 고대 희랍어에서 유래했으며 '부차적'을 의미한다. 따라서 준언어적은 언어에 준하는, 말의 부차적인 것을 의미한다고 볼 수 있다. 부차적 채널은 세 가지로 모두 서로 밀접하게 얽혀 있으며, 말로 표현된 문장은 항상 특정한 목소리와 말하는 스타일을 동반한다.

언어 자체는 좌측 전두엽(브로카 영역)에서 만들어지지만 목소리를 제어하는 근육은 변연계에서 통제한다. 그래서인지 목소리도 표정과 비슷하게 감정에 매우 강하게 반응한다. 하지만 목소리에는 세 가지 단점이 있다. 첫째, 우리는 표정처럼 문화에 상관없이 목소리를 통해 감정을 표현하는 것이 아니라, 단지 비슷하게만 표현한다. 두 번째, 목소리로 모든 감정을 똑같이 잘 파악할 수 있는 것은 아니다. 예를 들어, 혐오감과 부끄러움은 목소리로는 거의 구분하기 힘들고, 흥미는 종종 기쁨과 혼동될 때도 있고, 지루함은 슬픔으로 잘못 받아들여지기도 한다. 따라서 목소리만을 단독 채널로 지정하여 다른 사람을 파악하고자 하는 시도는 혼동을 일으키기 쉽다.

목소리의 마지막 단점은, 가장 중요한 것으로, 표정과 비교했을 때 중립적인 목소리의 차이가 사람마다 크게 다르다는 점이다. 예를 들어, 남자는 보통 여성보다 목소리가 낮다. 이런 기본적인 차이 때문에 음성 기준선을 파악하고, 준언어적 정상 행동과의 차이를 식별하는 일이 어려운 것이다. 목소리의 높이가 살짝 높아진 것을 깨닫는 일보다 눈썹 앞쪽을 빠르고 짧게 살짝 올리는 일처럼 표정의 미묘한 변화를 알아차리는 일이 더 쉽다. 하지만 목소리는 한 사람의 감정을 정확하고 신뢰할 만하게 추론하는 데 중요한 역할을 한다. 표정이 감정의 주요 무대라면, 목소리는 귀중한 추가 정보를 전달한다고 볼 수 있는 것이다. 따라서 표정에서 관찰한 것을 확인하고자 할 때 목소리의 신호를 사용하면 좋다.

우리는 보통 자신이 하는 말을 통제할 수 있지만, 말할 때 숨기고 싶은 무엇인가를 자기도 모르게 말해버리는 경우가 종종 있기 때문에 조심하는 것이 좋다. 심문 전문가들의 규칙 제1번은 '용의자로 하여금 말을 많이 하게 하라'다. 말을 많이 할수록 거짓말쟁이가 모순을 보일 확률이 더 커지기 때문이다. 말을 많이 하다보면 무심코 그냥 심중에 있던 말이 새어나올 때가 있기 마련이다. 직장 동료처럼 개인적으로는 별로 가깝지 않은 사람들과 편안한 분위기에서 말을 많이 하다가 무심코 사생활에 대해 이야기하는 경우처럼 말이다.

대화 상대가 말실수를 저지르는 순간은 그것을 지켜보는 우리에게는 흥미진진한 순간이다. 2014년, 남녀 커플을 연결해주는 TV 쇼에 출연한 한 여성에게도 이런 일이 일어났다. 이 리얼리티 쇼에는 22명의 여성과 한 명의 남성이 출연하는데, 남성 출연자에게는 매우 넓은 선택의 폭이 주어진다. 남성은 몇 주 동안 여성 출연자들과 차례대로 데이트를 하고 다음 라운드에 누구를 올려보낼지 결정한다. 다음 단계에 진출할 여성 출연자를 정하는 순간을 '장미의 밤'이라고 하는데, 남성 출연자는 이 날 선택된 여성 출연자에게 빨간 장미 한 송이를 건넨다. 단, 남성 출연자에게는 장미의 밤이 오기 전에 한 여성에게 미리 장미를 선물할 기회가 있다. 미리 장미를 선물받은 여성 출연자는 다음 단계에 올라갈 수 있다는 것을 알게 되고 마음의 긴장을 풀 수 있다.

문제가 된 여성 출연자와의 인터뷰는 바로 미리 주는 장미에 대한 것이었다. 이 여성은 자신은 장미를 미리 받지 못했지만, 경쟁자인 다른 여성이 꽃을 받기를 바랐다고 말했다. "저는 어……다니엘라가 장미를 미리 받을 거라고는 전혀 상상도 못 했어요. 음…… 하지만 그녀가 받을 줄 알았습니다. 그녀는 정말 사랑스러운 여자거든요." 얼마나 멋진 말실수인가! 나는 방송을 보다가 순간 눈이 번쩍 뜨였다. 그녀는 말실수하는 장면을 자세히 관찰해볼 수 있는 소중한 기회를 마련해주었다.

19세기에는 누군가 "나는 음, 아니, 내 친구가 그 남자에게 반했어요"라며 말실수를 저질렀어도 그 사람이 '그 남자'에게 반했을 것이라고 의심하지 않았을 수도 있다. 그런데 1904년에 정신

분석학의 창시자인 지그문트 프로이트가 〈일상생활의 정신병리학에 관해〉라는 논문에서 무의식적으로 동기 부여된 언어적 오류에 대한 자신의 생각을 제시하면서부터 조금 달라졌다. 이것은 훗날 '프로이트의 실언'이라고 알려진다. 프로이트의 이론에 따르면, 말할 때 실수를 하는 사람은 자신의 숨겨진 무의식적 동기를 드러낸다고 한다. 프로이트는 말실수 자체만이 아니라, 잘못된 행동이나 망각 그리고 사물을 다른 곳에 잘못 두는 것도 마찬가지로 실착 행위로 여겼다.

오늘날에는 많은 사람들이 프로이트의 실언에 대해 알고 있다. 말실수를 저지르는 사람에게 잘못 말한 것을 곧장 지적하지는 않아도 어떤 진실이 말실수 안에 숨어 있을 것이라며 곰곰이 생각한다. 하지만 말실수가 무의식적인 의도를 드러낸다는 프로이트의 주장이 언제나 옳은 것만은 아니다. 대부분의 말실수는 인지적으로 말을 만들어낼 때 일어난 단순한 실수로 설명할 수 있다. 사람의 뇌에는 비슷한 의미와 형태 혹은 비슷한 울림으로 이루어진 단어가 '나란히 옆에' 놓여 있기 때문에 가끔은 저장고에서 잘못된 단어를 꺼내기도 하는 것이다. 물론 어떤 상황에서는 말실수가 마음속에 품은 생각을 조금은 알려줄 때도 있다.

많은 연구를 통해 인지 프라이밍(점화효과)이 말실수의 빈도에 영향을 줄 수 있다는 사실이 입증되었다. 예를 들어, 남성 실험 참가자가 'bine foddy'(덩굴 사료)라는 단어 한 쌍을 발음하는데 매혹적인 의상을 입은 여성 실험 진행자가 같은 장소에 있으면 성적으로 '점화'되어 'fine body'(멋진 몸매)라고 말실수를 하는 빈도가 두 배나 높아졌다. 이처럼 때로는 말실수가 귀중한 정보를 전달해줄 수 있다. 그러므로 말을 그냥 흘려들어서는 안 되고, 항상 수반되는 신호에 주의한다. 이때도 개별적으로 보지 말고 항상 신호 덩어리에 주의해야 한다는 표정 공명의 핵심적인 기본 원칙이 적용된다.

프로이트의 실언을 발견하게 되면 나의 감각은 활성화되고 예리해진다. 나는 리얼리티 쇼에 출연한 여성 출연자의 인터뷰를 보면서 또 다른 두 가지의 확실한 신호를 발견할 수 있었다. 먼저 출연자가 "저는 어…… 다니엘라가 장미를 미리 받을 거라고는"이라고 말할 때 광대뼈 부위가 윗입술과 함께 1초도 안 되는 짧은 순간 동안 살짝 올라갔다. 고통을 나타내는 미세표정이다. 고통이라니? 연구에 의하면 사람들은 신체적으로 다친 곳이 없어도 "그 일은 나에게 정말 상처가 됐어"라고 말하며, 이것은 실제로 올바르게 묘사됐다는 것이 입증되었다. 사회적으로 따돌림을 당하거나 거부당한 느낌을 받으면 뇌에서는 고통 신호가 즉각 작동하기 시작한다. 장미를 꺾으려다가 가시에 찔려 상처 입었을 때나 주먹으로 눈을 맞았을 때 활성화되는 영역과 동일한 곳이다.

다니엘라가 장미를 받기를 바랐다고 여성 출연자가 말할 때 고속 열차처럼 얼굴을 빠르게 훑고 지나간 두 번째 미세 표현도 마찬가지다. 그녀의 눈썹 앞쪽이 잠깐 올라갔는데 이것은 슬픔을 나타내는 전형적인 표시다. 이것으로 말실수와 두 개의 미세 표정이라는 세 가지 신호가 두 가지 채널에서 나타났다. 마치 소방차가 큰 사이렌 소리를 내 사건 현장을 알리는 것에 비유할 수 있는 신호다. 여성 출연자가 '장미꽃을 받을 사람이 나라면 좋겠다'라고 생각했지만 그것을 솔직하게 말하지 않았다는 것을 확실히 알 수 있는 장면인 것이다.

언어는 생각을 다른 사람과 나눌 수 있게도 해주지만 생각을 의도적으로 공유하지 않을 수 있게도 한다. 진화를 통해 말할 수 있는 능력을 선물 받은 인간은 지구의 다른 생명체보다 우월해질 수 있었다. 무엇보다 언어 덕분에 인간은 세상을 다스리는 데 성공을 이루었다. 약 7만 년 전, 인류의 발달사에서 이른바 인지 혁명이 시작되었고, 그 다음 4만 년 동안 호모 사피엔스는 사고와 의사소통 면에서 비약적으로 발전했다. 학술적 추정에 의하면, 인류는 3만 5천 년 전부터 언어를 갖추어 사용했다.

역사학자인 유발 하라리는 《사피엔스》에서 다른 사람과 이야기를 하고 대화를 나누고 수다를 떨기 위해 언어가 발전했다고 가정했다. 언어를 통해 인류는 더욱 크고 안정적인 집단을 형성할 수 있었다. 서로 이야기를 함으로써 매일 공존하는 일상을 조절할 줄 아는 능력은 '자연적인' 집단의 규모를 150명까지 수용할 수 있게 높였다. 이 최고 상한선을 넘어서면 긴밀한 관계를 유지하는 일이 불가능하다고 한다.

하라리에 따르면 언어 능력은 집단의 규모와 상호 간 활동의 조직화 영역에서 또 다른 발전을 불러왔다. 예를 들어, 신, 국가,

돈, 법처럼 물질적으로 존재하지 않는 것을 언어로 만들어내는 특별한 능력을 갖추게 했다. 서로 이야기를 나누고, 집단적 상상의 세계에서만 존재하는 허구에 대한 믿음을 공유하는 것은 결과적으로 사회를 결속시킨다.

말하는 스타일로 알 수 있는 것
토크쇼에서 원수가 된 진행자와 출연자

이미 입 밖으로 뱉어진 말은 수많은 숨겨진 생각을 알려준다. 이제부터 신체 언어적으로 배울 것이 굉장히 많은 (목소리의 다른 부수적인 채널 중 하나인) 말하는 스타일을 살펴보자.

2013년 11월, 마르쿠스 란츠가 진행하는 방송 프로그램에 영화배우 엘리아스 음바렉Elyas M'Barek(아버지는 오스트리아, 어머니는 아프리카 튀니지 출신이다 – 편집자 주)이 출연했다. 음바렉은 영화 〈괴테스쿨의 사고뭉치들〉을 홍보하기 위해 독일에서 가장 유명한 토크쇼에 출연해 란츠와 대화를 나누었다. 그런데 토크쇼 도중 란츠가 던진 질문 중 일부가 음바렉을 당혹하게 했다. 내가 관찰한 것을 표정 공명 분할 화면으로 보면서 그의 신체 언어를 살펴보자.

20초밖에 걸리지 않은 장면에 신체 언어적 신호와 비언어적 감정이 가득했다. 지금까지 배운 것을 활용하면서 동시에 약간

마르쿠스 란츠	엘리아스 음바렉
"종교가 로마 가톨릭 맞나요?	음바렉은 눈을 몇 번이나 빨리 깜박거리고, 숨을 크게 쉰다. 내쉴 때보다 들이쉴 때 더 시간이 걸린다.
	"아, 네. 아시겠지만, 그게…… 그게, 음……"
	이라고 하면서 머리를 쓸어내린다. 소파 위에서 이리저리 고쳐 앉고, 몸을 왼쪽, 오른쪽으로 흔들거린다.
	"애정 관계나 그리고 음…… 그런 사적인 질문에 대해서는 공식적인 자리에서 말을 잘 안 합니다만……."
"네, 알겠습니다."	눈은 '웃고', 머리는 살짝 뒤로 가며, 동시에 어깨 양쪽을 짧게 올린다.
"그런데 하나님과 어떤 관계인지는 설명해줄 수 있는 거 아닌가요?"	다시 더 빨리 눈을 깜박인다.
	"네, 그럼요. 저는…… 저는, 아, 맞습니다."
"당신은 카톨릭 신자가 맞습니까?"	음바렉은 대답한 후 바로 코를 긁적거리며 미세 표정을 보여준다. 눈썹을 찡그리며, 눈꺼풀에 힘을 주고
"아랍어는 전혀 할 줄 모르시죠?"	입술을 꽉 깨문다. 그런 뒤에 바로 다른 미세 표정을 보인다. 음바렉은 윗입술을 한쪽만 올리고 눈은 가만히 있는 상태로 미소를 지어 보인다.

더 확장해보자. 토크쇼의 장면을 훑어가면서 엘리아스 음바렉의 비언어적 신호를 각각 어떻게 해석할지 확인하면서 신호 덩어리도 찾아본다(3-2 규칙). 구체적인 신호도 함께 살펴보자. 무엇을 발견할 수 있었는가?

내가 관찰하기에 엘리아스 음바렉은 대화를 여는 첫 질문에서 이미 스트레스를 받았다는 분명한 징후를 보였다. 눈을 빠르게 깜박이고 스트레스를 받은 상태를 알리는 전형적인 호흡 유형(숨을 내쉬는 것보다 들이쉴 때 더 시간이 많이 걸리는 호흡)을 보이며, 진정을 의미하는 대표적 제스처인 머리카락을 쓸어내리는 동작을 했다. 그 다음에는 소파 위에서 이리저리 위치를 바꾸어 앉았다. 자세를 자주 바꾸는 것도 스트레스를 받고 있다는 것을 나타낸다.

우리는 그가 보이는 모든 신호에 대해 이미 배웠다. 음바렉이 보여준 신호 외에 또 다른 신호는 말하는 스타일에서 찾아볼 수 있다. 단어의 반복("그게…… 그게", "저는……저는")은 인지적으로 과하게 부담을 받고 있다는 것을 가리킬 뿐 아니라, 정서적으로 스트레스를 받았다는 의미다. 특히 두려움이나 당혹감을 느낄 때 이런 유형의 말실수가 증가한다. 다섯 가지 채널에서 다섯 가지 신호가 나타난 것은 매우 강력한 신호 덩어리다.

그중에서도 엘리아스 음바렉이 보여준 심호흡은 더욱 많은 것을 말해준다. 음바렉은 숨을 내쉬면서 자신을 중력에 내맡긴 채 아래로 가라앉게 둔 것이 아니라, 추가적인 힘을 더해 상체를 아래로 '밀어냈다.' 이것은 감정 제스처에 속하는 행동으로 나는 '슈퍼 중력 제스처'라고도 부르는데, 누구나 살면서 분명 한 번씩은 경험해보았을 것이다. 우리는 화가 나면 손으로 책상을 치거나 발을 구르는데, 이때 몸은 중력과 함께 작동한다. 내가 분석하기에 엘리아스 음바렉은 자신이 지금 화가 났다는 것을 우리가 감지할 수 있도록 숨겨진 정보를 준 것이나 마찬가지였다.

중력 제스처에는 슈퍼 중력 제스처 외에도 친중력 제스처와 반중력 제스처가 있다. 친중력 제스처는 중력에 저항하는 것을 포기하고 머리나 팔을 아래로 내리는 반면에, 반중력 제스처는 중력에 대항하여 팔을 높이 뻗어올리는 동작을 보인다. 친중력 제스처는 보통 슬픔이나 부끄러움, 죄책감이나 지루함을 나타낸다. 그래서 사람들이 슬프면 일반적으로 축 처진 자세를 하고, 지루하면 '무거운' 머리를 손으로 받치는 것이다. 반중력 제스처는 승리나 자부심을 의미한다. 유명한 테니스 선수 보리스 베커가 점수를 딸 때마다 환호하며 보이는 '베커 주먹'이 대표적인 예다.

마르쿠스 란츠와 엘리아스 음바렉 사이에 오간 대화들은 마치 테니스 경기에서 힘들게 공을 주고받는 장면을 떠올리게 한다. 란츠가 종교에 대한 질문으로 서브를 넣고, 음바렉은 그 공을 잘 받아넘겼다("애정 관계나 그런 사적인 일에 대해서는 공식적인 자리에서 잘 말하지 않습니다"). 이때 음바렉의 신체 언어에는 자부심이라는 감정이 보였다. 그는 눈에 웃음을 띠며 살짝 머리를 뒤로 젖히고 동시에 어깨를 올리는 반중력 제스처를 보였다.

하지만 란츠는 다음 질문을 네트 다른 쪽으로 넘겼다. 그러자 음바렉은 단어를 더 많이 반복해서 말했고, 진정 제스처가 나타나는 등 스트레스 신호가 다시 증가했다. 또한 스트레스를 의미하는 두 가지 미세표정을 관찰할 수 있었다. 음바렉은 눈썹을 찌푸리고 눈에 힘을 주어 화가 났다는 표시를 보였고, 윗입술을 한쪽만 올려서 경멸을 나타냈다. 그 순간에 그가 받은 스트레스와 감정적 변화가 얼마나 심했는지는 그가 보여준 신체 언어뿐 아니라 6년 뒤에 신문에 실린 인터뷰에서도 확인할 수 있었다. 음바렉은 그때의 토크쇼를 떠올리며 "그것은 인종차별이었습니다"라고 입장 표명을 했다.

목소리 톤이 알려주는 것
혹은 바람을 피우고 있을 때 나와 식사하면 안 되는 이유

아내와 나는 지인 부부 한 쌍과 함께 즐거운 저녁 시간을 보내고 있었다. 그런데 남편이 갑자기 자신의 부인에게 "그런데 당신 어제 저녁에 왜 그렇게 집에 늦게 들어왔어?"라고 물었다. 2초간 침묵이 흘렀다. 여자는 "운동하고 왔어요"라고 대답했다. 그것을 듣는 순간 나는 즐거운 식사 시간은 여기서 끝이라는 느낌이 왔다. 그 여자는 미처 깨닫지 못했겠지만 그녀는 남편의 질문에 대답하기 전에 너무 오래 시간을 끌었을 뿐 아니라(참고로 이것은 인지적 부담이 높아졌다는 것을 의미한다), 목소리가 높아지고 눈꺼풀은 마치 얼어붙은 듯이 전혀 깜박이지 않았다. 두 가지 채널에서 정신적으로 긴장감이 높아진 것을 보여주는 신호가 세 가지나 나타났다. 이러한 신호들을 설명할 별다른 이유가 없었기 때문에 그녀가 보여준 신호들은 '핵심'을 알려주는 잠재적인 핫스폿이었다. 나는 그날 저녁 이것을 파고들 생각이 눈곱만치도 없었고, 그렇게 하지도 않았다. 하지만 진실은 언제나 밝혀지기 마련이다. 얼마 지나지 않아 '운동을 좋아하는 여자'가 불륜을 저질렀다는 사실이 드러났고, 두 사람은 헤어졌다.

그렇다면 목소리를 통한 신호가 알려주는 것은 무엇일까? 목소리 톤이라는 부차적 채널에 속하는 목소리 높낮이의 변화는 대체로 상대방의 감정적 격앙 단계를 알려준다. 목소리의 높이가 기순선에서 멀어질수록 더 흥분한 상태를 나타낸다. 이것은 분노나 무서움 혹은 기쁨을 뜻하지만, 인지적 부담이 커진 것을 의미할 수도 있다. 정신적으로 힘들면 말을 할 때 목소리의 톤이 더 높아지기 때문이다.

거짓말을 할 때도 신경을 써서 집중하게 되고 들킬지도 모른다는 두려움에 더 높은 목소리로 말하는 경향이 있다. 목소리 톤이 높아진다는 것을 파악할 수 있다면 스폿이 될 수 있다. 반대로 목소리를 낮추어 저음으로 말하는 것은 감정적으로 가라앉은 상태를 가리킨다. 대표적으로 슬픔이나 지루함을 느낄 때 그리고 긴장이 풀린 편안한 상태일 때 목소리 톤이 낮아진다.

말할 때 뜸 들이는 일이 증가하는 것도 뇌가 최고 성능으로 작동하고 있다는 표시다. 말을 지연하는 패턴에는 질문에 답할 때 시간적으로 오래 끄는 것도 있지만, 말하는 중간에 쉬는 것과 단어 사이에 '음'과 '어'와 같은 입버릇 감탄사를 삽입하는 것도 있다. 인지적으로 부담이 높아질 때 뜸 들여 말하는 경향이 증가하고, 이것은 동반 제스처에 영향을 미쳐 제스처가 줄어들게 된다.

1990년에 미국에서 진행된 한 연구에서는 이러한 상관성에 대한 실험을 진행했다. 연구자는 뉴욕 컬럼비아대학교에 18명의 강연자를 초빙해서 이들의 말하는 스타일과 제스처를 자세히 분석했다. 연설은 평균 54분 정도 걸렸는데 연사들은 강연 시간의 20퍼센트에 달하는 시간 동안 제스처를 취했고, 분당 3.17번 '어'라는 입버릇 감탄사를 사용했다. 흥미로운 점은 동반 제스처와 입버릇 감탄사 사이의 연관성이다. 연사는 제스처를 하지 않으면 거의 3배나 더 자주 '어'라는 입버릇 감탄사를 사용했다. 반대로 말하는 내용을 강조하기 위해 손동작을 사용했을 때는 분당 입버릇 감탄사를 한 번 정도밖에 사용하지 않았다.

입버릇 감탄사는 뇌가 다음 말할 단어를 찾고 있다는 것을 보여주며, 말에 수반되는 제스처는 내부 검색 절차가 완료된 것을 알려준다. 상대방이 인지적으로 얼마나 크게 부담을 느끼는지를 판단하기 위해서는 눈 깜박임이 줄어드는 것 같은 신호 외에도 입버릇 감탄사와 함께 오는 제스처와의 관계에도 주의를 기울이는 것이 좋다.

마거릿 대처의 발성 훈련

목소리가 깊고 낮을수록 실행력이 더 높고 능력이 좋으며 높은 지위에 있는 사람이라는 인상을 준다. 고음의 목소리는 반대의 느낌을 준다. 따라서 지도자를 뽑을 때는 당연하게도 저음의 톤으로 말하는 사람을 선호하는 경향이 있다. 마거릿 대처 영국 전 총리는 이런 효과에 대해 알고 있던 것 같다. 대처는 목소리 톤을 낮추기 위해 런던 국립극장 출신의 강사를 고용했고, 결과는 성공적이었다. 대처는 목소리를 46헤르츠 이상이나 낮추었는데, 보통의 남성과 여성 목소리의 평균적 차이를 절반이나 줄인 수준이었다.

발성 훈련 전후의 대처 총리의 목소리를 들어보면 높낮이 외에도 추가로 말하는 속도가 확연하게 느려진 것도 알아차릴 수 있을 것이다. 사람의 발성 체계는 낮게 말하면 대부분 자동으로 좀 더 느리게 말하도록 되어 있다. 이러한 연관성은 생리적으로도 설명할 수 있는데, 목소리가 낮은 것과 말하는 속도가 느린 것은 모두 흥분 상태가 낮은 것을 의미한다.

그런데 충분한 발성 훈련 없이 목소리의 높낮이를 일부러 바꾸는 일은 추천하지 않는다. 훈련이 뒷받침되지 않는 경우 그 변화가 너무 인위적으로 들리고, 능력을 갖추었다기보다는 오히려 꾸며냈다는 인상을 줄 수 있다. 그보다는 목소리의 음량을 조절하는 것이 더 효과적이다. 특별히 훈련을 하지 않더라도 힘주어 큰 소리로 말하면 자신감 있고 추진력이 강하며 더 높은 직위에 있는 듯한 인상을 준다. 이때 너무 큰 목소리로 말하면 공격적으로 들릴 수 있으므로 주의한다.

　목소리는 비언어적 신호가 적은 화상회의에서 특히 큰 효과를 발휘한다. 따라서 화상회의 전에 마이크와 볼륨에 특별히 신경을 써서 테스트해보는 것이 좋다. 목소리가 온라인상에서도 분명하고 잘 들리도록 주의를 기울이자. 너무 큰 목소리는 상대방을 놀라게 해 의자에서 떨어뜨릴 수 있으므로 주의하자.

　말을 할 때는 대부분 혼자가 아니라 누군가와 함께 있을 것이다. 따라서 주의해야 할 마지막 신체 언어 채널은 대인 관계에서의 행동 자세다. 이때 중요한 것은 눈을 맞추는 일과 공간적 관계 그리고 신체 접촉이다. 다른 채널들과는 다르게 이러한 신호를 보기 위해서는 적어도 두 사람 이상이 필요하다.

8

관계를 표현하는 춤:
대인 관계에서의 행동 자세

내일도 연인이 여전히
내 곁에 있을지 알 수 있는 방법

악수, 공놀이, 춤과 같은 움직임은 각각의 독립적인 사람이 쌍을 이루어 하는 행동에 바탕을 둔다. 즉, 한 사람이 손을 내밀면 다른 사람은 내민 손을 잡는다. 한 사람은 공을 던지고, 다른 사람은 공을 잡는다. 이런 상호작용을 자세히 관찰해보면 대부분 이에 대해 의도적으로 깊이 생각할 필요 없이 자연스럽게 일어나는 듯한 복합적인 상호작용을 발견할 수 있다. 하지만 자폐 스펙트럼 증상이 있는 사람처럼 사회적 상호작용에 어려움을 겪는 사람도 있다.

독일의 뇌 연구 팀은 대인 관계가 자연스럽게 이루어지는 이유가 무엇인지 근본적으로 살펴보았다. 여러 사람의 행동이 서로 연관되는 활동을 할 때 뇌는 어떻게 작용할까? 뇌는 우선 각 활동을 따로 구분해서 처리한 후에 다음 단계에서 활동을 하나로 취합할까? 아니면 사회적 상호작용을 곧바로 연관성이 있는 하나의 단위로 인식할까?

연구 결과는 매우 놀라웠다. 뇌에는 이른바 '상호작용 뉴런'이 있어서 한 쌍을 이루는 행동을 모두 담당한다. 예를 들어, '공을 던지는' 데 반응을 하는 뉴런은 '공을 받는' 것에도 응답한다. 뇌는 사회적 상호작용을 서로 한 쌍을 이루는 하나의 행동 단위로 처리하는 것이다. 이것은 일상생활 속에서 상호작용을 매우 쉽게 해나갈 수 있게 하며, 인간만이 이룰 수 있는 대규모 집단에서 모두를 통합시키는 독특한 능력을 부여한다. 이 같은 상호작용 뉴런의 '발견'에는 심오한 진화의 의미가 담겨 있다.

우리가 지금부터 자세히 살펴볼 상호 행동 자세의 비언어적 관찰 채널은 세 가지 하위채널로 구성되어 있다. 첫째, 시선은 서로 눈을 마주치는 횟수와 방식을 설명한다. 둘째, 공간적 관계는 우리가 공간적으로 서로 얼마나 가까워지는지 혹은 얼마만큼의 거리를 유지하는지를 설명한다. 셋째, 신체 접촉은 서로 어디서, 어떻게 신체 접촉을 하는지를 설명한다.

상호 행동 자세의 세 가지 하위채널은 목소리의 하위채널과는 다르게 일부 독립적인 성격을 가진다. 그래서 거리 혹은 몸의 방향(공간적 관계)을 바꿀 필요 없이 누군가와 눈을 마주치는 일(시선)을 그만둘 수 있다. 그러나 실제 생활에서는 세 가지 상호적 하위 채널이 매우 끈끈하게 얽혀 작용할 때가 많다. 예를 들어, 신체 접촉은 항상 공간적 행동에 영향을 미친다. 엘리베이터에서 낯선 사람과 함께 탔을 경우, 우리는 층수를 가리키는 숫자 버튼을 응시하고 시선을 피함으로써 개인적 거리 영역이 공간적으로 침범된 것에 '대응한다.'

상호 행동 자세를(관계의 질을 표현하는 춤을) 가장 잘 관찰하고 이해할 수 있는 순간은 구애할 때가 아닐까?

백문이 불여일견이다
혹은 온라인에서 다른 사람과 시선을 맞추는 기술에 대해

2014년 4월, 나는 스페인 코스타 블랑카의 한 타파스(스페인의 전채 요리 - 편집자 주) 식당에 갔다. 남녀가 서로 유혹하는 상황을 관찰한 뒤, 연구 결과와 실제 사례를 비교하기 위해서였다. 사실 나는 스페인어를 할 줄 모르기 때문에 옆자리에서 무슨 말이 오가는지 전혀 알아들을 수 없었다. 하지만 바로 이런 이유에서 이곳을 선택했다. 그래야만 신체 언어에 온전히 집중할 수 있기 때문이다. 다만 스페인어가 꼭 필요한 순간을 대비해 스페인어를 할 줄 아는 도미니크라는 친구와 함께 식당에 갔다.

오래 기다릴 필요도 없이 약 3미터 정도 떨어진 두 테이블에서 어떤 일이 일어나기 시작했다. 한 남자와 한 여자가 각자 테이블에 앉아 있었다. 편의상 하비에르와 마리아라고 부르겠다. 두 사람은 아직 다른 테이블에 따로 앉아 있었지만 그 상태가 오래 가지 않았다. 눈에 띌 정도로 두 사람이 서로 눈을 마주치는 일이 자주 일어났기 때문이다. 두 사람의 이런 행동은 문화를 초월해서 관찰할 수 있는 다섯 가지 구애 단계 가운데 첫 번째 단계로, 두 사람은 서로를 보고 보이는 일을 중요하게 여기는 관심 단계를 성공적으로 마쳤다.

신체 언어 꿀팁
온라인 프로필 사진으로 점수를 따는 방법

온라인 데이트를 할 때는 비언어적 상호 교류가 자연스럽게 배제되기 때문에 뭐니뭐니 해도 프로필 사진이 첫인상을 결정하는 데 매우 중요한 역할을 한다. 따라서 신체 언어의 인상에 관한 연구에서 배운 지식을 온라인 솔로 탈출 사이트나 데이트 앱에 프로필 사진을 올릴 때 어떻게 활용할 수 있는지 잠시 살펴보자. 관심 단계라는 첫 번째 장애물을 넘기 위해 어떻게 하면 프로필 사진을 매력적으로 보이게 할 수 있을까?

이것과 관련된 여러 연구가 진행되었지만 결과는 동일했다. 머리

를 살짝 왼쪽으로(머리를 기울인 사람을 기준으로 했을 때) 기울이며 대칭적으로 미소를 띤 얼굴을 하고 자신을 바라보는 이와 시선을 마주치는 사람이 가장 높은 매력 점수를 얻었다. 사진에서는 표정의 움직임을 볼 수 없으므로 미소를 짓는 정확한 방법이 중요하다. 입을 넓고, 크게 벌린 미소일수록 사람들에게 매력적으로 느껴지고 다가가기 쉽다는 인상을 준다. 하지만 어떤 미소를 지어도 진정한 마음이 담긴 참된 미소를 이길 수는 없다. 따라서 사진을 찍을 때는 참된 미소가 나올 수 있도록 마음속에서 기쁨의 감정이 우러나오게 하자. 행복했던 기억을 떠올리면 도움이 될 것이다.

기쁜 표정이 긍정적인 매력을 발산한다면, 반대로 슬픈 표정은 부정적인 인상을 준다. 눈썹 앞쪽을 올리는 대표적인 슬픈 눈빛이나 입꼬리를 아래로 축 늘어뜨리는 표정이 이에 속한다. 윗입술을 높이 올리거나(혐오) 입 가장자리를 힘을 세게 주어 다물지 않게(짜증이나 경멸) 주의해야 한다. 이런 표현은 매력을 떨어뜨리는 효과가 있기 때문이다.

하비에르와 마리아는 이미 구애 과정의 두 번째 단계인 인지 단계에 도달했다. 나는 이 단계에서 일어나는 일을 비언어적인 구애의 춤이라고 부르겠다. 유혹 대상이 되는 파트너는 관심과 거절의 반복을 특징으로 하는 (유혹의 신경생물학에 기반을 둔) 육체적인 신호를 교환한다. 하지만 두 사람이 서로 신호를 받아들일 준비가 안 되어 있고, 다음 단계로 나갈 용기를 내지 못하면 대부분 더 이상 가까워지는 일은 일어나지 않는다. 잘 될 것 같아 보이는 두 사람이 두 번째 단계에서 몇 년 동안 그대로 머무를 때도 있다. 예를 들어, 매일 회사 구내식당에서 마주치지만 다음 단계로 갈 엄두를 내지 못 내는 사람들이 있다.

유혹 단계에서 상대방이 자신에게 관심이 있다는 것을 눈치 챌 수 있는 유혹 지수에 대해서는 앞에서 이미 살펴보았다. 그렇다면 지금부터는 좀 더 깊이 들어가 이 단계의 중심적 비언어적 신호인 '시선'에 대해 살펴보자. 누군가와 눈을 마주치는 일은 대부분 관심이나 동감을 표현한다. 하지만 눈을 마주치는 일이 기본적으로 긍정적인 것만 의미하지는 않는다. 부모가 너무 심하게 장난치는 아이에게 경고의 눈초리를 보내는 것처럼 위협 신호를 뜻할 때도 있다.

시선의 의미를 올바르게 해석하기 위해서는 표정 같은 다른 채널에 동반되는 비언어적 신호에 주의해야 한다. 이것은 시선을 돌리는 일이 중단된 이유를 파악하는 데도 도움이 된다. 시선을 다른 곳으로 돌리는 것은 대부분 무관심을 표현하거나 생각이 다른 곳에 있다는 것을 의미하지만, 마주 보던 시선을 돌리는 일은 당혹감이나 불확실함을 나타내며 혹은 단순히 다른 생각에 잠긴 것일 수도 있다.

눈을 마주치는 일은 사회적으로 매우 강한 영향을 미친다. 심지어 우리는 사진으로 찍힌 눈을 쳐다보는 것만으로도 영향을 받는다. 한 연구에 따르면 기부함 옆에 사람의 눈을 그리면 사람들이 더 많이 기부를 한다고 한다. 기부함에 담긴 주당 평균 기부금은 15달러 정도였는데 눈을 그린 후에는 평균 12달러가 증가하였으니 매우 큰 금액이 증가한 것이다.

다른 신호에서와 마찬가지로 시선을 마주하는 일에도 문화가 중요한 역할을 한다. 동양권에서는 상대방의 눈을 똑바로 바라보는 일을 예의 없거나 심지어 공격적인 행동으로 여기는 반면에 서구 문화권에서 자라는 아이는 상대방의 눈을 바라보는 일이 솔직함과 존경심을 드러낸다고 배운다.

눈을 바라보는 것과 매력은 밀접하게 연관되어 있다. 한 연구자는 서로 일면식도 없는 남녀 96명을 선정해 48쌍으로 나누었다. 실험에 참여한 사람이 해야 할 일은 2분 동안 그냥 서로 눈을 바라보는 매우 간단한 일이었다. 시간이 경과한 후, 사람들은 상대방을 얼마나 매력적이라고 느껴졌는지에 대한 설문지를 작성했다. 2분 동안 눈을 바라보는 일은 양쪽 모두에게 이끌림의 감정을 느끼기에 충분했다. 눈을 그윽하게 서로 바라보는 일은 상대방에게 '이봐, 우리는 사랑에 빠졌어'라는 느낌을 전달하는 것뿐 아니라, 동시에 서로에게 관심을 가지고 있고 감정적으로 매력을 느낀다는 느낌을 강화했다.

사회적 카멜레온과 거리 영역
혹은 기차 옆 좌석에 가방을 놓는 이유

마리아와 하비에르는 계속해서 반복되는 눈 맞춤과 어색한 미소를 주고받았고, 구애의 세 번째 단계인 대화 단계로 향했다. 하비에르가 마침내 일어나 마리아의 테이블로 건너갔다. 안타깝게도 바로 그 순간, 종업원이 우리 테이블을 향해 걸어왔다. 다시 시야가 확보됐을 때는 이미 하비에르가 자신의 컵을 들고 마리아 옆에 앉아 있었다.

구애의 비언어적 기술이 연속적으로 펼쳐졌다. 마리아는 하비에르가 옆에 와서 앉은 이후 20분 동안 여섯 번이나 기쁨과 당혹감이 교차되는 전형적인 유혹의 표정을 보였다. 이때 그녀는 눈을 바라보는 것과 동시에 고개를 돌림으로써 관심과 무관심의 공존을 분명하게 보여주었다. 하비에르의 표정에는 기뻐하는 감정이 지배적이었다. 두 사람 모두 눈을 깜박이는 횟수가 뚜렷하게 증가했고, 안정 제스처도 확실하게 많이 취했다. 마리아는 하비에르의 이야기를 듣는 동안 계속해서 자신의 팔을 쓰다듬었고, 하비에르는 눈에 띄게 턱을 손으로 자주 긁적였다. 유혹 수치 검사 결과가 이보다 더 좋을 수는 없을 정도였다.

종업원은 타파스가 담긴 접시를 두 사람의 테이블에 가져갔다. 마리아와 하비에르가 먹고 마시는 모습은 마치 싱크로나이즈 선수들이 펼치는 군무를 연상시켰다. 비언어적 모방을 뜻하는 카멜레온 효과가 확연하게 보였다. 이 신호는 공간 관계에 속하는 것으로 매력의 정도를 말해준다. 무의식적인 모방 신호를 더 많이 보일수록 만남에서 교감과 감정적 친밀감이 점점 높아지는 경향이 있다.

프랑스의 심리학자 니콜라 구겐Nicolas Guéguen은 스피드 데이트 실험을 통해 비언어적 모방의 영향을 연구했다. 실험에서 여성 실험 참가자 중 일부는 실험에 대해 아무것도 모르는 남성의 언어와 비언어적인 행동을 흉내 내달라는 미션을 받았다. 미션을 받은 여성 실험 참가자는 5분 동안 남자가 말한 다섯 개의 단어나 문장을 '미러링'해야만 했다. 예를 들어, 남자가 "이걸 정말 당신이 했어요?"라고 물으면, 여자는 단순히 "네"라고 하는 대신에 "네, 정말 제가 그걸 했어요"라고 답하는 식이다. 혹은 "대단하네요" 혹은 "재미있어요"라는 특정한 말을 반복했다.

또한 표정과 신체 언어적으로도 5분 동안 다섯 번 정도 남성의 태도를 흉내 내거나 똑같이 해야 했다. 남자가 얼굴을 긁적이거나 팔을 쓰다듬고 혹은 앞으로 허리를 구부리면 여자는 의도적으로 시간차를 두고 몇 초 뒤에 똑같은 동작을 하는 것이다.

남자 실험 참가자는 이 같은 모방 행위가 굉장히 긍정적인 효과를 준다고 평가했다. 남자는 '카멜레온 효과'를 보인 여성에게 상대적으로 훨씬 더 호감을 느꼈고, 그들과 나눈 대화의 질과 성적인 매력을 흉내 내지 않은 여성보다 높게 평가했다. 비언어적 모방은 호감과 친밀감을 나타낼 뿐만 아니라, 의식적으로 적절히 사용하면 증가시킬 수도 있다.

자, 나는 이제 하비에르와 마리아가 구애의 네 번째 단계인 접근 단계로 곧 들어가리라 생각한다. 이 단계에서는 가벼운 신체 접촉이 처음 이루어진다. 하비에르는 오징어가 재료인 타파스 한 조각을 포크로 찍었고, "이거 한 번 먹어 봐요. 맛있어요"라고 말하며 마리아의 입쪽으로 가져갔다. 마리아는 하비에르가 주는 타파스를 받아먹었다. 그 순간 나는 내 눈을 믿을 수 없었다. 마리아의 윗입술이 150밀리초 동안 떨리며 위로 올라갔다. 마리아는 재빨리 예의 바르게 미소를 지으며 혐오의 감정을 지웠지만 눈은 웃지 않았고 무엇인가 대답을 했다. 나는 도미니크에게 "뭐라고 했어?"라고 소곤대며 물어보았다. 도미니크는 "맛있다고 그랬어"라고 해석해주었다. 하비에르는 마리아가 거짓말을 한 것을 눈치 채지 못한 것 같았다. 하지만 마리아가 하비에르에게 거부감을 느낀 것 같지는 않았다. 그녀는 그저 오징어를 별로 좋아하지 않았을 수도 있다. 만약 이런 거부감이 하비에르를 향한 것이었다면 두 사람의 만남은 좋은 결과를 얻지 못했을 것이다. 혐오는 경멸과 함께 관계에 있어 굉장히 파괴적인 역할을 하는 킬러 신호이기 때문이다.

이 단계는 신체적·감정적 친밀감이 증가하고, 대부분은 스쳐 지나가는 접촉이 이루어진다. 하비에르가 포크를 이용한 것처럼 신체의 연장을 통해 이루어지는 접촉은 접근 단계에서 전형적으로 나타나는 형태다. 신체 연장의 대표적인 예로는 시계나 보석을 꼽을 수 있다. '우연한' 신체 접촉이 이루어지기를 바라면서 "오, 예쁜 시계를 찼네. 한 번 보여줘 봐"라고 말을 거는 것처럼 말이다. 이러한 방법을 통해 상대방이 경계심을 느끼기 못할 정도로 조심스럽게 친밀한 거리 영역으로 발을 들여놓는다.

인간관계의 거리는 시선을 맞추는 것과 마찬가지로 심리적인 친밀감과 호감의 정도를 말해준다. 연인, 가족, 가장 친한 친구처럼 가까운 사람과의 사이에는 약 50센티미터 이하(약 팔 하나 길이)의 친밀한 공간이 허용된다. 사람들이 일상에서 친밀한 공간을 말 그대로 '수호하는' 것을 종종 관찰할 수 있다. 기차 같은 대중교통수단에서 전형적으로 볼 수 있는 상황을 떠올려보자. 많은 사람들이 자신의 공간과 경계를 표시하려고 개인 물품을 테이블에 올려놓거나 빈자리에 가방을 놓는다. 이렇게 했는데도 거리 영역이 침범되면 비언어적인 회피를 의미하는 방어 수단이 나타난다. 예를 들어, 창을 향해 몸을 돌려 앉은 채 밖을 바라보거나 헤드폰을 끼거나 스마트폰을 들여다봄으로써 자신을 외부 세상으로부터 단절하는 것이다.

약 50~120센티미터 사이는 개인적인 공간이다. 사람들은 어느 정도 잘 알고 지내는 사람, 즉 친구와 지인에게 이 공간을 허용한다. 약 1.2~3.6미터 반경의 공간은 사회적 공간으로 형식적인 거리를 의미한다. 사람들은 잘 알지 못하거나 낯선 사람들과 이 정도의 거리를 유지하려고 한다. 3.6미터를 넘어가는 공간은 상호작용 공간의 가장 바깥쪽으로 관계가 없거나 높은 공적 지위를 가진 사람들을 대할 때 유지하는 공간이다.

성격이나 지위에 대한 느낌 같은 요인 외에, 문화적 배경도 거리 영역의 척도에 영향을 준다. 일반적으로 지중해 국가나 중동, 남아메리카 문화권은 좀 더 가까운 거리 영역을 허용하며, 일본은 세계에서 가장 먼 거리 영역을 갖고 있다. 독일과 미국은 중간 정도에 속한다.

타파스 식당에서 지켜본 하비에르는 마리아에게 더 이상 오징어를 먹여주지는 않았지만 데이트는 좋은 방향으로 흘러갔다. 마리아와 하비에르의 손이 테이블 중앙을 향해 천천히 움직이더니 마침내 서로 만났다. 브라보! 두 시간 반 만에 1단계에서 4단계까지 모두 끝났다. 기록적인 속도다. 식당을 떠날 때 하비에르의 팔은 마리아의 어깨에 놓여 있었다. 나는 두 사람이 그날 밤에 5단계로 넘어갔을 것이라고 확신한다. 이 단계는 유대감 단계로 대부분은 키스로 유혹의 행동 시작을 알린다. 사랑에 빠진 행복한 연인에게 이것은 앞으로 수없이 찾아올 정점 중 하나에 불과하며 대부분은 애정 관계로 넘어가는 과도기를 나타낸다.

신체 접촉이 친밀함을 드러내는 방법
혹은 헤어진 연인들이 이별 후에도 친밀한 관계를 유지할 수 있는 방법

신체 접촉은 시선과 공간 다음으로 상호 행동 자세를 나타내는 세 번째 하위 채널이다. 피부는 우리 몸의 가장 큰 감각 기관이자 (진화적으로 봤을 때) 가장 오래된 기관으로 그 면적은 거의 2평방미터에 달한다.

촉각은 가장 처음으로 형성되는 감각이다. 태어나서 처음 몇 달 동안 우리는 대부분 손으로 무엇인가를 만지는 것을 통해 세상을 경험하고 알아간다. 이때 인지적으로나 정서적으로 건강하게 발달하기 위해서는 다른 사람과의 접촉이 필요하다. 성인이 돼서도 신체 접촉은 사회적 상호 관계에서 여전히 중요한 역할을 한다. 예를 들어, 사람들은 신체 접촉을 통해 친밀함을 전달하거나 감사함 혹은 동정심과 같은 감정을 표현한다.

신체 접촉은 정서적으로 친밀한 감정을 나타낼 뿐 아니라 유대감을 형성하는 데 영향을 미친다. 한 연구에서는 자동차 판매 직원이 고객 상담을 할 때 '우연히' 손을 만진 고객은 상담을 마친 후 직원을 훨씬 긍정적으로 평가한 것으로 나타났다. 이때 고객은 판매 직원이 자신의 손을 만졌다는 것을 느끼지도 못했다고 한다. 다른 연구에서는 종업원이 손님에게 계산서를 건네주면서 살짝 (0.5초 동안) 손을 만진 경우 더 많은 팁을 받았다.

신체 접촉에서 어떤 것에 주의해야 훨씬 더 많은 정보를 읽어

낼 수 있을까? 헬레네 피셔와 플로리안 질버아이젠(둘 다 독일의 가수로 결혼했으나 헤어졌다)의 이야기를 해보자. 나는 그들이 주장하는 것처럼 두 사람이 정말로 서로 용서하면서 잘 헤어졌는지 인터뷰를 분석해달라는 의뢰를 받았다.

악수를 통해 알 수 있는 것

악수를 할 때 다른 사람의 손등이 아래로 향하게 잡는 사람이 우위에 있다는 주장을 들어보았을 것이다. 그러나 지금까지 나와 함께 신체 언어에 대해 배운 여러분이라면 인상과 실상을 구분할 수 있어야 한다. 다른 사람의 손을 아래로 돌리는 일이 우월한 인상을 줄 수도 있겠지만, 지금까지 어떤 연구에서도 우월함이 실제로 우위에 있다는 것을 입증하지는 못했다. 최신 연구에 의하면, 이것은 잘못된 신체 언어에 대한 정보에 지나지 않는다고 한다.

악수와 사람의 성격 사이의 연관성에 있어서 입증된 것은 한 가지뿐이다. 바로 악수를 할 때 상대방의 눈을 쳐다보면서 세게 쥐는 사람은 외향적인 사람이라는 것이다. 악수를 할 때 손을 약하게 쥐는 것은 스트레스에 민감하거나 수줍음이 많은 사람임을 나타낸다.

2019년 1월 13일, 택시를 타고 공항으로 가던 나는 의뢰 전화를 받았다. "안녕하세요. 아일레르트 씨, 방송국입니다. 다시 한번 신체 언어 분석 의뢰를 드려도 될까요? 헬레네 피셔와 플로리안 질버아이젠이 어제 저녁 〈슐라거챔피온〉이라는 방송 프로그램에 출연했는데, 두 사람이 헤어지고 난 후에 처음으로 함께한 공식 무대였거든요." 나는 비행기 안에서 방송 장면을 분석할 수 있게 노트북에 방송을 저장했다. 베를린에 도착하자마자 분석 내용을 정리해 곧장 방송국에 가서 녹화를 해야 했기 때문이다.

여러분이 이런 분석 의뢰를 받았다면 두 사람이 만났을 때 어떤 신호가 나타날 것이라고 예상되는가? 지금까지 배운 신체 언어 지식을 떠올려보자. "여기서 잠깐, 우선 어떤 신호에 주의해야 하는지 말하기 전에 분석을 위해 구체적인 질문을 해야 합니다."

바로 그거다. 이 경우 구체적인 질문은 '두 사람은 헤어진 후에도 서로에게 좋은 감정이 남아 있는가 그리고 공식적으로 언급한 것처럼 여전히 깊은 우정 관계를 유지하고 있는가?'다.

지금 머릿속에서 예상되는 두 사람의 신체 언어 신호는 분명 기쁨이나 감동처럼 긍정적인 감정을 나타내는 표정을 지으며 두 사람이 서로 여러 번 눈을 마주치는 장면일 것이다. 일종의 상호 친밀함을 보이며 무의식적으로 다른 사람의 비언어적 신호를 모방하고, 신체 접촉도 일어나는 그런 장면도 예상할 수 있겠다. 매우 훌륭하다. 여러분은 실제로 두 사람 사이에 볼 수 있던 신호를 정확히 나열했다.

생방송으로 진행된 방송 프로그램에서 한 방청객이 질문지를 통해 플로리안 질버아이젠에게 팔에 헬레네라고 새긴 문신을 어떻게 할 것인지를 물었을 때, 〈슐라거챔피온〉을 지켜보던 시청자 모두는 숨을 멈추고 대답을 기다렸을 것이다. 플로리안 질버아이젠이 웃으면서 질문을 소리 내어 읽는 동안, 헬레네는 눈웃음을 지으며 플로리안의 머리를 쓰다듬었다. 연구에 따르면, 이런 행동은 유대감을 나타내는 신호다. 그 다음에 두 사람은 포옹을 했다. 플로리안은 "지금 이 자리에서 아주 짧게 말씀드리자면, 저는 이 문신을 무슨 일이 있어도 절대 지울 생각이 없습니다"라고 말했다. 두 사람은 딱 붙어 서서 서로의 눈을 바라보면서 머리를 쓰다듬었다. 플로리안은 "우리는 10년이라는 멋진 시간을 함께 보냈기 때문입니다. 그 시간은 여전히 제 인생의 일부입니다. 저는 이 문신을 자랑스럽게 계속해서 하고 다닐 겁니다"라고 덧붙였고 눈으로 웃으며 고개를 가볍게 뒤로 제쳤다. 진정한 자부심을 드러내는 신호다. 플로리안이 이 같은 신호를 보이는 동안 헬레네도 눈웃음으로 화답하며 눈썹 앞쪽을 위로 올렸다. 감동을 받았을 때 나오는 표정으로 문화적 배경에 상관없이 어디서나 볼 수 있는 신호다. 두 사람이 보여준 신호들은 확실한 메시지를 전달했다. 바로 우정 어린 애정이라고 부를만한 깊은 연대감이다.

감동과 기쁨의 표현 외에도 나에게 결정적인 힌트를 준 것은 무엇보다 두 사람의 신체 접촉, 더 구체적으로 말하자면, 신체 접촉을 한 지점이었다. 연구에 따르면, 손으로 머리를 만지는 것과 특히 머리를 상대방의 머리에 맞대는 접촉은 신뢰감과 특별한 친밀함을 의미한다. 어떤 사람의 머리를 쓰다듬거나 누구와 이마를 맞대고 서 있을 수 있는지 잠시 직접 테스트해보자. 분명 형제가 일곱 명 있고, 이모와 고모만 스무 명이 넘는 대가족이 아닌 이상, 이런 행동을 함께 할 수 있는 사람은 한 손으로 꼽을 수 있을 정도로 적을 것이다. 이런 유형의 신체 접촉은 정말 가까운 사람들과만 할 수 있다.

〈슐라거챔피언〉 방송 분석을 하면서 한 가지 신호를 잊었는데 다름 아닌 눈에 보이지 않는 신체 언어 표시다. 보통은 대외적인 이미지라는 외투 아래 스멀거리는 갈등을 나타내는 신호인데 플로리안이나 헬레네에게서는 숨겨진 분노나 경멸을 암시하는 미묘한 신호나 미세 표정이 단 한 번도 나타나지 않았다.

신체 언어로 헤어짐을 예견할 수 있는 방법
혹은 올바르게 싸우기 위한 설명서

고화질 HD 카메라 세 대가 여러분을 향해 켜진 상태에서 실험 진행자는 여러분과 배우자에게 "두 분이 서로 의견이 일치하지 않는 주제에 대해 지금부터 말씀해보세요"라고 요청한다. 카메라 두 대는 두 사람의 얼굴을 각각 찍고 있으며, 세 번째 카메라는 전체 장면을 담고 있다. 여러분은 지금 사이코스릴러 영화를 보는 것이 아니라, 행복한 사랑의 관계와 부부생활의 안정성에 대해 연구하는 세계적으로 유명한 심리학자 존 M. 가트맨John M. Gottman의 실험실에 있는 것이다.

가트맨은 부부생활을 행복하게 만드는 것은 무엇이며 어떤 신호를 통해 관계가 끝나는지를 예측하기 위해 40년 넘게 부부 3천 명을 관찰하고 분석했다. 연구에서 가장 자주 진행된 실험은 갈등이 포함된 대화였다. 가트맨은 실험에서 배우자 두 명에게 서로 합의하지 못하는 주제에 관해 15분 동안 대화를 나눌 것을 요청했다. 대부분의 사람들은 먼저 세 대의 카메라가 설치된 실험 환경에 익숙해져야만 했다. 모든 것은 영상으로 녹화되었고 가트맨은 두 사람의 표정을 분할 스크린으로 나누어 정확히 분석할 수 있었다. 부부가 대화를 나누는 동안 훈련을 받은 관찰자는 두 사람의 표정과 관련된 다른 비언어적 신호와 언어로 표현된 신호를 평가했다.

오랜 기간 동안 공을 들인 실험은 성공적이었다. 가트맨은 93.63퍼센트라는 적중률로 부부의 결혼 생활이 3년 뒤에도 여전히 계속될지 아닐지를 예측했다. 가트맨의 적중률이 내가 책의 두 번째 장에서 말한 유혹 실험에서 예견했던 확률과 정확하게 일치하는 것은 우연이 아니다. 신체 언어는 감정에 대한 정보만을 전달하는 것이 아니라, 인간관계의 질도 나타낼 수 있다는 것을 다시금 알려주는 신호다.

자, 이제 여러분에게도 기회가 찾아왔다. 존 M. 가트맨이 진행하는 '사랑의 실험실'로의 초대를 받아들이고 부부 생활을 보여줄 준비가 되었는가? "네! 정말 흥미진진할 것 같아요!"라고 소리 높여 외치는 사람은 실제로 무엇인가 얻을 수 있을 것이다. 이와는 반대로 그런 초대장이 날아온다는 생각만으로도 이미 손바닥이 땀으로 흥건히 젖는 사람이라면 다음에 소개되는 표정 공명 분할 화면은 그냥 넘어가길 바란다.

'카메라 온!' 실험 진행자는 카메라 앞에 있는 여러분과 배우자를 바라보며 "두 분이 서로 의견의 일치를 보지 못하는 주제는 무엇입니까? 그것에 대해 지금 말씀을 나누시기를 바랍니다"라는 말과 함께 실험 시작을 알린다.

다음에 나오는 두 대화에서는 동일한 갈등이 다르게 전개된다. 주제는 뚜껑이 열린 채 놓인 치약으로 집안일이나 자녀 교육, 운전 스타일 등 같은 주제로 대체가능하다.

배우자	본인
"오늘 아침에 치약 뚜껑을 안 닫았더라고요!" - 살짝 짜증이 섞인 목소리로 말한다.	
	"그나저나 당신은 어제 쓰레기를 안 갖다 버렸더군요." - 마찬가지로 목소리에 화가 나 있다.

"당신은 절대 잘못한 적이 없죠!"
- 이제 단단히 화가 난 것처럼 들린다.

"설마 그럴 리가!"
- 왼쪽 입꼬리를 꽉 누른다.

"당신하고는 말이 안 통해요!"
- 눈동자를 굴린다.

"그 말에 대해서는 할말이 없군요.
당신도 똑같거든!"
- 배우자의 눈을 쳐다보지 않고 움직임
없이 멍한 표정으로 허공을 바라본다.

이 대화 속에서 자신과 배우자의 모습을 발견할 수 있는가?
아니라면 다음 대화를 살펴보자.

배우자	본인
"오늘 아침에 치약 뚜껑을 안 닫았더라고요!" - 살짝 짜증이 섞인 목소리로 말한다.	
	"당신이 지금 말하는 톤이 좀 그런데요." - 살짝 화가 났다.

"그래요? 미안해요. 우리가 몇
번이나 그거에 대해 얘기했는데
여전히 안 고쳐져서 짜증이
났어요."
- 조금 진정된 톤으로 화해를
  청하는 듯이 들린다.

"당신 말이 맞아요. 미안해요.
아침에 준비를 하다보면 매번
그냥 잊어버리고 말아요."
- 배우자의 눈을 바라보려고 하며,
  눈썹 안쪽을 올린다.

"욕실에 메모지를 붙이면
당신이 잊어버리지 않을 수
있을까요?"
- 미소를 짓는다.

"정말 좋은 생각인데요. 그리고
만약 내가 다시 잊어버리고
뚜껑을 안 닫으면 당신은
아침에 커피를 안 마시고도
아드레날린을 충전시킬
기회라고 생각해줘요!"
- 눈을 찡긋하며 웃는다.

- 웃는다.

둘 중 어떤 대화 속에서 여러분의 모습을 발견할 수 있는가?
또는 어느 대화 유형이 더 익숙하게 느껴지는가? 앞에서 소개한

두 유형의 대화를 분석해보고 가트맨이 장기 연구를 통해 심혈을 기울여 분석하고 발견한 킬러 신호들을 살펴보자.

두 대화는 불만을 토로하는 것으로 시작한다. 뚜렷한 차이는 킬러 신호인 비난에 있다. 불평은 구체적 상황과 관련되어 있으며, 성격 자체를 공격하지는 않는다. 똑같은 말을 비난조로 바꾸면 "당신은 항상 치약 뚜껑을 열어놓잖아요!"나 첫 번째 대화에서 보이는 것처럼 "당신은 절대 잘못하는 일이 없죠!"라고 할 수 있다. '항상'과 '절대'라는 단어는 사람을 전체로 일반화하여 공격하는 것이다. 이러한 공격은 사소한 말다툼을 심각하게 확대해 경멸로 이어지고 큰 싸움이 벌어질 가능성을 높인다.

경멸은 혐오와 함께 애정 관계에서 가장 파괴적인 효과를 내는 감정이다. 천천히 그리고 자주, 처음에는 눈에 띄지 않지만 두 사람은 서로에게 파괴적인 행동을 끊이지 않고 계속한다. 경멸과 혐오가 담긴 대화 유형은 부부생활을 파괴한다. 사랑의 행복과 신뢰감이 중요한 관계에 구멍을 내고 깨지기 쉬운 빈 껍질만 남을 때까지 안에서부터 파먹는다. 참고로 가트맨의 연구에 따르면 화를 내는 일은 경멸이나 혐오와는 달리 관계를 깨지게 만드는 요인에 속하지 않는다고 한다. 결국 싸움 자체가 아니라 그 상황에서 어떤 방식으로 대화를 하는지가 중요한 것이다.

첫 번째 대화에서는 두 가지 킬러 신호를 발견할 수 있다. "당신은 어제 쓰레기를 안 갖다버렸잖아요!" 같은 교차적 불만은 정당방위의 범주에 속한다. 이것은 킬러 신호로 대부분 "네, 하지만……"이라는 말로 시작된다. 정당방위는 곧바로 "당신이 잘못한 적은 절대 없죠!"라는 비난으로 이어지며, 경멸의 반응을 일으킨다. 경멸의 소용돌이는 또 다른 킬러 신호로 이어진다. 겉으로 봤을 때는 별다른 문제나 해가 되지 않겠지만 사실 상대방과 벽을 쌓는 행동은 관계에 있어 매우 중요한 경고 신호. 상대방은 시선을 거두고 움직임 없이 무표정으로 허공을 바라본다. 이것으로 의사소통이 의식적으로 단절되고 대화는 얼어붙는다.

두 번째 대화는 경멸의 소용돌이를 어떻게 끝낼 수 있는지 혹은 이런 소용돌이에 휘말리는 일을 어떻게 하면 처음부터 막을 수 있는지를 보여준다. 해답은 메타 커뮤니케이션에 있다. 메타 커뮤니케이션은 상대방을 존중하면서 이야기하는 대화 유형으로, 비난을 하기에 앞서 서로를 어떻게 대해야 할지에 대해 대화를 나누는 방식이다. 독수리처럼 무차별적으로 공격할 대상에 덤벼들지 않고, 서로의 대화 방식과 어떤 감정을 느끼는지에 초점을 맞춘다. 이때 공명 표현이 도움이 된다.

우리는 성인군자가 아니기 때문에 갈등 상황에서는 편도체가 무차별적으로 속도를 올릴 위험이 항상 잠재되어 있다. 이성을 관장하는 전전두엽 피질이 납치당할 것 같고, 내면의 원시인이 여러분을 통제를 거부하고 흥분하려는 느낌이 들면, 공명 호흡과 숫자 거꾸로 세기처럼 스트레스를 조절하는 방법을 이용해보자.

하지만 어떤 방법을 써도 경멸의 함정에서 빠져나오기 힘든 순간이 있다. 나는 몇 년 전에 주방에서 아내와 싸운 적이 있다.

내가 잠깐 숨을 돌리려고 거실로 갔을 때, 소파에 앉아 있던 딸이 나에게 "아빠, 지금 아빠가 보인 건 경멸이에요!"라며 큰소리로 외쳤다. 그런데도 나와 아내는 여전히 행복한 결혼 생활을 유지하고 있다. 이것으로부터 두 가지를 배울 수 있다. 첫째, 이 책을 아이에게 읽으라고 선물할 것인지 잘 생각해보자. 둘째, 행복한 결혼생활을 위해 절대 싸우거나 경멸을 느끼지 말라고 주장하는 것이 아니다. 중요한 것은 서로 함께하는 삶의 유형을 유지하는 것과 '부부 관계에서 볼 수 있는 근본적인 의사소통의 특징은 무엇인가? 경멸인가 긍정 공명인가?'와 같은 질문을 통해 끊임없이 노력하는 일이다.

존 M. 가트맨의 안정성 균형 이론에 의하면 관계를 강화하기 위해서는 긍정과 부정 신호 사이에 '5 대 1의 관계'가 필요하다. 함께 나눈 기쁨이나 사랑의 순간이 다섯 번이고 경멸에 대한 신호가 하나인 관계에서는 건전한 감정적 균형이 이루어진다. 다시 말해, 의사소통을 하는 데 있어 절대로 부정적 신호가 나타나서는 안 된다고 전전긍긍할 필요가 없다는 것이다. 더욱 중요한 것은 균형이다.

가트맨은 수십 년에 걸쳐 심혈을 기울인 연구를 통해 비언어적 감정적 유형을 밝히고 관계의 불안정감과 이로 인한 갈등이 어떻게 관계를 중단시킬지 예측해냈다. 관계를 지속적으로 유지하기 위한 기준선이 무엇인지 밝혀낸 것이다. 가트맨의 연구 결과는 부부 관계뿐만 아니라 부모와 자녀 간의 관계, 가족, 직장,

고객과의 관계 그리고 운동 팀처럼 협동 관계 유형이 필요한 모든 형태의 관계에도 적용할 수 있다.

이번 장이 책의 마지막 부분이지만, 신체 언어라는 흥미로운 세계로의 여행은 여기서 끝이 아니라 지금부터 본격적으로 시작될 것이다. 이 책에서 배운 모든 것을 인생과 일상에서 적용하고 살펴보자. 호기심을 갖고 감각을 항상 활짝 열어놓자. 모든 것을 기대하고 앞으로 마주할 표정 공명의 매 순간을 기쁨으로 맞이하자. 표정과 몸의 조용한 언어를 읽을 수 있는 것은 매우 큰 장점이다.

그 과정에서 발견하는 숨겨진 신체 신호와 새로운 미세 표정은 여러분의 비언어적 인식 능력을 더욱더 확장시켜줄 것이며, 이에 대응하는 공명 표현은 신체 언어적 능력을 더욱 심화해줄 것이다. 그러므로 더욱 깊은 상호 관계를 위해, 상대방에 대한 더 깊은 이해를 위해 그리고 여러분 자신을 위해 신체 언어에 대한 지식과 비언어적 언어에 대한 노하우를 아낌없이 이용해보자!

사우보나

조용한 언어는 문화와 경계를 초월하여 사람과 사람을 연결해주는 언어다. 이를 통해 감정을 느끼는 사람 사이에 진정한 만남이 이루어질 수 있다.

비밀스러운 비언어적 신호에 대한 지식을 이용해 다른 사람의 생각을 들여다볼 수 있다는 것이 반드시 상대방의 속을 완전히 꿰뚫어 볼 수 있다는 것을 의미하지는 않는다. 중요한 것은 자신은 물론 다른 사람에게 공감을 보이며 진정한 마음으로 마주하는 일이다.

이 책을 통해 여러분이 자신과 다른 사람을 좀 더 이해할 수 있기를 진심으로 바란다. 전쟁도 갈등도 서로에 대한 이해 부족에서 발생하는 경우가 많기 때문이다.

사우보나와 함께 시작한 여행을 이제 사우보나로 마치고자 한다.

"나는 너를 바라본다."

"우리는 흡사 거인의 어깨에 앉은 난쟁이와 같아서 거인보다 더 많이 그리고 더 멀리 볼 수 있다. 이것은 우리의 시력이 좋거나 키가 커서가 아니라, 거인이 우리를 높은 곳에 올려준 덕분이다."

— 베르나르 사르트르, 1120년경

비언어적 신호 연구에 일생을 바친 모든 학자들에게 감사의 말을 전한다. 우리는 그들의 어깨 위에 서 있다. 이분들이 이루어놓은 연구 덕분에 표정 공명 개념과 책을 완성할 수 있었다.

얼굴이 모든 것을 말한다

감출 수 없는, 표정의 심리학

초판 1쇄 발행 2024년 4월 17일
초판 2쇄 발행 2024년 8월 2일

지은이 니르크 아일러트
옮긴이 손희주
펴낸이 성의현
펴낸곳 (주)미래의창

편집 김성옥 · 정보라
디자인 공미향

출판 신고 2019년 10월 28일 제2019-000291호
주소 서울시 마포구 잔다리로 62-1 미래의창빌딩(서교동 376-15, 5층)
전화 070-8693-1719 **팩스** 0507-0301-1585
홈페이지 www.miraebook.co.kr
ISBN 979-11-93638-18-7 03180

※ 책값은 뒤표지에 있습니다.

생각이 글이 되고, 글이 책이 되는 놀라운 경험. 미래의창과 함께라면 가능합니다.
책을 통해 여러분의 생각과 아이디어를 더 많은 사람들과 공유하시기 바랍니다.
투고메일 togo@miraebook.co.kr (홈페이지와 블로그에서 양식을 다운로드하세요)
제휴 및 기타 문의 ask@miraebook.co.kr